墨人 著

墨人博士作品全集【全60冊】

第五十冊 墨人自選集1

本全集保留作者手批手稿

文史哲出版社印行

國家圖書館出版品預行編目資料

墨人博士作品全集 / 墨人著 -- 初版 -- 臺北
市:文史哲, 民 100.12
頁： 公分
ISBN 978-957-549-987-7 (全套 60 冊：平裝)

1.現代文學 2. 中國文學 3.別集

848.6 100022602

墨人博士作品全集【全60冊】

第五十～五一冊 墨人自選集

著者：墨人
出版者：文史哲出版社
http://www.lapen.com.tw
登記證字號：行政院新聞局版臺業字五三三七號
發行人：彭正雄
發行所：文史哲出版社
印刷者：文史哲出版社
臺北市羅斯福路一段七十二巷四號
郵政劃撥帳號：一六一八〇一七五
電話886-2-23511028 · 傳真886-2-23965656

【全60冊】定價新臺幣 36,800 元

中華民國一百年（2011）十二月初版

ISBN 978-957-549-987-7 08992

墨人博士著作品全集　總目

一、散文類

二、長篇小說

三、中短篇小說散文合集

四、詩詞及論評

附：外篇

墨人的一部文學千秋史

張萬熙先生，筆名墨人，江西九江人，民國九年生。爲一位享譽國內外名小說家、詩人、學者。歷任軍、公、教職。六十五歲始自從國民大會簡任一級加年功俸的資料組長兼圖書館長公職崗位退休，但已是中國文壇上一位閃亮的巨星。出版有：《全唐詩尋幽探微》、《紅樓夢的寫作技巧》、二百九十多萬字的大長篇小說《紅塵》、《白雪青山》、《春梅小史》；詩集：《哀祖國》；散文集：《小園昨夜又東風》……。民國五十年、五十一年連續以短篇小說，兩次入選維也納納富出版公司出版的《世界最佳小說選集》。七十歲時自東吳大學中文系教席二度退休，仍著述不輟，爲國寶級文學家。墨人博士在臺勤於創作六十多年（在大陸時期已創作十年），並以其精通儒、釋、道之學養，綜理戎機、參贊政務、作育英才，更以其對傳統文學的精湛造詣，與對新文藝的創作，在國際上贏得無數榮譽，如：美國世界大學榮譽文學博士、美國馬奎士國際大學榮譽文學博士、美國艾因斯坦國際學院榮譽人文學博士（包括哲學、文學、藝術、語言四類）、英國劍橋國際傳記中心副總裁（代表亞洲）、英國莎士比亞詩、小說與人文學獎得主，現在出版《全集》中。

壹、家世・堂號

張萬熙先生，江西省德化人（今九江），先祖玉公，明末時以提督將軍身份鎮守雁門關，蒙古騎兵入侵，戰死於東昌，後封為「河間王」。其子輔公，進士出身，歷任文官。後亦奉召領兵「三定交趾」，因戰功而封為「定興王」。其子貞公亦有兵權，因受奸人陷害，自蘇州嘉定（即今上海市一區），謫居潯陽（今江西九江）。祖宗牌位對聯為：嘉定源流遠，潯陽歲月長；右書「清河郡」、左寫「百忍堂」。

貳、來臺灣的過程

民國三十八年，時局甚亂，張萬熙先生攜家帶眷，在兵荒馬亂人心惶惶時，張先生從湖南長沙火車站，先將一千多度的近視眼弱妻，與四個七歲以下子女，從車窗口塞進車廂，自己則擠在廁所內動彈不得，千辛萬苦的從湖南長沙搭火車南下廣州，從廣州登商輪來臺。七月三日抵基隆，由同學顧天一先生，接到臺北縣永和鎮鄉下暫住。

參、在臺灣一甲子奮鬥的過程

一、初到臺灣的生活

家小安頓妥後，張萬熙先生先到臺北萬華，一家新創刊的《經濟快報》擔任主編，但因財務不濟，四個月不到便草草結束。幸而另謀新職，舉家遷往左營擔任海軍總司令辦公室秘書，負責紀錄整理所有軍務會報紀錄。

民國四十六年，張先生自左營來臺北任職國防部史政局編纂《北伐戰史》（歷時五年多浩大工程，編成綠布面精裝本、封面燙金字《北伐戰史》叢書），完成後在「八二三」炮戰前夕又調任國防部總政治部，主管陸、海、空、聯勤文宣業務，四十七歲自軍中正式退役後轉任文官，在臺北市中山堂的國民大會主編研究世界各國憲法政治的十六開大本的《憲政思潮》，作者、譯者都是台灣大學、政治大學的教授、系主任，首開政治學術化先例。

張先生從左營遷到臺北大直海軍眷舍，只是由克難的甘蔗板隔間眷舍改為磚牆眷舍，大小一般，但邊間有一片不小的空地，子女也大了，不能再擠在一間房屋內，因此，張先生加蓋了三間竹屋安頓他們。但眷舍右上方山上是一大片白色天主教公墓，在心理上有一種「與鬼為鄰」的感覺。張夫人有一千多度的近視眼，她看不清楚，子女看見嘴裡不講，心裡都不舒服。張先生自軍中假退役後，只拿八成俸。

張先生因為有稿費、版稅，還有些積蓄，除在左營被姓譚的同學騙走二百銀元外，剩下的積蓄還可以做點別的事。因為住左營時在銀行裡存了不少舊臺幣，那時左營中學附近的土地只要三塊多錢一坪，張先生可以買一萬多坪。但那時政府的口號是「一年準備，兩年反攻，三年掃蕩，五年成功。」張先生信以為真，三十歲左右的人還是「少不更事」，平時又忙著上班、寫作，實在不懂政治、經濟大事，以為政府和「最高領袖」不會騙人，五年以內真的可以回大陸，張先生又有「戰士授田證」。沒想到一改用新臺幣，張先生就損失一半存款，呼天不應。但天理不容，姓譚的同學不但無后，也死了三十多年，更沒沒無聞。張先生作人、看人的準則是：無論幹什麼都是「誠信」第一，因果比法律更公平、更準。欺人不可欺心，否則自食其果。

二、退休後的寫作生活

張先生四十七歲自軍職退休後，轉任台北市中山堂國大會主編十六開大本研究各國憲法政治的《憲政思潮》十八年，時任簡任一級資料組長兼圖書館長。並在東吳大學兼任副教授二十年、香港廣大學院指導教授、講座教授、指導論文寫作、不必上課。六十四歲時即請求自公職提前退休，以業務重要不准，但取得國民大會秘書長（北京朝陽大學法律系畢業）何宜武先生的首肯，六十五歲依法退休。當時國民大會、立法院、監察院簡任一級主管多延至七十歲退休，因所主管業務富有政治性，與單純的行政工作不同，六十五歲時張先生雖達法定退休年齡，還是延長了四個月才正式退休，何秘書長宜武大惑不解地問張先生：「別人請求延長退休而不可得，你為什麼反而要求退休？」張先生答以「專心寫作」，何秘書長才坦然不疑。退休後日夜寫作，因胸有成竹，很快完成了一百九十多萬字的大長篇小說《紅塵》，在鼎盛時期的《臺灣新生報》連載四年多，開中國新聞史中報紙連載最大長篇小說先河。但報社還不敢出版，經讀者熱烈反映，才出版前三大冊。當年十二月即獲行政院新聞局「著作金鼎獎」與嘉新文化基金會「優良著作獎」，亦無前例。《台灣新生報》又出九十三章至一百二十二章，只好名為《續集》。墨人在書前題五言律詩一首：

浩劫未埋身，揮淚寫紅塵，非名非利客，孰晉孰秦人？
毀譽何清問？吉凶自有因。天心應可測，憂道不憂貧。

二〇〇四年初，巴黎 youfeng 書局出版豪華典雅的法文本《紅塵》，亦開「五四」以來中文作家大長篇小說進入西方文學世界重鎮先河。時為巴黎舉辦「中國文化年」期間，兩岸作家多由政府資助出席，張先生未獲任何資助，亦未出席，但法文本《紅塵》卻在會場展出，實為一大諷刺。張先生一生「只問耕耘，不問收穫」的寫作態度，七十多年來始終如一，不受任何外在因素影響。

肆、特殊事蹟與貢獻

一、《紅塵》出版與中法文學交流

《紅塵》寫作時間跨度長達一世紀，由清朝末年的北京龍氏家族的翰林第開始，寫到八國聯軍、滿清覆亡、民國初建、八年抗日、國共分治下的大陸與臺灣，續談臺灣的建設發展、開放大陸探親等政策。空間廣度更遍及大陸、臺灣、日本、緬甸、印度，是一部中外罕見的當代文學鉅著。墨人五十七歲時應邀出席在西方文藝復興聖地佛羅倫斯所舉辦的首屆國際文藝交流大會，會後環遊地球一周。七十歲時應邀訪問中國大陸四十天，次年即出版《大陸文學之旅》。《紅塵》一書最早於臺灣新生報連載四年多，並由該報連出三版，臺灣新生報易主後，將版權交由昭明出版社出版定本六卷。由於本書以百年來外患內亂的血淚史為背景，寫出中國人在歷史劇變下所顯露的生命態度、文化認知、人性的進取與沉淪，引起中外許多讀者極大共鳴與回響。

旅法學者王家煜博士是法國研究中國思想的權威，曾參與中國古典文學的法文百科全書翻譯工作，他認為深入的文化交流仍必須透過文學，而其關鍵就在於翻譯工作。從五四運動以來，中西文化交流一直是西書中譯的單向發展。直到九十年代文建會提出「中書外譯」計畫，臺灣作家才逐漸被介紹到西方，如此文學鉅著的翻譯，算是一個開始。

王家煜在巴黎大學任教中國上古思想史，他指出《紅塵》一書中所引用的詩詞以及蘊含中國思想的博大精深，是翻譯過程中最費工夫的部分。爲此，他遍尋參考資料，並與學者、詩人討論，歷時十年終於完成《紅塵》的翻譯工作，本書得以出版，感到無比的欣慰。他笑著說，這可說是「十年寒窗」。

《紅塵》法文譯本分上下兩大冊，已由法國最重要的中法文書局「友豐書店」出版。友豐負責人潘立輝謙沖寡言，三十年多來，因對中法文化交流有重大貢獻而獲得法國授予文化「騎士勳章」的榮譽。他於五年前開始成立出版部，成爲歐洲一家以出版中國圖書法文譯著爲主業的華人出版社。

潘立輝表示，王家煜先生的法文譯筆典雅、優美而流暢，使他收到「紅塵」譯稿時，愛得不忍釋手，他以一星期的時間一口氣看完，經常讀到凌晨四點。他表示出版此書不惜成本，不太可能賺錢，卻感到十分驕傲，因爲本書能讓不懂中文的旅法華人子弟，更瞭解自己文化根源的可貴之處，同時，本書的寫作技巧必對法國文壇有極大影響。

二、不擅作生意

張先生在六十五歲退休之前，完全是公餘寫作，在軍人、公務員生活中，張先生遭遇的挫折不少。軍職方面，張先生只升到中校就不做了，因爲過去稱張先生爲前輩、老長官的人都成爲張先生的上司，張先生怎麼能做？因爲張先生的現職是軍聞社資料室主任（他在南京時即任國防部新創立的「軍事新聞總社」實際編輯主任，因言守元先生是軍校六期老大哥，未學新聞，不在編輯之列）。但張先生以不求官，只求假退役，不擋人官路，這才退了下來。那時養來亨雞風氣盛行，在南京軍聞總社任外勤記者的姚秉凡先生頭腦靈活，他即時養來亨雞，張先生也「東施效顰」，結果將過去稿費積蓄全都賠光。

三、家庭生活與運動養生

張先生大兒子考取中國廣播公司編譯，結婚生子，廿七年後才退休，長孫修明取得美國南加州大學電機碩士學位，之後即在美國任電機工程師。五個子女均各婚嫁，小兒子選良以獎學金取得美國華盛頓大學化學工程博士，媳蔡傳惠為伊利諾理工學院材料科學碩士，兩孫亦已大學畢業就業，落地生根。

張先生兩老活到九十一、九十二歲還能照顧自己。（近年以一印尼女「外勞」代做家事）張先生一伏案寫作四、五小時都不休息，與臺大外文系畢業的長子選翰兩人都信佛，六十五歲退休後即吃全素。低血壓十多年來都在五十五至五十九之間，高血壓則在一百一十左右，走路「行如風」，年輕人很多都跟不上張先生，比起初來臺灣時毫不遜色，這和張先生運動有關。因為張先生住大直後山海軍眷舍八年，眷舍右上方有一大片白色天主教公墓，諸事不順，公家宿舍小，又當西曬，張先生靠稿費維持七口之家和五個子女的教育費。三伏天右手墊塡著毛巾，背後電扇長吹，三年下來，得了風濕病，手都舉不起來，花了不少錢都未治好。後來章斗航教授告訴張先生，圓山飯店前五百完人塚廣場上，有一位山西省主席閻錫山的保鑣王延年先生在教太極拳，勸張先生天一亮就趕到那裡學拳，一定可以治好。張先生一向從善如流，第二天清早就向王延年先生報名請教，王先生有教無類，收張先生這個年已四十的學生，王先生先不教拳，只教基本軟身功攀腿，卻受益非淺。

四、耿直的公務員性格

張先生任職時向來是「不在其位，不謀其政」。後來升簡任一級組長，有一位「地下律師」的專員，平時鑽研六法全書，混吃混喝，與西門町混混都有來往，他的前任爲大畫家齊白石女婿，平日公私不分，是非不明，借錢不還，沒有口德，人緣太差，又常約那位「地下律師」專員到家中打牌。那專員平日不簽到，甚至將簽到簿撕毀他都不哼一聲，因爲爲他多報年齡，屆齡退休時想更改年齡，但是得罪人太多，金錢方面更不清楚，所以不准再改年齡，組長由張先生繼任。

張先生第一次主持組務會報時，那位地下律師就在會報中攻擊圖書科長，張先生立即申斥，並宣佈記過。簽報上去處長都不敢得罪那地下律師，又說這是小事，想馬虎過去，張先生以秘書處名譽紀律爲重，非記過不可，讓他去法院告張先生好了。何宜武祕書長是學法的，他看了張先生簽呈同意記過，那位地下律師「專員」不但不敢告，只暗中找一位不明事理的國大「代表」來找張先生的麻煩。因事先有人告訴他，張先生完全不理那位代表，他站在張先生辦公室門口不敢進來，幾分鐘後悄然而退。人不怕鬼，鬼就怕人。諺云：「一正壓三邪」，這是經驗之談。直到張先生退休，那位專員都不敢惹事生非，西門町流氓也沒有找張先生的麻煩，當年的代表十之八九已上「西天」，張先生活到九十二歲還走路「行如風」，一坐到書桌，能連續寫作四、五小時而不倦，不然張先生怎麼能在兩岸出版約三千萬字的作品？

（原載新文豐《紮根台灣六十年》，墨人民國一百年十一月十三日校正）

墨人博士作品全集

文學是千秋藝業
秦皇漢武今何在
李白杜甫仍風流

全集共分四大類
一散文類 二小說類
三文學理論類
四新詩古典詩詞類

我出生於一個「萬般皆下品，惟有讀書高」的傳統文化家庭，且深受佛家思想影響，因祖母信佛，兩個姑母先後出家，大姑母是帶著賠嫁的錢購買依山傍水風景很好，上名山廬山的必經之地的「天后宮」出家的，小姑母的廟則在鬧中取靜的市區。我是父母求神拜佛後出生的男子，並寄名佛下，乳名聖保，上有二姊下有一妹都夭折了，在那個重男輕女的時代！我自然水漲船高了。我記得四、五歲時一位面目清秀，三十來歲文質彬彬的李瞎子替我算命，母親問李瞎子，我的命根穩不穩？能不能養大成人？李瞎子說我十歲行運，幼年難免多病，可以養大成人，但是會遠走高飛。母親聽了憂喜交集，在那個時代不但妻以夫貴。也以子貴，有兒子在身邊就多了一層保障。母親的心理壓力很大，李瞎子的「遠走高飛」那句話可不是一句好話。

到現在八十多年了，我還記得十分清楚。母親暗自憂心。何況科舉已經廢了，不必「進京趕考」，更不會「當兵吃糧」，安安穩穩作個太平紳士或是教書先生不是很好嗎？我們張家又是大族，人多勢眾，不會受人欺侮，何況二伯父的話此法律更有權威，人人敬仰，去外地「打流」又有什麼好處？因此我剛滿六歲就正式拜孔夫子入學啓蒙，從《三字經》、《百家姓》、《千字文》、《千家詩》、《論語》、《大學》、《中庸》……《孟子》、《詩經》、《左傳》讀完了都要整本背，在十幾位學生中，也只有我一人能背，我背書如唱歌，窗外還有人偷聽，他們實在缺少娛樂。除了我父親下雨天會吹吹笛子、簫，消遣之外，沒有別的娛樂，我自幼歡喜絲竹之音，但是很少聽到。讀書的人也只有我們三房、二房兩兄弟，二伯父在城裡當紳士，偶爾下鄉排難解紛，他是一族之長，更受人尊敬，因爲他大公無私，又有一百八十公分左右的身高，眉眼自有威嚴，能言善道，他的話比法律更有效力，加之民性純樸，真是「夜不閉戶，道不失遺」。只有「夏都」廬山才有這麼好的治安。我十二歲前就讀完了四書、詩經、左傳、千家詩。我最喜歡的是《千家詩》和《詩經》。

關關雎鳩，在河之洲，
窈窕淑女，君子好逑。

我覺得這種詩和講話差不多，可是更有韻味。我就喜歡這個調調。《千家詩》我也喜歡，我背得更熟。開頭那首七言絕句詩就很好懂：

雲淡風清近午天，傍花隨柳過前川。
時人不識余心樂，將謂偷閒學少年。

老師不會作詩，也不講解，只教學生背，我覺得這種詩和講話差不多，但是更有韻味。我也了解大意，我以讀書爲樂，不以爲苦。這時老師方教我四聲平仄，他所知也止於此。

我也喜歡《詩經》，這是中國最古老的詩歌文學，是集中國北方詩歌的大成。可惜三千多首被孔子刪得只剩三百首。孔子的目的是：「詩三百，一言以蔽之，曰思無邪。」孔老夫子將《詩經》當作教條。詩是人的思想情感的自然流露，是最可以表現人性的。先民質樸，孔子既然知道「食色性也」，對先民的集體創作的詩歌就不必要求太嚴，以免喪失許多文學遺產和地域特性。楚辭和詩經不同，就是地域特性和風俗民情的不同。文學藝術不是求其同，而是求其異。這樣才會多彩多姿。文學不應成爲政治工具，但可以移風易俗，亦可淨化人心。我十二歲以前所受的基礎教育，獲益良多，但也出現了一大危機，沒有老師能再教下去。幸而有一位年近二十歲的姓王的學生在廬山一未立案的國學院求學，他問我想不想去？我自然想去，但廬山夏涼，冬天太冷，父親知道我的心意，並不反對，他對新式的人手是刀尺的教育沒有興趣，我便在飄雪的寒冬同姓王的爬上廬山，我生在平原，這是第一次爬上高山。

在廬山我有幸遇到一位湖南岳陽籍的閻毅字任之的好老師，他只有三十二歲，飽讀詩書，與民國初期的江西大詩人散原老人唱和，他的王字也寫的好。有一天他要六七十位年齡大小不一的學生各寫一首絕句給他看，我寫了一首五絕交上去，廬山松樹不少，我生在平原是看不到松樹的，我是即景生情，信手寫來，想不到閻老師特別將我從大教室調到他的書房去，在他右邊靠牆壁另加一桌一椅，教我讀書寫字，並且將我的名字「熹」改爲「熙」，視我如子。原來是他很欣賞我那首五絕中的「疏松月影亂」這一句。我只有十二歲，不懂人情世故，也不了解他的深意。時任漢口市長張群的侄子張繼文還小我一歲，卻是個天不怕、地不怕的小太保，江西省主席熊式輝的兩個小舅子大我幾歲，閻老師的侄子卻高齡二十八歲。學歷也很懸殊，有上過大學的、高中的，多是對國學有興趣，支持學校的袞袞諸公也都是有心人士，新式學校教育日漸西化，國粹將難傳承，所以創辦了這樣一個尚未立案的國學院，也未大張旗鼓正式掛牌招生，但聞風而至的要人子弟不少，校方也本著「有教無類」的原則施教，閻老師也是義務施教，他與隱居廬山的要人嚴立三先生也有交往。（抗日戰爭一開始嚴立三即出山任湖北省主席，諸閻老師任省政府秘書，此是後話。）同學中權貴子弟亦多，我雖不是當代權貴子弟，但九江先組玉公以提督將軍身分抵抗蒙古騎兵入侵雁門關戰死東昌(雁門關內北京以西縣名，一九九〇年我應邀訪問大陸四十天時去過。)而封河間王；其子輔公。以進士身分出仕，後亦應昭領兵三定交趾而封定興王；其子貞公亦有兵權，因受政客讒害而自嘉定謫居潯陽。大詩人白居易亦曾謫爲江州司馬，我另一筆名即用江州司馬。我是黃帝第五子揮的後裔，他因善造弓箭而賜姓張。遠祖張良是推薦韓信爲劉邦擊敗楚霸王項羽的漢初三傑之首。他有知人之明，深知劉邦可以共患難，不能共安樂，所以悄然引退，作逍遙遊，不像韓信爲劉邦拼命打天下，立下汗馬功勞，雖封三齊王卻死於未央宮呂后之手。這就是不知進退的後果。我很敬佩張良這位遠祖，抗日戰爭初期（一九三八）我爲不作「亡國奴」，即輾轉赴臨時首都武昌以優異成績考取軍校，一位落榜的姓熊的同學帶我們過江去漢口。中共未公開招生的「抗日大學」（當時國共合作抗日，中共在漢口以「抗大」名義吸收人才。）辦事處參觀，接待我們的是一位讀完大學二年級才貌雙全，口才奇佳的女生獨對我說負責保送我免試進「抗大」一期，因未提其他同學，我不去。一年後我又在軍校提前一個月畢業，因我又考取陪都重慶中央政府培養高級軍政幹部的中央訓練團，而特設的新聞「新聞研究班」第一期，與我同期的有爲新詩奉獻心力的覃子豪兄（可惜五十二歲早逝）和中央社東京分社主任兼國際記者協會主席的李嘉兄。他在我訪問東京時曾與我合影留念，並親贈我精裝《日本專欄》三本。他七十歲時過世，這兩張照片我都編入「全集」一百九十多萬字的空前大長篇小說（紅塵）照片類中。而今在台同學只有兩位了。

民國二十八年（一九三九）九月我以軍官、記者雙重身分，奉派到第三戰區最前線的第三十二集團軍上官雲相總部所在地，唐宋八大家之一，又是大政治家王安石，尊稱王荊公的家鄉臨川，（屬撫州市）作軍事記者，時年十九歲，因第一篇戰地特寫《臨川新貌》經第三戰區長官都主辦的行銷甚廣的《前線日報》發表，隨即由淪陷區上海市美國人經營的《大美晚報》轉載，而轉爲文學創作，因我已意識到新聞性的作品易成「明日黃花」，文學創作則可大可久，我爲了寫大長篇《紅塵》、六十四歲時就請求提前退休，學法出身的秘書長何宜武先生大惑不解，他對我說：

「別人想幹你這個工作我都不給他，你爲什麼要退？」我幹了十幾年他只知道我是個奉公守法的張萬熙，不知道我是「作家」墨人，有一次國立師範大學校長劉真先生告訴他張萬熙就是墨人，劉校長看了我在當時的「中國時報」發表的幾篇有關中國文化的理論文章，他希望我繼續寫，劉校長真是有心人。沒想到他在何宜武秘書長面前過獎，使我不能提前退休，要我幹到六十五歲多四個月才退了下來。現在事隔二十多年我才提這件事。鼎盛時期的（台灣新生報）連載四年多的拙作《紅塵》出版前三冊時就同時獲得新聞局著作金鼎獎和嘉新文化基金會「優良著作獎」，劉真校長也是嘉新文化基金會的評審委員之一，他一定也是投贊成票的。「世有伯樂而後有千里馬」。我九十二歲了，現在經濟雖不景氣，但我還是重讀重校了拙作「全集」我一向只問耕耘，不問收穫，我歷任軍、公、教三種性質不同的職務，經過重重考核關卡，寫作七十三年，經過編者的考核更多，我自己從來不辦出版社。我重視分工合作。我頭腦清醒，是非分明，歷史人物中我更敬佩遠祖張良，不是劉邦。張良的進退自如我更歎服。在政治角力場中要保持頭腦清醒，人性尊嚴並非易事。我們張姓歷代名人甚多，我對遠祖張良的進退自如尤爲歎服，因此我將民國四十年在台灣出生的幼子依譜序取名選良。他早年留美取得化學工程博士學位，雖有獎學金，但生活仍然艱苦，美國地方大，出入非有汽車不可，這就不是獎學金所能應付的，我不能不額外支持，他取得化學工程博士學位與取得材料科學碩士學位的媳婦蔡傳惠雙雙回台北探親，且各有所成，幼子曾研究生產了飛機太空船用的抗高溫的纖維，媳婦則是一家公司的經理，下屬多是白人，兩孫亦各有專長，在台北出生的長孫是美國南加州大學的電機碩士，在經濟不景氣中亦獲任工程師，我不要第三代走這條文學小徑，是現實客觀環境的教訓，我何必讓第三代跟我一樣忍受生活的煎熬，這會使有文學良心的人精神崩潰的。我因經常運動，又吃全素二十多年，九十二歲還能連寫四、五小時而不倦。我寫作了七十多年，也苦中有樂，但心臟強，又無高血壓，一是得天獨厚，二是生活自我節制，我到現在血壓還是60—**110**之間，沒有變動，寫作也少戴老花眼鏡，走路仍然「行如風」，十分輕快，我在國民大會主編《憲政思潮》十八年，看到不少在大陸選出來的老代表，走路兩腳在地上蹉跎，這就來日不多了。個人的健康與否看他走路就可以判斷，作家寫作如在八十歲以後還不戴老花眼鏡，沒有高血壓，長命百歲絕無問題。如再能看輕名利，不在意得失，自然是仙翁了。健康長壽對任何人都很重要，對詩人作家更重要。

一九九〇年我七十歲應邀訪問大陸四十天作「文學之旅」時，首站北京，我先看望已九十高齡的老前輩散文作家，大家閨秀型的風範，平易近人，不慍不火的冰心，她也「勞改」過，但仍心平氣和。本來我也想看看老舍，但老舍已投湖而死，他的公子舒乙是中國現代文學館的副館長，他也出面接待我，還送了我一本他編寫的《老舍之死》，隨後又出席了北京詩人作家與我的座談會，參加七十賤辰的慶生宴，彈指之間卻已二十多年了。我訪問大陸四十天，次年即由台北「文史哲出版社」出版照片文字俱備的四二五頁的《大陸文學之旅》。不虛此行。大陸文友看了這本書的無不驚異，他們想不到我七十一高齡還有這樣的快筆，而又公正詳實。他們不知我行前的準備工作花了多少時間，也不知道我一開筆就很快。

我拜會的第二位是跌斷了右臂的詩人艾青，他住協和醫院，我們一見如故，他是浙江金華人，卻體格高大，性情直爽如燕趙之士，完全不像南方金華人。我們一見面他就緊握著我的手不放，侃侃而談，我不知道他編《詩刊》時選過我的新詩。在此之前我交往過的詩人作家不少，沒有像他如此豪放真誠，我告別時他突然放聲大哭，陪我去看他的北京新華社社長族侄張選國先生，陪我四十天作《大陸文學之旅》的廣州電視台深圳站站長高麗華女士，文字攝影記者譚海屏先生等多人，不但我爲艾青感傷，陪同我去看艾青的人也心有戚戚焉，所幸他去世後安葬在八寶山中共要人公墓，他是大陸唯一的詩人作家有此殊榮。台灣單身詩人同上校軍文黃仲琮先生，死後屍臭才有人知道，他小我二歲，如我不生前買好八坪墓地，連子女也只好將我兩老草草火化，這是與我共患難一生的老伴死也不甘心的，抗日戰爭時她父親就是我單獨送上江西南城北門外義山土葬的。這是中國人「入土爲安」的共識。也許有讀者會問這和文學創作有什麼關係？但文學創作不是單純的文字工作，而是作者整個文化觀、文學觀，人生觀的具體表現，不可分離。詩人作家不能「瞎子摸象」，還要有「舉一反三」的能力。我做人很低調。寫作也不唱高調，但也會作不平之鳴、仗義直言。我不鄉愿，我重視一步一個腳印，「打高空」可以譁眾邀寵於一時，但「旁觀者清」，讀者中藏龍臥虎，那些不輕易表態的多是高人。高人一旦直言不隱，會使洋洋自得者現出原形。作品一旦公諸於世，一切後果都要由作者自己負責，這也是天經地義的事。

我寫作七十多年無功無祿，我因熬夜寫作頭暈住馬偕醫院一個星期也沒有人知道，更不像大陸的當代作家、詩人是有給制，有同教授的待過，而稿費、版稅都歸作者所有。依據民國九十八年一月十日「中國時報」A十四版「二〇〇八年中國作家富豪榜單」二十五名收入人民幣的數字統計，第一高的郭敬明一年是一千三百萬人民幣，第二名鄭淵潔是一千一百萬人民幣，第三名楊紅櫻是九百八十萬人民幣。最少的第二十五名的李西閩也有一百萬人民幣，以人民幣與台幣最近的匯率近一比四・五而言，現在大陸作家一年的收入就如此之多，是我一九九〇年應邀訪問大陸四十天作文學之旅時所未想像到的，而現在的台灣作家與我年紀相近的二十年前即已停筆，原因之一是發表出版兩難，二是年齡太大了。民國九十八年（二〇〇九）以前就有張漱菡（本名欣禾）、尹雪曼、劉枋、王書川、艾雯、嚴友梅六位去世，嚴友梅還小我四、五歲，小我兩歲的小說家楊念慈則行動不便，鬍鬚相當長，可以賣老了。我托天佑，又自我節制，二十多年來吃全素，又未停止運動，也未停筆，最近在台北榮民總醫院驗血檢查，健康正常。我也有我的養生之道，每天吃枸杞子明目，吃南瓜子抑制攝護腺肥大，多走路、少坐車，伏案寫作四、五小時而不疲倦，此非一日之功。

民國九十八（二〇〇九）己丑，是我來台六十周年，這六十年來只搬過兩次家，第一次從左營搬到台北大直海軍眷舍，在那一大片天主教白色公墓之下，我原先不重視風水，也無錢自購住宅，想不到鄰居的子女有得神經病的，有在金門車禍死亡的，大人有坐牢的，有槍斃的，也有得神經病的，我退役養雞也賠光了過去稿費的積蓄，讀台大外文系的大兒子也生病，我則諸事不順，直到搬到大屯山下坐北朝南的兩層樓的獨門獨院自宅後，自然諸事順遂，我退休後更能安心寫作，遠離台北市區，真是「市遠無兼味，地僻客來稀。」同里鄰的多是市井小民，但治安很好，誰也不知道我是爬格子的，連警察先生也不光顧舍下，除了近十年常有人打電話來騙我，幸未上大當外，我安心過自己的生活。當年「移民潮」去不了美國的也會去加拿大，我是「美國人」的祖父，我不移民美國，更別說去加拿大了。娑婆世界無常，早年即移民美國的琦君（本名潘希真）、彭歌，最後還是回到台灣來了，這不能說台灣是「天堂」，以我的體驗而言是台北市氣候宜人，夏天三十四度以上的日子少，冬天十度以下的日子也很少，老年人更不能適應零度以下的氣溫，我只有冬天上大屯山、七星山頂才能見雪。有高血壓、心臟病的老人更不能適應。我不想做美國公民，做台灣平民六十多年，也沒有自卑感。

娑婆世界是一個無常的世界，天有不測風雲，人有旦夕禍福，老子早說過：「福兮禍所倚，禍兮福所伏。」禍福無門，唯人自招。我一生不起歪念，更不損人利己，與人為善。雖常吃暗虧，只當作上了一課。這個花花世界是我學不完的大教室，萬丈紅塵其中也有黑洞，我心存善念，更不造文字孽，不投機取巧，不違背良知，蒼天自有公斷，我本著文學良心寫作，盡其在我而已，讀者是最好的裁判。

民國一〇〇年（二〇一一）辛卯七月二十九日下午六時二十三分於紅塵寄廬

1951 年墨人 31 歲與夫人曾麗春女士（30 歲）結婚十周年紀念合影於左營

墨人博士七十壽辰與夫人曾麗春女士合影。此照為大翻譯家、文學理論家黃文範先生所攝，並在照片背後題「南山北海惟仁者壽」。

民國二十九年（1940）作者
墨人在江西南城戎裝照。

1939 年墨人即自戰時陪都四川重慶奉派至江西臨川王安石家鄉，第三戰區前線任軍事記者創辦軍報，提供抗日官兵精神食糧。時年 19 歲。

2010 年「五四」作者墨人 91 歲在花蓮和南寺家人合影

2003 年 8 月 26 日作者墨人（中）在含鄱口觀山景點與
作者長女韻華、長子選翰、三女韻湘、二女韻真合影。

2005 年 2 月作者次子選良（右一）回台北與父（右二）及
作者夫人（中）三女韻湘（左二）二女韻真（左一）合影。

作者墨人在書房留影，時年八十五歲。

《墨人博士大長篇小說〈紅塵〉法文譯本封面照片》

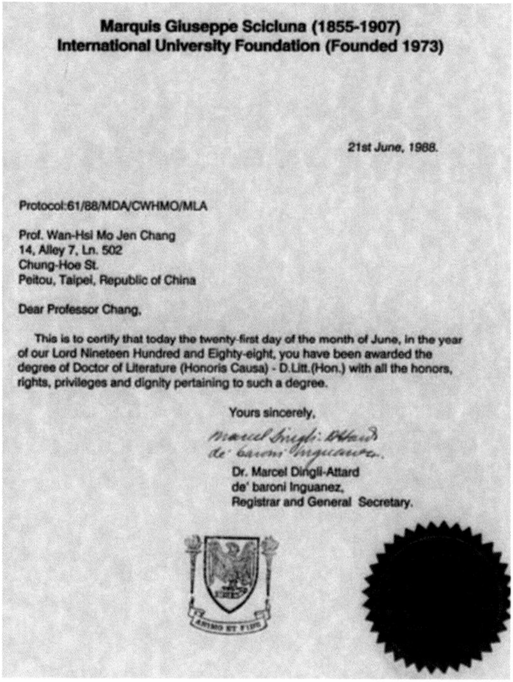

Marquis Giuseppe Scicluna (1855-1907)
International University Foundation (Founded 1973)

21st June, 1988.

Protocol:61/88/MDA/CWHMO/MLA

Prof. Wan-Hsi Mo Jen Chang
14, Alley 7, Ln. 502
Chung-Hoe St.
Peitou, Taipei, Republic of China

Dear Professor Chang,

This is to certify that today the twenty-first day of the month of June, in the year of our Lord Nineteen Hundred and Eighty-eight, you have been awarded the degree of Doctor of Literature (Honoris Causa) - D.Litt.(Hon.) with all the honors, rights, privileges and dignity pertaining to such a degree.

Yours sincerely,

Dr. Marcel Dingli-Attard
de' baroni Inguanez,
Registrar and General Secretary.

1988 年美國馬奎士國際大學基金會，授予張萬熙墨人教授榮譽文學博士學位證書。

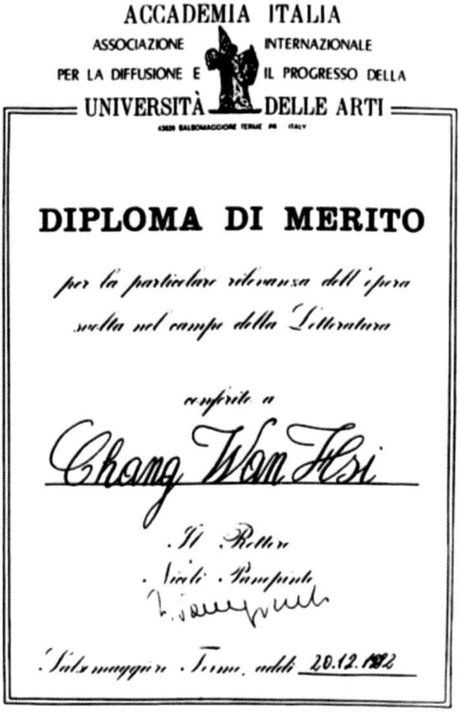

ACCADEMIA ITALIA
ASSOCIAZIONE INTERNAZIONALE
PER LA DIFFUSIONE E IL PROGRESSO DELLA
UNIVERSITÀ DELLE ARTI

DIPLOMA DI MERITO

per la particolare rilevanza dell'opera
svolta nel campo della Letteratura

conferito a

Chang Wan Hsi

Il Rettore
Nicola Rampinelli

Salsomaggiore Terme, addì 20.12.1982

義大利出版英、法、德、義四種文字的「國際文學史」的 ACCADEMIA ITALIA, 1982 年授予墨人的文學功績證書。

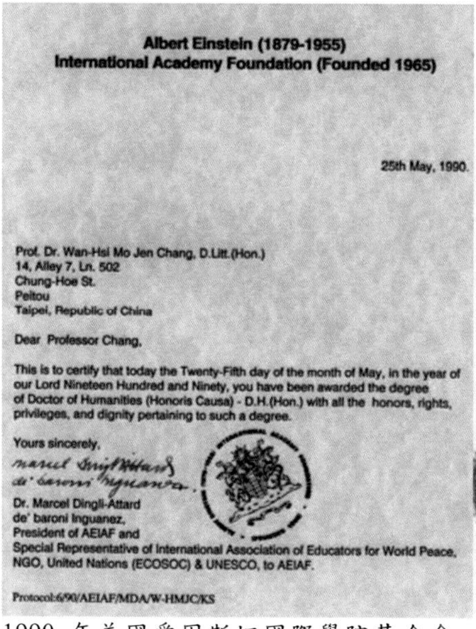

Albert Einstein (1879-1955)
International Academy Foundation (Founded 1965)

25th May, 1990.

Prof. Dr. Wan-Hsi Mo Jen Chang, D.Litt.(Hon.)
14, Alley 7, Ln. 502
Chung-Hoe St.
Peitou
Taipei, Republic of China

Dear Professor Chang,

This is to certify that today the Twenty-Fifth day of the month of May, in the year of our Lord Nineteen Hundred and Ninety, you have been awarded the degree of Doctor of Humanities (Honoris Causa) - D.H.(Hon.) with all the honors, rights, privileges, and dignity pertaining to such a degree.

Yours sincerely,

Dr. Marcel Dingli-Attard
de' baroni Inguanez,
President of AEIAF and
Special Representative of International Association of Educators for World Peace, NGO, United Nations (ECOSOC) & UNESCO, to AEIAF.

Protocol:6/90/AEIAF/MDA/W-HMJC/KS

1990 年美國愛因斯坦國際學院基金會授予張萬熙墨人教授榮譽人文學（含哲學文學藝術語言四種）博士學位

WORLD UNIVERSITY ROUNDTABLE
In Corporate Affiliation with the World University

Greetings

In recognition of Distinguished Achievement within the principles and purposes of the World University development, the Trustees of the Corporation, upon the nomination of the Secretariat, confer doctoral membership and this honorary award upon

Chang Wan-Hsi (Mo Jen)

The Cultural Doctorate in Literature

with all rights and privileges there to pertaining.

Witness our hand and seal at the International Secretariat
Regional Campus, Benson, Arizona
April 17, 1989

President of the Board of Trustees
Secretary of the Board of Trustees

1989 年美國世界大學授予張萬熙墨人榮譽文學博士學位，文化大學創辦人張其昀（曉峰）先生亦獲此榮譽。

THIS PICTORIAL TESTIMONIAL OF ACHIEVEMENT AND DISTINCTION
proclaims throughout the world that
DR. CHANG WAN-HSI (MO JEN)
is the recipient of the above-mentioned Honour, granted by the Board of Editors of the
2000 OUTSTANDING SCHOLARS OF THE 20TH CENTURY
meeting in Cambridge, England, on the date set out below,
and that the Board also resolves that a portrait photograph of
DR. CHANG WAN-HSI (MO JEN)
be attached to this Testimonial as verification of the Honour bestowed.
2000 OUTSTANDING SCHOLARS OF THE 20TH CENTURY
First Edition
Signed and sealed on the
14th December 1999
Authorized Officer

1999 年 10 月張萬熙墨人博士榮登英國劍橋國際傳記中心《二十世二千位傑出學者》第一版證書。

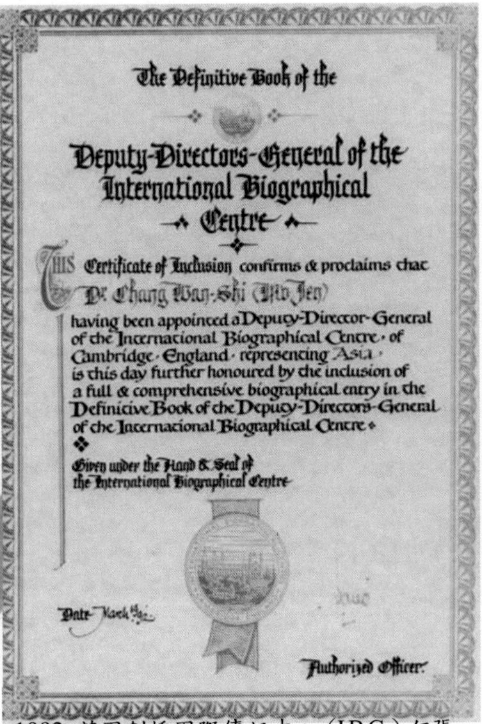

The Definitive Book of the
Deputy-Directors-General of the International Biographical Centre
THIS Certificate of Inclusion confirms & proclaims that
Dr. Chang Wan-Shi (Mo Jen)
having been appointed a Deputy-Director-General of the International Biographical Centre of Cambridge England representing Asia, is this day further honoured by the inclusion of a full & comprehensive biographical entry in the Definitive Book of the Deputy-Directors-General of the International Biographical Centre.
Given under the Hand & Seal of the International Biographical Centre
Date March 1992
Authorized Officer

1992 英國劍橋國際傳記中心 (I.B.C.) 任張萬熙墨人博士為代表亞洲的副總裁。

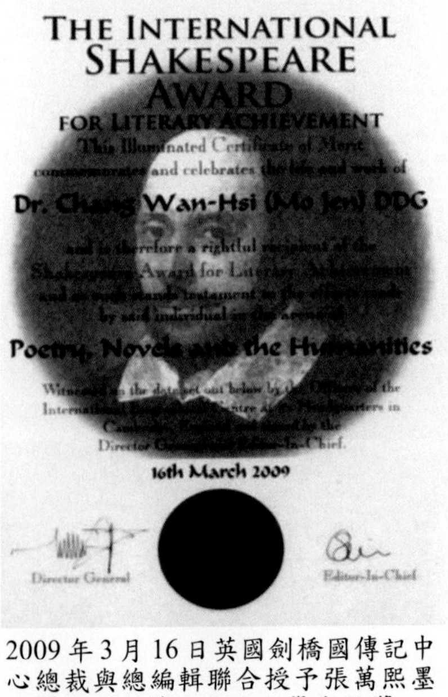

THE INTERNATIONAL SHAKESPEARE AWARD FOR LITERARY ACHIEVEMENT
This Illuminated Certificate of Merit commemorates and celebrates the life and work of
Dr. Chang Wan-Hsi (Mo Jen) DDG
and is therefore a rightful recipient of the Shakespeare Award for Literary Achievement
Poetry, Novels and the Humanities
16th March 2009
Director General
Editor-In-Chief

2009 年 3 月 16 日英國劍橋國傳記中心總裁與總編輯聯合授予張萬熙墨人博士國際莎士比亞文學成就獎。

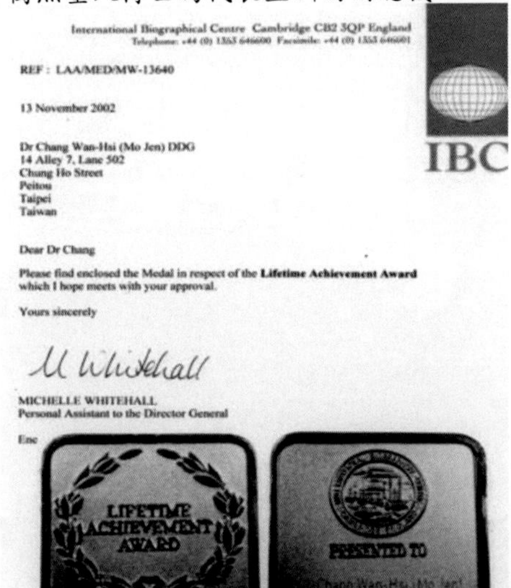

International Biographical Centre Cambridge CB2 3QP England
REF : LAA/MED/MW-13640
13 November 2002
Dr Chang Wan-Hsi (Mo Jen) DDG
14 Alley 7, Lane 502
Chung Ho Street
Peitou
Taipei
Taiwan
Dear Dr Chang
Please find enclosed the Medal in respect of the Lifetime Achievement Award which I hope meets with your approval.
Yours sincerely
MICHELLE WHITEHALL
Personal Assistant to the Director General
Enc
IBC
LIFETIME ACHIEVEMENT AWARD
PRESENTED TO
Dr Chang Wan-Hsi (Mo Jen)

英國劍橋國傳記中心(I.B.C.)2002 年頒發詩人作家張萬熙（墨人）博士終身成就獎，英文信及金牌正反面照片墨人早年即被 I.B.C.推選為副總裁。

墨人自選集（短篇小說、詩選）目次

全集中篇有內容有與此之自選集之雷同者取用此自選集文

上冊

一、短篇小說

下冊

二、詩選

新詩集中有與此之詩選之雷同者取用此中新詩

詩選上輯

詩選下輯

附錄

上册

銀杏表嫂

一

像啄木鳥啄着老楊樹，大門剝剝地輕叩兩聲。

「誰呀？這麼半夜三更的？」母親的耳朵很靈，心情可有點兒緊張，細聲細氣地問。

「舅媽，是我，銀杏。」門外響起八角亭上風鈴似的聲音，脆而輕，顫而媚人。

母親「哦」了一聲，連忙掌起菜油燈。我一聽是銀杏表嫂的聲音，三步併作兩步奔過去，把門閂一抽，雙手用力一拉，一個大元寶，往門裏一栽，撲通一聲，我嚇了一跳，倒退兩步。

表嫂往門裏一竄，腰一彎，伸手一拉，珠走玉盤地說：

「爺，花朝都過了，你還拜什麼年？」

母親搖晃着走了過來，一手掩着燈，低着頭，向地上一打量，捉摸地說：

「是長庚？」

「舅媽，是我。」長庚表哥蹭蹬着爬起來，背上像叫化子馱了一隻討飯袋。

銀杏表嫂迅速地轉身關上門，背脊靠在門上悠悠地吁了一口氣。我這才看清楚她頭上包着一幅褪了色的藍布頭巾；身上罩着姑姑那件長大的藍布褂，像半截道袍；一臉的鍋烟。那張可愛的俏臉，變成了一個母夜叉。

「銀杏，你怎麼變成了戲台上的包大人？」母親舉起菜油燈，向她臉上照照，嗤的一聲。

「舅媽，媽不給我搽胭脂水粉，倒搽了我一臉的鍋烟。」銀杏表嫂有點哭笑不得。

「姑姑發了什麼瘋？把你這個俏媳婦打扮成這個怪模樣？」

「舅媽，說不得，鬼子在我們那邊要花姑娘，媽先得到風聲，要我們腳底抹油，漏夜向您這邊溜。」

母親啊了一聲，微微嘆口氣。長庚表哥抱怨地說：

「害得我兔兒下頷，趕了這麼遠的夜路！」

「爺，你還叫什麼屈，我差點兒被你累死。」銀杏表嫂取下藍布頭巾，露出一截白嫩的腦殼和半截粉頸。隨後又脫下姑姑那件藍布大褂，露出新的紅綾短襖，完全一副新娘神態。

長庚表哥也脫掉姑爹在世時穿的那件黑短罩褂，這件短褂一直罩到他的膝蓋，空空蕩蕩，兩隻袖子拖出半截，搖搖擺擺，那模樣兒有幾分像戲台上的小丑。

他把那件黑短褂往銀杏表嫂手上一搭，雙手拍拍身上天藍色的絲棉長袍，一身新氣，背上還像背着一隻大口袋，高高隆起。

「長庚，剛才小汾冒冒失失，你跌傷了那兒沒有？」母親摸摸長庚表哥的扣子頭和駱駝背。

「舅媽，您不用擔心，他是烏龜過門檻，跌跌爬爬，慣啦。」銀杏表嫂掩着嘴兒一笑。

「你眞是一張狗嘴，吐不出象牙。」長庚表哥揚手向她一指。

「好了，你們夫妻倆別鬪嘴。」母親望望他們兩人好笑：「先洗洗臉，我煎點印兒粑給你們充充饑。」

銀杏表嫂乖巧地跟着母親走向厨房，隨手在厨房門口的洗臉架上取了面盆進去。母親把燈放在洗臉架上層，將燈蕊撥大一點，這樣可以照着厨房和堂屋，兩面光。

「表哥，剛才我沒有想到你也在門外，你怎麼一個元寶滾進來？」我拉拉長庚表哥的衣袖。

「我靠在門上喘氣，沒想到你老弟挖我的牆腳？」長庚表哥的小眼睛向我翻翻。「弄得我烏龜過門檻，四腳朝天！」

我把右手向他一伸，掌心向上，認錯：

「表哥，你罰吧。」

「五十，還是一百？」他的小嘴巴咧開。

「聽便。」

於是，他揚起瘦骨嶙峋的小手，高高舉起，輕輕落下，一五，一十，邊打邊數，數到五十，停手一笑：

「好了，老規矩，就此打住。」

我們打手心，很少超過五十虛數。

銀杏表嫂絞了一個熱手巾，笑盈盈地遞給長庚表哥：

「爺，你是大人了，還好意思和汾表弟打手心？」

「你別狗咬耗子，這是我們的見面禮。」長庚表哥接過熱手巾，鬼畫胡桃地在臉上亂抹了一下，又交還銀杏表嫂：「你自己撒泡尿照照吧？瞧你像閻羅殿上的那一尊？」

銀杏表嫂將手巾在自己臉上擦擦，將鍋烟完全擦掉，露出雪白的瓜子臉兒。長庚表哥拍手一笑：

「嘿！這才像個賽觀音！」

「饒你貧嘴。」銀杏表嫂右手食指在他的腦殼上輕輕一點。

長庚表哥身子向後一退，駱駝背抵在我的肚子上，尖聲尖氣的笑起來。

擦掉了鍋烟的銀杏表嫂，眞的俏極了，我實在想不出拿什麼來比她？長庚表哥到底大我幾歲，「賽觀音」，虧他這一提，才使我想起天后宮裏的玉面觀音，那是個瓜子臉、長眉、秀眼、紅嘴唇的美人，可惜不會說話。銀杏表嫂眉眼含笑，嘴甜，所以還勝她三分。身子也比她高得多，眞像一株亭亭玉立的銀杏。

「你眞不識抬舉，我封你作賽觀音，你不過癮？」長庚表哥歪着扣子頭說。

「我的爺，你小心瀆了神，一輩子也是個三寸釘。」銀杏表嫂抿着嘴兒一笑。

「嘿！生米煮成了熟飯，我還怕你嫌我矮？」長庚表哥得意地說。

「你墊着枕頭睡覺，不要想歪了。我嫁鷄隨鷄，嫁狗隨狗，誰嫌你來着？」銀杏表嫂笑盈盈地，手裏扭着面巾。

「招哇！」長庚表哥雙手一拍：「不是冤家不聚頭，我癩蛤蟆偏吃你這塊天鵝肉，命大囉！」

母親端着一盤紅糖菜油煎的印兒粑出來，笑着對長庚表哥說：

「長庚，快吃個印兒粑甜甜嘴，不要儘講傻話。」

「舅媽，您要是再不塞住他的嘴，葷的素的他都會端出來。」銀杏表嫂接嘴。

「男不和女鬬，我饒了你這張八哥兒嘴。」長庚表哥接過母親手上的筷子，遞了一雙給我，拉着我走近桌邊。

「爺，你呀，你湯罐裡煨鴨，獨出一張嘴，快修你的五臟廟吧！」銀杏表嫂柳腰兒一扭，拎着手巾打轉兒，然後放進臉盆裏面濯乾淨，再回到桌邊來吃印兒粑。

她在長庚表哥身邊坐下，她坐着比表哥站著還高。

長庚表哥十七，年年一般高；銀杏表嫂十五，却像春筍兒直往上冒，前年就冒過了他的頭，現在長庚表哥踮起腳來也只夠得上她的肩膀。我十三，他比我還矮一拳頭，小手小腳，說話還是童音，他好像放少了酵麵的饅頭，怎麼也發不大。

母親望着他們好笑，她自己不吃，却一個個地夾給表哥吃。

「長庚，你多吃兩個吧？我眞盼望你一夜長大。」

「舅媽，他是個鼓不起氣的皮球，你別燒錯了香。」銀杏表嫂說。

「你也別性急啥，」長庚表哥望了她一眼：「寶塔天高，也不是一夜砌起來的。」

「你們夫妻倆在我家裏多住幾天，長庚，明天我殺隻童子鷄給你吃。」母親說。「剛開口的！」

「舅媽，鬼子爛了心，看樣子這次我們有得住。」銀杏表嫂接嘴。

「有沒有人點妳的水？」

「那可保不定，要不是媽機警，說不定遭了殃。」

「我家一無壯丁，二無閨女，你放心住。」

「舅媽，剛開口的童子鷄我也放心吃？」長庚表哥望着母親一笑。

「外甥是外婆家的狗，吃了就走，你儘管放心。」母親摸摸表哥的頭。

「爺，我說呀，你是烏龜吃大麥，糟蹋糧食。還是留給汾表弟吃吧，他會日長夜大的。」銀杏表嫂向長庚表哥一笑。

「我說你安的什麼心哪？你願意年年抱我上牙床不成？」

「你說了癩蛤蟆吃天鵝肉，命哪！」

「好了，好了，」母親笑着打岔：「吃飽了就去睡覺，小汾的床讓給你們。」

「舅媽，我和汾表弟一道睡。」長庚表哥搶着說。

「別胡說，你們是新人，怎麼可以分床睡？」母親堵住表哥：「你媽正急着抱孫兒呢。」

「舅媽，他愛和表弟睡就讓他和表弟睡吧，」銀杏表嫂扯扯母親的衣角：「反正是聾子的耳朵，瞎子的眼睛。」

母親一怔，一笑，憐愛地摸摸表嫂的秀髮，輕輕地說：

「沾沾陽氣也行。」

母親隨卽端着燈，把表嫂送到我房裏。過了一會兒她又提着燈出來。

表哥正和我猜剪刀布，叫得口沫直噴，表嫂一身紅綾襖，亭亭地立在房門口，遙遙地呼喚表哥：

「爺，象牙床，綾羅被，萬事俱備，你就起一陣東風吧？」

「摩天寶塔不是一夜砌成的，你何必像熱鍋上的螞蟻？」

表哥望了她一眼，接了腔，然後弓着駱駝背，勾着扣子頭，一搖一晃地向嬌艷如花的表嫂走過去，像滾着一個大元寶。

二

母親爲我在她的床對面架了一張臨時舖，自然沒有我那張床好，她摸摸我的頭說：

「小汾，你就委屈幾天吧！姑姑家三代單傳，財旺人不旺，你姑爹前年又被鬼子亂槍打死，現在只剩下長庚這條根，你姑姑等不及，臘月裏就替他圓了房，急着抱孫子。他夫妻倆到我們家來，你自然應該讓鋪。」

「娘，我的床大被大，三個人也睡得下，您何必要我讓？」我對臨時鋪沒有好感，而且我有個壞毛病，換了床睡不着覺。以前表哥來我家，老規矩，我們倆人睡，怎麼他一圓房，就把我隔開？實在不公道。

「傻兒子，你怎麼能做蠟燭？」母親嗤的一笑。

「他們睡覺不點燈？」

「那不關你的事。」

母親笑着搖搖頭，替我把被子鋪開，腳底下捆好，隨後自言自語地說：

「唉，眞是女大十八變，想不到銀杏這丫頭變得像一朵牡丹花兒似的。」

「娘，表哥說她是賽觀音。」

「嗯，虧他有這份悟性。」

「表哥並不蠢。」

「可惜是個殘疾人。」

「娘，表哥配表嫂，是不是合了那句古話兒：烏鴉配鳳凰？」

「還有一說：花子跌進銀窖裏。」

「娘，那是『躺』來的福。」

「這話兒若是從頭說起，表哥實在是托你姑姑的福。」

「娘，您又款古？」

「不說你不知道，」母親摸摸我的頭：「你表哥一出世就有殘疾，兩歲還不會走路，你姑姑就怕他日後娶不到媳婦，在他三歲那年就從育嬰堂抱了銀杏回家，雖然是個小童養媳，你姑姑倒也披紅掛彩，熱鬧了一番。當初銀杏瘦得像隻猴兒，一點也不搶眼，想不到雨後的牡丹花兒，越開越俏，你姑姑一來怕斷了佘家的香烟，二來怕別人打眼，就要他們拜了堂，進了新房。」

「娘，我們剛吃了喜酒，那又要接着吃紅蛋哪？」

「按理不出一年，不過我們還是多殺幾隻童子鷄給長庚吃好些。」

「娘，剛開口叫的，您捨得？」

「爲了姑姑早點抱孫兒，捨不得也要捨。」母親的口氣很堅決，就像她燒香許願。隨後又端詳我：「小汾，我看你有點兒小氣？」

我不作聲，我實在有點兒捨不得大紅袍、蘆花、黑包拯，牠們都臉紅脖子粗，剛剛會叫，會找母鷄的麻煩。我一天要餵幾次，牠們會在我手掌上啄麥子吃，實在可愛。

「你給表哥吃童子鷄，表哥才會給你吃紅蛋；一來一往，兩不吃虧。」母親哄着我說。

「娘，別人圓了房就有紅蛋吃，怎麼表哥要吃童子鷄？您出的什麼主意？」

「古人傳下來的，童子鷄帶發。藥無引不行，麵無酵不發，我看你表哥也要引一引才行。」

我不懂母親的媽媽經，往被子裏一鑽，蒙着腦袋就睡。

第二天清早起來，我發現母親已經宰了大紅袍，我望着地上一堆毛，心裏眞不是味道。

銀杏表嫂起得比我遲，她頭髮鬆鬆的，後腦雖然挽了一個大髻，額前還保留了一綹流海。她嘴唇鮮紅，臉上像搽了胭脂。

她笑着叫了我一聲「汾表弟」，就先在臉盆裏洗洗手，再去灶上湯罐裏打水洗臉。

不一會兒，她端了一盆熱水，雙手遞給我，笑盈盈地說：

「表弟，你先淨淨面。」

「表嫂，我洗過了，你不用客氣。」我笑着推辭。

「哈，你眼角上還有痲雀糞呢，騙誰？」她微微一笑。

「表嫂，你是客，我是主，應該我打水給你洗臉才對。」

「表弟，你是男，我是女，男是天，女是地，只有女的服侍男的，那有男的侍候女的？」

「表嫂，親家母拜年，兩免好了，你自己洗吧。」

「表弟，你嫌我手髒是不是？」她望着我微笑：「我可洗得乾乾淨淨的，我不是不懂規矩。」

我連忙搖頭。她的手細皮白肉，賽過嫩藕，比我這雙鷄腳爪乾淨得多。

她看我搖頭，連忙把臉盆放在腳邊，絞了一個熱手巾遞給我，我只好接過來擦了幾下，道了一聲謝。

她自己洗過臉就到母親房裏去梳頭，出來時整整齊齊，像圓房那天剛揭開蓋頭的樣子。

表哥還沒有起來，我和表嫂一同到房裏去看他。他側着身子睡，面朝裏，駱駝背朝外，兩頭弓在一堆，看起來更小。

「爺，太陽晒到背脊骨，你還不起來？眞好福氣。」銀杏表嫂伏在床沿，輕輕地叫他。

他微微動彈了一下，發出幾聲囈語：

「山，好高……唉，我，爬，爬不動了………」

「爺，你怎麼胡言亂語？汾表弟來看你了，你好意思？………」銀杏表嫂伏在他耳邊輕輕地說。

長庚表哥迷迷糊糊地唔了兩聲，反問一句：

「你說什麼？」

「汾表弟來了。」銀杏表嫂提高聲音。

長庚表哥用小手揉揉眼睛，想翻身過來，駱駝背抵着他翻不動，銀杏表嫂用力一拉，把他拉着坐了起來。他翻翻小眼睛望望我，銀杏表嫂對他說：

「爺，你自己穿衣服，我去替你打洗臉水。」

銀杏表嫂走後，我對長庚表哥說：

「表哥，我的舊床沒有你的新床好，昨天晚上你睡得安神？」

「做惡夢，爬高山，」他臉上浮起一絲怪笑：「表哥眞是烏龜過門檻，翻上翻下。表弟，怪不得你的象牙床，那兒都是一樣。」

「表哥，你打的什麼謎？」

他尖聲尖氣地一笑，一面穿衣一面說：

「表弟，怪不得你楞頭楞腦，我忘記了你還沒有圓房。」

「表哥，我還早得很，媳婦兒還不知道在那隻狗狼肚裏哩？」

「表弟，娶了媳婦兒就睡不好覺，還是和尚好。」

「表哥，牆壁上掛狗皮，你這算什麼古『畫』兒？」

「表弟，不要見笑，我自己『畫』的。」

「爺，孔夫子門人七十二，你呀，亂話三千！」銀杏表嫂雙手端着臉盆，一踏進房門就笑着接腔。

「哈，妳呀，妳是啞吧告狀，一肚皮的官司。」

「爺，你發的什麼瘋？清早起來就瘋言瘋語？」銀杏表嫂絞了一個熱手巾，遞到長庚表哥面前，輕輕地說。

長庚表哥望了她一眼，接過手巾在臉上鬼畫胡桃畫了兩下，就翻身下床。銀杏表嫂雙手一抱，把他抱了下來，輕輕地放在地上。

「爺，你再洗洗手。」銀杏表嫂指指臉盆。

「做了三天新媳婦，就一肚皮的婆婆經。妳呀，眞是現買現賣！」

「爺，你眞是兜着豆子找鍋炒，好，我讓你。」銀杏表嫂柳腰兒輕輕一扭，晃了出去。

表哥洗了手和我一道出來，他看了看地上大紅袍的毛，笑着問我：

「表弟，舅媽眞的殺了鷄？」

「娘說到做到。」

「嘿，外甥走娘舅家，眞的不落輸。」他檢起一撮鷄毛向我一笑。

「娘說姑姑想抱孫兒，我也想吃紅蛋。」

「表弟，我再打個謎兒你猜？」

「你說。」

「冬筍兒不能成器，一竹篙打不到井底。」

天知道他打的什麼鬼謎？

三

母親將「大紅袍」隔水清蒸，還放了三枚香蕈，兩粒紅棗。一揭開鍋蓋一股鮮味就衝進鼻子，弄得我直流口水。母親笑着拍拍我：

「小汾，別饞，過兩年我再蒸給你吃，現在你還沒有到那個節骨眼兒。」

「娘，吃童子鷄還有這麼玄呐？」

「嗯，」母親笑着點頭：「這好比教師爺點穴，要恰到好處。」

看看那白裏透黃的鷄，發得像一柄黑洋傘般的香蕈，鼓得像紅孩兒的大紅棗，我不自禁地嚥了一下口水，母親裝作沒有看見，過後反而囑咐我：

「這是表哥的獨食，別人分了就不靈，要他一個人全吃下去，你一口湯都不能喝他的，小汾，你要懂事啊！」

我應了一聲是，心裏可不舒服。我希望快點長到十五歲，那就是個半大人，可以吃清蒸童子鷄了。

母親像燒香進貢般地，用紅漆小托盤，托着個大海盌，顫巍巍地送進房裏，表哥表嫂正在打情罵俏，表嫂一看見母親進來，連忙起身雙手來接，哎喲喲地說：

「舅媽，您這會折他的福，他怎麼受得起？」

長庚表哥看見一大盌熱氣騰騰的全鷄，笑瞇瞇地走過來，對母親說：

「舅媽，我還沒有孝敬您啦！」

「早點生個兒子就算孝敬哪！」母親愉快地一笑：「看，我放了兩粒大棗子，就盼望你早生貴子。」

「謝謝舅媽，」銀杏表嫂向母親鳳凰一點頭，又瞟了長庚表哥一眼：「爺，這台被臥戲就全看你的。」

「還沒有打雷，妳就望着下雨，眞好急的性子！」長庚表哥望望銀杏表嫂一笑：「還是讓爺先享享口福。」

母親笑着走開，在房門口囑咐我說：

「小汾，表哥吃完了你就把盌筷送過來。」

我不高興，沒有作聲，銀杏表嫂笑着對我說：

「表弟，我會送去，不敢偏勞你。」

長庚表哥倒很大方，分了一隻鷄腿給我，我沒有接，我把母親的話重複了一遍，銀杏表嫂笑着對長庚表哥說：

「爺，你聽見了沒有？舅媽對你這番心，你怎樣報答？」

「妳又借着題兒做文章呀？爺瞎子吃湯圓，心裏有數？」長庚表哥歪着扣子頭，啃着鷄腿，邊吃邊說。

長庚表哥的量小，一隻童子鷄就把他塞得打飽呃，還剩了不少湯，銀杏表嫂端起盌來要他喝下去

「爺，汁都在湯裏，你不要辜負了舅媽的好意。」

「好，你借着天牌壓地牌。」

表哥只好伸長脖子灌下去，又打了兩個飽呃。銀杏表嫂望着他一笑：

「武二爺病後喝了三大盌老酒，還過景陽崗，打猛虎。我的爺，你是武大郎賣水餃，挑不動也吃不得。」

「妳呀，貓兒叫春，太不安分。」長庚表哥白了她一眼。

「瞧你貧嘴賤舌！」銀杏表嫂眼兒一瞪，抿着嘴兒一笑，收起盌筷跑了出去。

長庚表哥得意地尖笑，隨後握着我的手抱歉地說：

「表弟，原諒我吃獨食。銀杏的話我當作馬耳東風，舅媽的好意我可不能辜負。下次你上我家，一定加倍，兩隻！」

他向我伸出兩個指頭，我心裏一樂，笑了。不過我對他說：

「媽說我還沒到那個節骨眼兒。」

「表弟，你是春筍兒，特別快，不要兩年，就會衝出來。」

隨後他又從荷包裏掏出一隻毽子，那是「大紅袍」身上的毛，一落眼我就認得。

他把我拉到堂屋裏踢毽子，恰巧銀杏表嫂從厨房出來，他踢歪了，被銀杏表嫂順腳接住，銀杏表嫂的綉花鞋兒一挑，把毽子挑得很高，她對表哥打了一個招呼：

「爺，你接住。」

表哥慢了一步，毽子落在地上，她唉了一聲，隨後一笑：

「爺，你的童子鷄白吃了吶？」

「你別急啥，打了雷自然會下雨。」長庚表哥笑着回答。

表嫂的毽子踢得眞好，一上她的腳就不會掉下來，她腰桿兒細，身子靈活，踢起來像風擺柳，非常好看。我踢不過她，表哥自然更不是她的對手。表哥本來是駱駝背，踢起毽子來更勾得像隻熟蝦，踢不了二十下就直喘氣，臉色蒼白。她踢上百兒八十還很輕鬆，臉色如西天晚霞，紅艷欲滴。

「銀杏，你的毽子踢得眞好，可就有一樣，小心閃了腰。」母親又歡喜又擔心地對表嫂說。

銀杏表嫂把踢在空中的毽子隨手一抄，握在手中，笑盈盈地說：

「舅媽，您放心，眞到了那節骨眼兒我會小心。現在是輕舟淺儎，正好玩玩。舅媽，您也來踢踢？」

「銀杏，舅媽的骨頭硬囉！」母親搖頭一笑：「歲月欺人老，現在是你們的世界啦。」

「舅媽，您說錯了，現在是鬼子的世界，我們是躲咪貓的。」

「說眞的，銀杏，外面風聲不好，你千萬不要出門。」母親囑咐她。

「舅媽，我不會送肉上砧，您放心。」

「幸虧長庚做了一隻毽子，不然你年紀輕輕的，眞會悶得慌。」

「舅媽，我是陪着公子趕考，不然他更像一隻花腳貓。」表嫂向長庚表哥一指。

「要不是爲了妳，我才用不着躲咪貓。現在外面紅花綠葉兒的，踢毽子算什麼時髦？」表哥也向她一指。

「好，爺，我累了你，你大丈夫，男子漢，長了翅膀滿天飛，鬼子又不要你當慰勞隊，你去雲淡風輕吧。」

表嫂有點兒惱，母親又作和事佬。表哥把我輕輕一拉，我們從後門溜了出去。

外面油菜花兒開得非常熱鬧，一片金黃，有點兒清香，蝴蝶蜜蜂，穿梭來往。

我和表哥爬上山邊一座桃林，表哥直喘氣，可是他非常高興地對我說：

「表弟，吃了舅媽的童子鷄，兩腳似乎有點兒力。」

「那眞是妙藥仙丹，下半年我一定可以吃紅蛋。」我也高興。

「但願打雷就能下雨，爹只留下我這條根，總不能在我手上斷了香烟？」表哥臉上一本正經地說：

「表弟，你唸到『不孝有三，無後爲大』沒有？」

「唸是唸過了，就是擀麵棍吹火，一竅不通。」

「就是我說的那句話兒。」

「王姥姥說表嫂一肚子仔，你着什麼急？」

「表弟，你不懂，這不像癩蛤蟆哈氣。」

我茫然地望着他，我眞的不懂。

突然響起一陣得得的蹄聲，表哥連忙拉着我往地上一蹲。一霎眼，一隊打着太陽旗穿着黃呢軍服的騎兵，從我們面前一里多路的馬路上急馳而過，馬蹄揚起團團灰塵。

「唉，要是舅舅的人馬在這兒多好？」表哥忽然慨嘆起來。

「爹在後方來信說，『生意』不好。」

「表弟，這難道是天意？我們註定了要受這些雜種的欺？」

「但願爹早點回來。」

「表弟，我實在不願躲咪貓，昨天晚上我一路滾元寶，滾到你家來，眞不是味道，也虧了你表嫂！」

「表哥，難得你讚她一句。」

「表弟，我是嘴上駡，心裏疼；上床的小人，下床的君子。」

我笑了起來，他却一本正經地說：

「表弟，男子漢，大丈夫，泥巴菩薩也要粧點兒金啥！不然那來的香火？」

說着他又折了一枝最好的桃花，放在鼻尖上聞聞，然後向我一笑：

「你表嫂最愛花花朵朵。」

「你想送她？」

「她躲咪貓，我和你在外面逍遙，怎麼好意思空手回去？」

他笑着先下坡，路陡，他上重下輕，又滾了一個大元寶。

我們回家時，表嫂站在房門口笑臉相迎。表哥遞上那枝桃花，表嫂笑得和桃花一樣美。表哥折下一小枝，踮起腳來往她鬢邊一挿，表嫂把他往懷裏一摟：

「爺，難得你這份孝心！」

四

姑姑惦念着她這對寶貝兒媳，也趕到我家來。

她帶來了壞消息，說他們那邊有好幾個年輕的姑娘遭了殃，抓去當慰勞隊了。

躲。

表嫂聽了渾身打了一個寒噤。

這天晚上吃過晚飯不久，姑姑和母親坐在堂屋裏閒聊，我和表哥表嫂踢毽子，大門上突然蓬蓬兩聲，姑姑一口吹熄了菜油燈，要表哥表嫂快點躲起來，我只覺得表嫂把表哥一拖，不知道他們往那裏躲。

外面的人發覺裏面熄了燈，就大聲地罵了起來，有中國人的聲音和鬼子的聲音。鬼子罵什麼我聽不懂，有一句似乎是「八格野鹿」。

門敲得更急，還有槍托撞擊的聲音。母親顫着聲音對我說：

「小汾，你去開門。」

我兩條腿像彈琵琶，渾身顫抖地走到門邊，剛剛把門閂抽開，就有兩個人衝進來，把我撞倒，隨後又進來兩個。兩個中國便衣提着馬燈，兩個鬼子背着馬槍，握着手電。

母親和姑姑縮在一堆，一個便衣提着馬燈在她們臉上照了一下，兩個鬼子罵了一聲，就持着手電分頭搜查。

先進來的那個粗壯的鬼子在我房裏找到了銀杏表嫂，把她挾了出來，哈哈大笑。

表嫂像隻鷄在他手裏掙扎，大哭大叫：

「長庚哪——長庚！……」

那個便衣提起馬燈在她臉上一照，高興地說：

「沒有錯，是賽觀音！」

表嫂大聲地哭叫「長庚」，另一個鬼子從腰皮帶上取下一條白毛巾在她嘴上一勒，聲音立刻悶住。母親、姑姑只是哭泣，不敢搶救。我嚇得呆頭呆腦，更不知道怎樣是好？我只想起父親，要是父親在家，一定會和他們拚命，兩個手無寸鐵的女人和孩子，有什麼用呢？

我萬萬沒有想到，在他們正要把銀杏表嫂架出門時，長庚表哥抓着一條扁擔衝出來，照準那個抓住銀杏表嫂的鬼子腦殼上砍去，可是那傢伙機警得很，適時舉手一格，便把表哥的扁擔震落了手，他反身一皮靴，咚的一聲，踢在長庚表哥的胸口，踢得表哥元寶大翻身，滾了幾滾，終於躺着不動。

「小子，好大的狗膽！你敢在太歲頭上動土？」那個便衣朝着躺在地上的表哥冷笑一聲。他們架着表嫂出門後，堂屋裏又一片漆黑，我聽見得得的馬蹄聲呼嘯而去。

母親點亮菜油燈，和姑姑趕到表哥身邊，母親提着燈在表哥臉上一照，表哥嘴上一灘血。姑姑伸手在他鼻子上摸摸，哇的一聲哭了出來。母親手上的燈掉在地上。房子裏又是一片漆黑，只聽見姑姑的哭聲：

「黑了天哪！斷了我的根哪！……………」

教師爺

一

鵝毛般的雪片，在空中飄飄盪盪，你擠我推，結果成堆地跌下來，但是沒有一點聲響，因爲地上的雪已經一尺多深了。

這樣的大雪已經連續下了兩天兩夜，外面是一片白色的世界，兀立着的大楊樹，也彷彿披着重孝的孤哀子，一身盡白，連那縮頭縮頸伏在枯樹枝上的烏鴉，背脊上也看不見一片黑色的羽毛了。

家家關門閉戶，圍爐取煖。母親偶爾伸頭向窗外一望，看見空中糾纏着的大雪，不禁把頸子一縮，冷兮兮地說：

「好大的雪！簡直像棉花條。」

我也好奇地端着凳子，站在上面向外一望，眞是天連地，地連天，白茫茫的一片，在我眼光所及的地方，看不見一隻飛鳥，一隻走獸，連最愛在雪地奔跑的狗，也不見蹤影。

外面是一個無聲的世界，銀色的世界。而天空卻特別低沉，彷彿壓到了屋頂。

我因爲忍受不了那麼重的寒氣，又端着凳子回到火盆邊上烤火。父親翻翻火盆中的桑樹根說：

「這樣的雪天，眞會冷死人！」

的確，我圍着火盆，還不時打着寒噤，我的花狗也睡在火盆旁邊，不敢出去。

突然，有人咚咚地敲我的門，父親奇怪地問：

「哪一個?」

「是我?三先生。」外面的人牙齒打顫地回答。

父親連忙趕去開門,門一打開,就有一股寒氣衝了進來,我一連打了幾個寒噤,我的花狗跑到門邊去叫了幾聲又連忙退到火盆邊上來。

「舅公,是你?」父親驚奇地說。

這時,我看見一位四十出頭,上唇蓄了兩撇黃鬍髭,紅線眼,眼神卻很充足的中年人站在大門口,他身邊放了一個擔子,擔子裏是棉被鍋盌之類的東西,他後面還跟了一位三十多歲的女人,和一個八九歲的女孩子。如果父親不叫那個男的一聲舅公,我還以爲是逃荒的。

那男的咧開嘴苦笑了一下,嗯了一聲。父親連忙把門全部拉開,一疊連聲地說:

「進來,進來!」

於是那男的兩手把擔子一托,托了進來,那女人和孩子也跟着進來。

父親把大門拴上,然後把男的介紹給母親說:

「這是沈家舅公。」

母親哦了一聲,原來沈家是父親今年才結的親戚,沈家的外甥女許給我弟弟,這是父親答應的親事,母親和我只見過另一位舅公,卻沒有見過這一位。

「這是我屋裏人。」沈家舅公指着那個女的對我母親說。

於是母親拉她坐在火盆旁邊,把那個女孩子拉在我旁邊坐下,女孩的手指凍得像煮熟的紅蝦,胖胖的臉凍得像染紅的鷄蛋,清鼻涕從那通紅的鼻子裏面不斷地流出來,掉在火盆裏發出嗞嗞的響聲。

母親從煨在火盆邊上的壺裏倒了兩盌熱茶遞給她們說：

「喝盌熱茶暖暖心。」

那女孩子的手指凍僵了，盌都端不穩，幾乎砸了，她母親連忙接過去，端給她喝。

父親拿了個錫酒壺過來，煨在火邊，笑着對沈家舅公說：

「你喝口熱酒活活血。」

酒壺煨在火邊不久，就發出一陣陣香味，沈家舅公饞涎欲滴，望着酒壺一笑：

「這酒衝勁很足。」

「這是上好的高粱，點火就燒。」父親說。

母親隨即在火爐中扒出幾個烤紅薯，分給他們，紅薯噴着另一種香味，對我有很大的誘惑。

沈家舅公自己在火邊拿起酒壺，對着嘴喝了一大口，嘿了一聲。父親等他血脈暢通之後問他：

「舅公，大雪封了江，你怎麼過來的？」

「我盪老三的水鴨子過來的。」他說。

我知道那個水鴨子，尖頭，方屁股，只有五六尺長，平常只能坐兩個人，這樣的大雪天，他們三個人怎麼能坐過江？

「那眞不容易。」父親說。

「三先生，我是來投靠你的。」他又喝了一大口酒，雙手捧着酒壺，望着父親一笑。

「好說，好說，只要你不嫌怠慢。」

「我實在是不得已，才借你府上避避風。」他嘆口氣說。

「自己人，何必客氣？」父親說。

「本來她是嚴家的人，」他指着那女人說：「她外頭人過世之後，前兩個月才跟我，嚴家閘的人和我過不去，總想拆散我們。」

「爲甚麼？」父親奇怪地問。

「原來我和嚴家閘有點過節——」他又捧着酒壺喝了一口。

「甚麼過節？」

「說起來話長，」他把酒壺放在膝蓋上：「有一年嚴家閘比武，我把嚴猴子打下了台。」

「是不是那個學猴拳的？」父親不等他說完就搶着問。

「正是！」他把手在大腿上一拍。

「那很不容易！」父親讚揚地說。

「當時我只爲了好勝，現在想想眞不應該。」他後悔地說。

「那也沒有甚麼，」父親搖搖頭說：「旣然打擂台，自然要顯眞本事。」

「三先生你不知道，」他搖頭苦笑：「人家嚴猴子就憑他那一手在嚴家閘稱王稱覇，而且常常吃過界，你說，那一次我豈不是挖了他的牆脚？」

「他是不是找你的烙殼？」父親問。

「以前是做文章找不到題目，這次就找上了！」他望了那女的和我身邊的女孩一眼。

「現在並不禁止寡婦再醮，他這不是節外生枝？」父親說。

「嚴猴子就是這麼一個人，有甚麼辦法？」他捧着酒壺向父親苦笑。

「難道你怕他？」父親望着他說。
「不是那麼說，」他搖搖頭：「我四十多了，好不容易才成個家，何必？」
「既然這樣說，你就安心地住在我這裏避避好了。」父親爽快地說。
「三先生，那我眞要多謝了！」他拱拱手說，把壺裏的高粱一飲而盡。

二

從此，他們三人就在我家住下，住在後面那三間新添建的房子裏。
他是一肩擔兩口來的，無田無地，做買賣也沒有本錢，拿甚麼生活呢？靠我家周濟嗎？起初幾天他是接受的，後來他就婉謝了，但是拿甚麼生活呢？父親不能不爲他考慮了。他既然能打敗嚴猴子，手脚功夫自然不壞，因此父親建議他收幾個徒弟。
「我們家裏不是讀書的就是種莊稼的，還沒有出過教師爺，如果你願意教，我保險能收十個八個子弟，生活不成問題。」父親說。
「三先生，你少君的事我自然不能推辭，收徒弟我就不敢了。」他說。
「爲甚麼？」父親奇怪地問。
「我到你府上來是避難，如果收起徒弟來就會傳揚出去，惹麻煩。」他說。
「你在我這裏不要緊。」父親寬慰他說。
「我知道你們是大族大姓，不過能夠收藏一點我還是收藏一點。」他說。
父親自然不好勉強他，因此他只收了我這麼一個徒弟，另外還有一個在我家裏作事的缺嘴遠親，但這位遠親已經十八歲了，他並沒有正式收缺嘴，只叫他陪着我學，他說缺嘴年紀太大，學不到家，而我只有十歲，剛好。

從此，我白天讀書，晚上就在堂前練武。

他先教我練樁，作了個騎馬樁給我看，這件事看起來很容易，作起來卻很難，必須認眞用勁，如果我不用勁他會突然把手往我肩上一按，弄得我一屁股坐下地，那味道不好受。因此一次樁練下來，便兩腿痠痛，幾乎僵硬得不能擧步。我很討厭這種苦功，但是不敢不練，因爲父親總是在旁邊看。記得我六歲開蒙時，別的學生都在三跪九叩拜先生，拜孔夫子，我卻在外面放鞭炮玩，結果挨了一頓好打，所以這次不敢馬虎。我是不得不練，而我那位遠親卻非常用功，他練得臉紅脖子粗，大冷天頭上還冒汗。

以後他又規定我每天淸晨起來，小便之前，就練「坐樁」，小便再急也不准解，這更是一件苦事，他卻說這樣練最有效！

過了十來天，他才叫我一招一式。首先是學規矩，雙手當胸一抱，站着丁字步向四周圍拱拱手，然後再講解一招一式的功用。他總是先作個樣子，讓我跟着學，學了十多天，一套拳架便打熟了。但我打來，完全是花拳繡腿，中看不中用，缺嘴卻連吃奶的力氣也用上去了，他居然打得虎虎生風，只是嘴巴關不住氣，往往一用勁，氣就嗤的一聲衝出來，我一笑就軟了手脚。

讀書，打拳，這兩道緊箍咒箍得我完全失去了自由，幸好不久就放了寒假，只剩一道緊箍咒了。白天除了踢毽子騎牛之外，就是拎着魚簍陪着沈家舅公去摸魚。

大冷天，尤其是結冰天，沈家舅公總是滿載而歸，一簍一簍的魚提回來，我很奇怪，別人用趕魚的網都沒有他弄的多，他怎麼憑着一雙手就能捉那麼多的魚？

無論天氣怎麼冷，他出去摸魚時總是穿着破棉襖，單褲，赤脚。一到水邊，他就把褲脚高高捲起，卸掉一隻衣袖，露出整個膀子。我一看他下水就打了一個寒噤，我把一個指頭伸進水裏試試，眞是寒得刺骨，一直冷到心裏，而他的兩條大腿和一隻臂膀卻整個浸在水裏，我穿着棉袍站在岸上都冷得發抖，他在水裏嘴裏也像在嚼蠶豆，牙齒咯咯叫，但一條條大鯽魚卻從水裏摸出來，向岸上摔，我再一個個地檢進魚簍。

光摸鯽魚還不算稀奇，他還能捉住三四斤重的黑皮大烏魚，這種魚很難捉，普通大人用兩隻手在水裏都捉牠不住，因爲牠勁大皮滑，很容易溜走，他卻一隻手提了起來，當他把烏魚拋上岸之後，我要費好半天時間才能捉住牠，弄得烏魚一身泥，我也一身泥。往往我在岸上一條魚還沒有捉住，他又拋上另外一條，我的手卻凍僵了，要放在棉袍裏煨一會才能活動。

他捉了一處又一處，當他從水裏起來再往別處摸時，我看見他兩條腿和那隻右臂凍得像熟蝦子，岸上剛勁的北風一吹，他似乎比在水裏還冷，他牙齒咯咯地說：

「要是有口高粱就好。」

但是沒有，他只能喝像刀樣銳利的北風。

「舅公，這些魚你是怎樣摸的？」我好奇地問。

「很容易。」他笑着說。

「你怎麼知道那裏有魚？」

「摸慣了一下水就知道。」他流着清鼻涕說。

「你怎麼捉得住？」

「鯽魚怕冷，」他向我一笑：「牠們會往我脚板底下鑽，我手一伸就像捉死的。」

「烏魚呢？」

「烏魚會鑽洞，」他用衣袖擦擦淸鼻涕說：「我把手伸進洞口扣住牠的腮。」

「我怎麼扣不住？」

「你的勁不夠，」他向我一笑，然後把五指一張，一彎，像五隻鈎子，伸到我的面前：「你看，人的眼睛都挖得出來，牠怎麼跑得了？」

「你不會把牠弄死？」

「不會，」他搖搖頭：「家裏不是養了一大缸？」

是的，我家裏那口大缸，他拿去養了烏魚，總有好幾十條，烏魚的生命力特別強，即使離開水幾個鐘頭也不會死，尤其是冬天。

「你養着做甚麼？是不是準備放生？」我問。我記得祖母總是買烏魚、黃鱔、甲魚放生。她說烏魚頭上有王字，吃不得。可是有些人却非常喜歡吃烏魚，因爲牠肉多，刺少，補人。

他聽了向我一笑，又輕輕地嘆口氣說：

「放生是有錢的善人幹的，我怎麼放得起？我是養到過年賣，價錢好些。」

我沒有作聲，他又笑着問我：

「你歡不歡喜吃烏魚？」

「歡喜！」我高興地回答，祖母死後我才吃到烏魚，尤其喜歡吃用荷葉包着放在灶裏用文火灰燼煨熟的整條烏魚，那味道之好簡直說不出來。只有用同樣的方法煨的猪肝差可比擬。

「那過年時我多送你幾條。」他笑着說。

「你不是要賣錢嗎？」

「我總不能賣你的錢囉！」他摸摸我的頭說。

隨後他又走下另一個水塘，這個水塘更深，他的褲子完全濕了，一直濕到腰，速破棉襖的下襟也濕了。但在這裏他摸了更多的烏魚。

直到家家屋頂上冒着炊煙，烏鴉聒噪地繞着楊樹飛來飛去，他才和我一道回去。

滿簍子魚我拎也拎不動，他在前面跑，我穿着長棉袍，像個大冬瓜，跑不快，跟不上，他邊跑邊回過頭來對我說：

「跑快點，我很冷。」

晚風一吹，的確更冷，何況他身上又是濕的？我聽見他的牙齒咯吱叫。

回家以後，他就抱着酒壺咕嚕咕嚕地喝了幾口冷酒，然後匆忙地換衣服，洗脚，舅婆殷勤地服侍他，他笑着對我說：

「夜飯在我這裏吃魚。」

他的生活就是靠摸魚維持的。

三

臘月二十四，過小年那天，我家正忙着殺鷄，做年糕，煎豆皮，打豆腐，一家大小正忙得不亦樂乎，突然來了六個生人，一上門就找我父親。
「請問貴姓？」我父親問。
「敝姓嚴。」爲首的一位五十多歲的人點點頭說。看樣子他有點像教書先生。
我父親聽說他姓嚴，就知道是怎麼一回事，於是笑着問他：
「請問貴幹？」
「你是三先生吧？」那人向我父親一笑。
我父親點點頭，那人馬上說：
「我想請教你一件事？」
「甚麼事？」
「聽說沈老大在你府上？」
「有這回事。」父親點點頭。
其餘的人立刻向我父親虎視眈眈，尤其是那個長着一對老鼠眼睛的中年人。
「聽說他還拐帶了一個女人，一個孩子，是不是？」
「女人孩子也是有的，只怕不是拐帶？」我父親說。
母親立刻把我一拉，拖着我到後面來向沈家舅公報信。
舅公他們正在房裏烤火，說說笑笑，我母親衝着他說。
「舅公，嚴家鬧來人了！」
舅公舅婆臉色突然一變，舅婆六神無主地望着舅公，舅公又望着我母親，過了一會再問：

「一共來了幾個人？」

「六個。」我搶着說。

「有沒有一個瘦瘦的，長着一對老鼠眼睛的人？」他又問我母親。

「有。」母親回答。

「那就是嚴猴子。」他說。

「領頭的並不是他。」我母親連忙說。

「是怎樣的人？」他又問我母親。

「五十多歲，像個教書的。」我母親說。

「他是族長。」舅婆插了一句。

「他們問了甚麼？」舅公問我母親。

「問你們在不在我家裏。」母親說。

「三先生怎麼回答？」他又問。

「他爹爹說在。」母親指着我照直說。

「那我到前面去看看。」他拔拔鞋後跟說。

「不能去，你不能去！」我母親雙手一攔。

「你不能去，不能在三先生家裏生事。」

舅婆也拉着他說：

「我會約他們到放牛場裏去！」舅公緊緊腰帶說。

「你不必去，」我母親擋住他的去路，又指指我說：「他爹爹見過世面，讓他應付。」

「我不能讓三先生一個人挺？」舅公說。

「放心，他就是脾氣躁一點，倒不怕事。」母親說。

這時前面突然吵了起來，我母親連忙把我一推：

「你去看看，快去快去！」

我三腳併作兩步跑到前面來，看見那幾個人當中已經有兩個人掏出牛繩來，看樣子是準備捆人。

我父親突然把手在桌上一拍，水煙袋跳了起來，又倒了下去，我父親大聲地對他們說：

「好大的狗膽！敢在我家裏捆人？如果你們那個敢動一下，我就要你們統統過不了江！」

那兩個拿牛繩的人怔住了，望望那對老鼠眼睛的人又望望那位教書先生，那位教書先生咳嗽了一聲，然後對我父親說：

「三先生，這不關你的事，希望你最好不要捲進去。」

「怎麼不關我的事？」我父親反問他：「沈老大是我的親戚，又是我的客人，你們成羣結黨到我家裏來捆人，憑那一條王法？又是哪一個的命令？」

那人楞了一下，又馬上接着說：

「我們是捆我們嚴家的人，並沒有冒犯府上哪一位？」

「你們憑甚麼捆她們寡婦幼女？」

「她們是我們嚴家的人。」嚴猴子說。

「現在不比從前，她丈夫死了，她愛嫁誰就嫁誰，你們無權過問。」

「她這是私奔，丟我們嚴家的人。」那位教書先生說。

「她又不是黃花閨女，是三四十歲的婦人，你們不讓他們結婚，她自然只好走遠一點。」

我看看局勢漸漸和緩下來，連忙跑到後面來，我母親一把抓住我問：

「怎麼樣？」

「差點打起來。」我加重語氣說。

「我去！」舅公排開我母親，準備挺身而出。

「本來他們拿出了牛繩，現在好了。」我攔住他說。

「拿牛繩幹甚麼？」舅公問我。

「好像是要捆舅婆和帶弟。」我說。帶弟是舅婆的女兒。

舅婆和帶弟聽說馬上哭了起來。帶弟緊緊靠着舅婆，膽顫心驚的樣子。

「不要怕！」舅公對她們說：「就是嚴猴子親自動手，我也要打他個兩脚朝天，除非三先生叫他們捆？」

「不會，保險他不會！」母親連忙說。

「那妳們就不必害怕了。」舅公放心的說。

「舅婆，他們爲甚麼要這樣和妳過不去？」我母親有點奇怪地問。

「還不是想在我身上敲兩個錢？」她望着我母親苦笑，又指指舅公說：「偏偏他又拿不出來！」

舅公臉孔微微一紅，過後又說：

「我就是拿得出兩百塊現洋，嚴猴子也不會答應的。」

「嚴猴子是妳甚麼人？」我母親問舅婆。

「叔子。」她說。

「叔叔也犯不着吃嫂嫂。」我母親說。

「他仗着會兩手，甚麼人都吃。」舅公說：「走他嚴家閙過下路都要受欺。」

「那也太沒有道理。」我母親說。

「他嚴家人多勢衆，有文有武，誰敢惹他？」舅公說。「我沈家是小門小戶，又沒有一個先生，不然我也用不着躲他。」

這時我父親突然走過來，舅公舅婆連忙問：

「三先生，到底怎麼樣？」

「嚴家的人服硬不服軟，」我父親說：「嚴猴子起先氣勢洶洶，硬要捆人，我火了，把桌子一拍，壓了下去。」

「三先生，你犯不着爲我們的事和他們翻臉。」舅公說。

「如果我不翻臉他們就要捆人，我總不能看着舅婆和帶弟被他們拉豬一樣拉走？這樣我的面子也下不去。」

「後來你們談的怎樣？」舅公急切地問。

「我等他們軟下來之後，再曉以利害，」父親說：「我對嚴猴子說，我知道你是高手，如果你想借我這裏和沈老大走幾招，我的場子大得很，我也樂意開開眼界；如果你仗着人多，也不過六位，我一呼就可以來幾十上百。嚴猴子聽了臉上紅一陣，白一陣，不敢作聲。」

父親說完以後哈哈一笑，又指着舅公說：

「我知道他打不過你，才故意出他的鋌子。」

舅公也一笑，雙手一抱說：

「多謝抬舉！」

「他們走了沒有？」舅婆膽怯地問。

「沒有。」父親搖搖頭。

舅公舅婆的臉色馬上陰暗下來，舅公躭心地問：

「難道他們還有別的要求？」

「他們想把帶弟帶走。」父親臉色凝重地說。

帶弟聽說哇的一聲哭了起來，舅婆連忙把她摟住。

「三先生，你答應沒有？」舅公問。

「我不能替你們作主，我來和你們商量。」父親說。

「帶弟是他們嚴家的人，我自然沒有理由強留，」舅公說：「不過她娘怕她受折磨，所以才帶在身邊。」

「舅公，你的話有情有理，」我父親接着說：「我們要顧到她們母女之情，但是也不能輸理。」

「那就讓他們帶去吧？」舅公望望舅婆徵詢地說。

舅婆兩淚如蔴，帶弟眼淚鼻涕直流，哭着說：

「我不去，我不去！」

父親看了有點不忍，便對舅公舅婆說：

「這樣吧，只要你們同意帶弟回嚴家，不妨留她在身邊過個年，開年以後再送她去，行不行？」

舅公點點頭，又望望舅婆。舅婆揩揩眼淚說：

「三先生，我是苦命人，也只好這樣了。」

「好，那我再去和他們商量商量。」父親轉身就走。

母親也牽着我跟着父親走，但母親走了兩步又回過來對舅公說：

「舅公，你靜心聽信好了，讓他爹爹去辦交涉。」

父親一走到前面，嚴猴子他們就圍了過來，急切地問：

「三先生，他們的意思怎樣？」

父親把舅公舅婆的意思轉述了一遍，嚴猴子把老鼠眼睛一瞪，眉一皺，對父親說：

「三先生，他們不要不識抬擧，今天我們是看在你的面上，不然連她那個賤人也一道捆走！他們還扭甚麼筋？」

「三先生，我們這個人丢不起！」那位教書先生模樣的人說：「我們六個長長大大的人，連一個三尺之童也帶不回去，那我們這個筋斗就栽得不小？」

「是呀！」嚴猴子馬上接着說：「三先生，你也是檯面上的人，如果今天我們空手回去，那我姓嚴的以後怎麼做人？」

父親知道他們這些人要的是威風，要的是面子，因此也以商量的口氣對他們說：

「你們能不能同情她們的母女之情？讓她們在一起過一個殘年？一開年我一定親自把帶弟送到你們嚴府去，這樣行不行？」

他們幾個人互相望了一眼，嚴猴子和教書先生又交換了一個眼色，教書先生向我父親拱拱手說：

「三先生，我是一族之長，如果連一個毛丫頭我也辦不下地，我還有臉回去？」

父親摸摸下巴，沉吟不語，他感到苦惱的時候，就有這個動作。

母親把我一拉，向舅公這邊跑，把剛才看見的情形一五一十地告訴舅公舅婆。

舅公嘆口氣，舅婆扯起衣襟擦擦眼淚站起來說：

「我們不能使三先生過份爲難，沒有辦法，只好我們母女骨肉分離了！」

她一面說，一面哭着牽了帶弟就走，舅公和我們都跟在後面。

她們母女突然出現，場面便緊張起來，嚴家人顯然沒有料到這一着，以爲她們母女躲着不敢見面。

嚴猴子迅速地打量了舅公和她們母女一眼，舅婆忍住眼淚把帶弟向嚴猴子面前一推說：

「叔子，我當着族長的面把帶弟交給你，希望你以後放我一條生路。」

帶弟又哇的一聲哭了起來，不肯過去，嚴猴子迅速地伸手一抓，像老鷹抓小鷄般地把帶弟往腋下一夾，帶弟掙扎着大哭大號，但是沒有一點用處。

「我們走！」嚴猴子向他們的人說了一聲，就大步向前，離開門檻還有幾步，他便縱身一躍，挾着孩子躍了過去。

其他的人都跟着他走，族長一旋身，向我父親拱拱手：

「三先生，得罪，得罪！」

「好說，好說。」我父親也向他拱拱手，隨卽送他出去。

帶弟還在嚴猴子的腋下大哭大號，我母親連忙拿了兩個熟紅薯，包了一布包炒花生，往她身上一塞，她的哭聲就小了一些。嚴猴子突然提高聲音對站在我父親後面的舅公說：

「沈老大，你心裏放明白些，今天我是看人家三先生的面子，不是怕你！」

舅公習慣地把雙拳當胸一抱，笑着回答：

「多謝，多謝，早就領教過了。」

嚴猴子走後，舅婆哭得很傷心，舅公笑着安慰她說：

「妳還哭甚麼？要不是三先生擋一陣，連妳也帶走了。」

「唉！嚴猴子的身手眞不壞！」父親望着舅公感慨地說。

「他學的是猴拳，手脚是很靈巧。」舅公大方地說。

這天，舅公因爲心情不好，沒有去摸魚。吃晚飯以前，他從缸裏捉出幾條烏魚，拿着我家十八兩老秤，沿家兜賣。因爲魚大，秤大，又是小年，賣得很快，他來來回回地跑着。

從王大爹門口跑過時，他家裏那條「偷人咬」的大黑狗，突然不聲不響地從屋裏衝出來，我看看要咬着舅公的捲起褲脚的腿肚子，正想喊叫時，舅公突然把腰一挫，反手一撥，便把那條大黑狗撥出好幾尺遠，然後又回過頭去對那隻狗一笑，又繼續跑，但那隻狗兀兀地站着沒有敢追，我拍着手歡迎他說：

「舅公，你這一手比嚴猴子的更好？」

「快別作聲，」他笑着向我搖搖手，又低着頭輕輕地對我說：「不要讓人家知道。」

我惶惑地望着他，心裏有點奇怪，爲甚麼自己有本事還怕別人知道？

四

時間過得眞快。小年過去了，轉眼又是春暖花開。

一天晚上，他教我練過拳後，把我叫到他房裏去，拿了一條荷葉包着燒的烏魚給我吃，這條烏魚燒得不嫩不老，味道眞好，我吃完之後他笑着對我說：

「這是最後一條烏魚。」

「統統賣完了？」我笑着問他，我知道他後來又摸了好幾十條。

「早就賣完了，」他向我一笑：「這是特爲你留下來的。」

我不知道說甚麼感謝的話，只是望着他的臉上笑笑，我覺得他的紅線眼更紅了。

他摸摸我的頭，摸了一會突然黯然地對我說：

「舅公明天要走了。」

「那裏去？」我抬起頭來驚奇地問他。

「回家。」他輕輕地說。

「我家裏不好嗎？」我天眞地問，我以爲有誰得罪了他。

「很好。」他笑着點點頭。

「那你爲甚麼要走？」

「我總不能在你家裏住一輩子啥？」他向我一笑，望望院子裏的桃樹說：「你看，桃花都開了，天暖，魚難摸，我後門口兩畝沙地也荒了。」

「我爹爹答應你走嗎？」
「我已經對他講過了。」
「你回去不怕嚴猴子嗎？」我笑着問他。
「他曉得我有你們這門親戚，以後或者好些。」他揣測地說，隨後又笑着問我：「你想不想帶弟？」
我不知道怎樣答好？帶弟和我玩得很好，但我覺得她有點可憐，尤其是被嚴猴子帶走的那一刹那。
他看我不做聲，望了舅婆一眼，又向我一笑：
「你太小，還不懂這些事。」
我對他這些話的確沒有興趣，但對打拳卻已發生興趣，可是他一走我就白學了，因此我對他說：
「舅公，你一走就沒有人教我打拳了！」
「當初我心裏就不贊成你學打拳。」他望了我一眼說。
「爲甚麼？」
「你們書香子弟，還是讀書好。」
「可是打起架來就吃虧！」我看到有些讀書先生眞是風一吹就會吹倒，更不要說打架了。
「會打架有甚麼用？」他向我苦笑：「像我，西瓜大的字認不滿一籮筐，只配摸魚。」
「多認幾個字又有甚麼用？」我說。
「嘿！這好處就大啦！」他把大腿一拍：「你看衙門的老爺有幾個是玩泥巴的？」
我不懂他這些話，兩眼直瞪瞪地望着他，他又接着說：

「別人不說，你大爹你總知道？」

我點點頭。他又接着說：

「聽說他在人家的狀紙上只改了一個字，就打贏了一場人命官司。」

我也聽先生說過，那是把江邊的「邊」字改為「心」字，就贏了一場拖了幾年的官司。

他看我似乎聽懂了他的話，又高興地說：

「你看那多有用處？你就是一拳能打死一條水牛，讀書的先生只要寫幾個字，就可以把你送到衙門打屁股。」

「那有那回事？」我聽了一笑。

「唉！你不懂！」他嘆了一口氣，過後又說：「你爹爹總不會打拳啥？嚴猴子在他面前就不敢撒野，這總是真的？」

我點點頭。他又接着說：

「那天如果不是你爹，我和嚴猴子不要拚個你死我活？你說那有甚麼用處？我四十多了，好不容易成個家，那一打不是家破人亡了？」

我沒有想到會有這樣的後果，其實那天我心裏眞想看他和嚴猴子打一架，看看到底是誰的本領強。

他看我怔怔地望着他，又笑着對我說：

「聽說你已經讀完左傳詩經，孟子也能整本背是不是？」

我點點頭，他笑着拍拍我的肩說：

「這就很了不起，比打拳強多了！」

「舅公，我的拳不是打得很好嗎？」我覺得近來我打拳時很認眞，這套拳我已經打得爛熟了，因此我不服氣地反問他。

他哈哈一笑，摸摸我的頭說：

「早的很哩！你連樁都還沒有坐好！」

「你說那點不好？我坐給你看看。」我不服氣地說，馬上把腰一挫，坐了一個樁。

「坐好了沒有？」他望着我一笑。

「坐好了！」我一面回答，一面暗中用勁，我準備坐一個最穩，最結實的樁給他看。

他緩緩地走到我身邊來，突然伸手在我肩上輕輕一拍，不知怎麼的我竟一屁股坐了下去，跌在地上好痛。

他哈哈大笑起來，連一向很少笑的舅婆也哈哈大笑了。

「我說了還早的很吧！」他笑着把我從地上拉了起來。

「他這麼一點點大，你何必整他？」舅婆望着他責怪地說。

「他想當教師爺呢！」舅公揶揄地一笑，又對她說：「妳知道我吃過多少苦頭？這簡直是抓癢。」說完之後，他把巴掌在大腿上用力一拍，腰一挫，懸着屁股坐了一個樁：

「來，看我的，我做個樁給你看看。」

我看他做的和我一樣，沒有甚麼稀奇，心裏有點不服氣，便把頭望着別處。他看出了我的心理，便笑着對我說：

「你來推推看，看你推不推得動？」

聽他這樣說，我心裏便高興起來，我眞想推他個狗吃屎，報那一箭之仇。

於是，我退後幾步，站遠一點，然後用最快的速度向他的背脊急衝過去。

可是我像碰着一座磚牆，撞在他背上立刻倒退回來，退了幾步終於一屁股跌在地上。

他哈哈大笑起來，舅婆也跟着大笑。

我又羞又惱，舅婆笑着叫我不要再上當，可是舅公又笑着對我說：

「你再用力攀攀看，這次你一定可以把我攀倒。」

我經不起他的挑撥，從地上虎跳起來，以前多少大人蹲在地上都被我攀倒過，現在他屁股懸空，底下是虛的，我眞想把他攀得兩脚朝天，像被我翻過來的烏龜，要他好看！

於是，我用力吸口氣，站好了丁字步，雙手猛然用力一攀，可是他動也不動；我再用力一前一後地搖撼，他仍然不動，嘴裏卻笑出聲來。我一氣，往他頭上一跳，騎在他的頸子上，把他當牛騎，他突然站了起來，轉了幾轉，哈哈大笑，然後把我往地上一放，摸摸我的頭說：

「看樣子你倒是一個教師爺的好胚子，不過犯不着。」

「爲甚麼？爲甚麼？」我急着問。

他深深地嘆口氣，然後用手在我頭上一摸：

「用功讀書吧！將來好好地考個狀元！」

「舅公，現在沒有狀元。」我提醒他。

他臉一紅，然後搭訕地說：

「那就考個洋狀元吧！」

五

清早起來，我跑到後面一看，舅公已經把舖蓋捆好，把鍋盌用具檢好，像來時一樣，放在兩個大籮筐裏。

「舅公，你這就走？」我仰着頭問。

他點點頭。

「要不要看我練練拳？」

他遲疑了一下，然後眼圈一紅：

「好吧！」他點點頭，跟着我走到院子裏來。

我爲了表示不辜負他的教導，特別用心賣勁地打，我的脚在泥地上也能劃出一道道痕跡，當然只是一層表皮，不能像缺嘴劃得那麼深，可是我覺得不再是花拳繡腿了，因爲一出拳，一彈腿，也有一點風聲。

我的拳快打完時，父親走了過來，他看了一笑，我一抱拳向舅公和他行了一個禮後，他便笑着問舅公：

「舅公，你看他可不可教？」

「可教，可教，他的悟性很好。」舅公笑着回答。

「舅公，你能不能留下來！」父親藉機挽留他。

「三先生，恕我和你講直話，」他笑着向我父親說：「我覺得打拳沒有什麼意思，你們府上也不在乎個把教師爺。像我，不但不能替你保鏢，反而要你替我保鏢，你說學拳有甚麼意思？」

「我是想他學個文武雙全。」父親指指我說。

「三先生，」他又向我父親一笑：「一隻手不能按兩隻鱉，如果少君眞要學打拳，勢必荒廢學業。」

「這樣早晚練練不很好嗎？」父親說。

「嘿！」他不禁笑出聲來：「這只能練練身體，練不出眞功夫來。」

父親奇怪地望着他，他又向父親一笑：

「如果你眞要少君學武，你就得把他交給我，十年之內，你不要過問，到時候我交一個教師爺給你。」

父親聽了一怔，沒有作聲。他又接着說：

「但是人外有人，天外有天，我武藝不精，那時他也不過是我這個樣子，高也有限。」

父親摸摸下巴，啞口無言。

原來我也以爲一年兩載之後，可以顯顯身手，聽他這一說也冷了半截，比昨天晚上他整我更要尷尬。

「既然你這樣說，那就算了。」父親終於開口：「不過你還是不要回去好。」

「三先生，我說了我不能長久打擾你，我的兩畝沙地也不知道荒成甚麼樣子？」

「那嚴猴子你還是要提防提防，我看他又狠又陰。」父親提醒他說。

「朝了南海以後，我頭上也沾了一點靈光。」他笑着回答：「說不定能辟辟邪？」

父親也得意地一笑。

過了一會，舅公就挑着擔子出來，舅婆跟在後面。他們兩人的眼睛都是紅紅的，說不出話。我們把他們送到門口，舅公抱拳向父親母親作揖，轉身就走，舅公的紅線眼更紅了。

「你去送送舅公。」舅公走了十幾步之後，母親突然把我一推說。

「舅公，我來送你。」我邊跑邊叫。

舅公一回頭，看我跑來，眼淚禁不住一滾，像兩顆珠子似地滾了下來。

舅公來的時候是大雪紛飛，走的時候卻是楊花撲面；來的時候帶了一個帶弟，走的時候卻只兩個大人；母親要我送他大概也是觸景生情，因爲我和帶弟差不多大。

「我眞想把你帶在身邊，」舅公摸摸我的頭說，隨後又嘆了一口氣：「不過你是你爹爹的活寶，我沒有這個福氣，我不能把你帶走。」

我不知道怎麼說好？揮手拂拂迎面撲來的楊花。

楊花像雪，漫天飄舞。

楊花落在舅公的擔子上，並沒有增加擔子的重量；楊花落在舅公的頭髮上，卻使他的頭髮花白了。

「最後一條烏魚昨天夜裏燒給你吃了，今天沒有甚麼送你。」舅公抱歉地說。

「如果帶弟能夠由我作主，我眞想把帶弟送給他。」舅婆說。

「帶弟就是能夠由妳作主，他也不會要，」舅公望着舅婆一笑，又指指我說：「我知道他人小心大。」

舅婆望望我，嘆口氣，又用衣袖拂掉我頭上的楊花。

我送了舅公很遠一段路，舅公突然警覺地說：

「哦，不用再送了，快點回去上學！」

我站着丁字步，雙拳當胸一抱，向舅公舅婆行了一個禮，舅公又驚又喜地說：

「哦！你拳沒有學到家，禮數眞到家了！」

我看見他眼圈一紅，眼淚又滾了下來，像滾下兩顆珍珠，我眞想伏下身去檢起來，但它已經滲進泥土了！

舅公走後，缺嘴還是照常練拳，我卻無心再練，我知道我一個人無論怎樣練，也練不到舅公那樣的身手。

舅公走後，一直沒有信來，他根本不會寫信，但我知道他會想念我，因爲我也想念他。

這年冬天，又是一個大雪紛飛的日子，我們又關着門烤火，突然聽見大門咚咚幾聲，我以爲又是舅公來了，我心裏很高興，速忙跑去開門，但氣急敗壞地衝進來的卻是舅公的弟弟，他跑到我父親面前結結巴巴地說：

「三先生，三先生，我哥哥嫂嫂昨天夜裏被人殺了！」

我的頭像挨了一椰頭，有點天旋地轉，我父親震驚得跳了起來，母親雙手撫着胸口，喃喃地唸：

「天哪！阿彌陀佛！」

「死沒有死？」我父親大聲地問。

「死了！」舅公的弟弟啊啊地哭了起來，哭得像牛叫：「統統死了！」

「走！」我父親把他弟弟一拉：「我們一道過江去！」

於是，他們兩人冒着大雪衝了出去。

母親把我拉進懷裏，她的身體發抖，嘴裏在唸阿彌陀佛。

雪，漫天飛舞，又彼此糾結着跌跌撞撞地掉下來。

地上一片白，積雪又一尺多深了。然而我不再把它看成一個銀色的世界，想起重孝人家門口貼着的「白梅含孝意」那句上聯，我把滿地的白雪當作弔喪的大白布了。

二　媽

一

六歲以前，我沒有進過城，是個道道地地的小鄉巴佬。

六歲那年春天，父親才決心帶我上街去見見世面，我心裏自然癢癢的，別人也很羡慕我，尤其是隔壁的金枝姐，一聽說我要「上街」，就拉着我的手，蹲在牆角說：

「你倒不錯，這點年紀就上街，去看花花世界！」

她十八歲了，過年時才第一次上街買點嫁粧，有很多人活到四十五十，還沒有上過街哩。

「金枝姐，街上好不好玩？」我問。

「好玩得很！」她以朝過南海的口氣說：「那眞是花花世界，有東洋車，有大洋船，舖子裏的貨堆得像山，街上的人像螞蟻搬家，還有黃頭髮，綠眼睛，高鼻子的洋鬼子，好處眞是說不盡！」

我睁大眼睛迷惘地望着她，我揣摩不出城裏倒底是個甚麼樣兒？

「還有，」她把我的身子一搖：「城裏的女人眞齊整，不論是大姐大嫂，都長得細皮白肉，不像我們鄉下人黑皮黑臉。」

「金枝姐，她們有妳漂亮？」我覺得金枝姐是最漂亮的女人，瓜子臉，整個冬天把她養得又白又嫩，綠襖，黑褲，背後拖着一條大黑辮子，走起路來搖呀擺的，說多漂亮就多漂亮，難道城裏還有比她更漂亮的女人？

「嗨！」她向我一笑：「我算老幾？我還趕不上你二媽？雖然她已經四十好幾了。」

我笑了起來，別人我不知道，我二媽我是淸淸楚楚的，整天蓬頭散髮，衣服穿得也不周正，一雙大脚板，那樣子說多難看有多難看。見人，講話，都是縮頭縮腦，一對小眼睛，總不安定，我大伯大媽都不喜歡她，罵她是「糊塗神」；我父親也不喜歡她，只有我母親對她同情。我呢？也儘量和她站遠一點，我怕她親我，她嘴裏那股臭味，眞會使我作嘔。金枝姐說她趕不上我二媽，我怎麼不笑？她身上有股香味，特別好聞，據說那是大閨女的奶花香，和我二媽的口臭剛好相反，我是願意她這樣抓住我的。

「你傻頭傻腦笑甚麼？以爲我指的是你這個糊塗神的二媽？」

「妳不是指她難道我另外還有一個二媽？」

「我說的是你城裏的那個二媽。」

城裏我還有一個二媽？這眞是一件奇事，我從來沒有聽說過。

「金枝姐，妳騙我。」我搖搖頭。

「我怎麼會騙你？我親眼見過的，她還買東西給我吃。」

「我媽怎麼沒跟我講過？」

「你這麼一點點大，她跟你講這些幹甚麼？說不定她還怕你將來跟你二爹學樣呢？」

「我怎麼學得來我二爹？」我說。

我二爹昂藏七尺，濃眉，大眼，長方臉，脣紅，齒白，講起話來聲音淸亮得很，他不但是個美男子，也是我們這方圓幾十里地男女老幼都敬重的二先生，長子先生。他長年住在街上，不大下鄉，如果下鄉，一定是有人去請去接，要他排難解紛。我看見他那樣子就有點怕，想學也學不來。

「其實也難怪你二爹，何況你城裏的二媽又是那麼漂亮賢慧？我從來沒有見過。」

「她到底像誰？」金枝姐既然把城裏的二媽說得那麼好，我就想知道她究竟怎樣好法？我們鄉下也有不少漂亮賢慧的女人，她到底像那一位？

「誰也比不上她。」金枝姐搖搖頭。

「我才不信妳的鬼話！」我摔開她的手。

「小鬼，你以爲我扯謊是不是？你進了城，覿了面，你就會知道她是個甚麼樣子？現在我也不必對牛彈琴。」金枝姐笑着站了起來。

二

我們的烏蓬船一靠岸，碼頭上的那些大輪船就使我目瞪口呆。以前我只看見它們在江上行駛，站在堤上望着它們，從來沒有靠得這麼近，我們的帆船從它們的肚皮旁邊擦過，才感到它們大得嚇人。一上岸又到處是人，使人眼花撩亂。父親帶着我在人堆裏鑽來鑽去，我早就不知道東西南北，最後他把我帶進一家「仁和客棧」。這幾個字我是從字帖上學來的，寃家路窄，剛好碰上。

父親帶我上樓，在樓梯口我碰見了二爹的小兒子三哥，我很高興。本來我們是在一塊玩泥巴的，去年二爹帶他進城上學，就一直沒有見到他，他長得又胖又白，穿得整整齊齊，不像在鄉下跟「糊塗神」二媽生活時那個小花子的樣子，早前他不如我，現在我不如他，他眞是從十八層地獄一下跳進了天堂。

在房門口我看見了二爹，他雖然向我笑了一下，我還是非常害怕。一進房我就看見一位四十來歲，笑容可掬，黑緞襖，黑長裙，一雙小得像金枝姐做的「姑姑鞋」的小脚，小巧玲瓏的身材，比鄉下的二媽還要小一號，比我母親要小兩三號，走起路來脚步輕得像黑貓，一步不超過五寸，非常從容優雅。她先笑着叫了我父親一聲「三先生」，聲音輕柔得很，完全不像鄉下女人那麼大聲聒叫。我癡癡呆呆地望着她，她眼角還沒有縐紋，臉秀氣得很。她走過來笑着輕輕地摸摸我的頭，她的手是那麼柔軟那麼輕，我從來沒有經驗過。

「她是誰？」我心裏正在這樣揣測，父親卻輕輕地對我說：

「叫二媽。」

本來我最不愛叫人，二爹我也不肯叫，生人我更不開口，可是我覺得這位二媽特別可親，便心甘情願地叫了她一聲。她快活得眼睛幾乎笑成一條縫。

她忙着從景泰藍的瓷罈裏抓了幾把芝蔴糖、香豆，放在黑漆果盒裏，端給我吃，果盒裏還有些洋糖果之類好吃的東西。

我注意她端着果盒的手，巴掌小，手指卻又尖又長，而且柔若無骨，指頭翹起來便成了一張小弓，很美。

她看我傻頭傻腦地看着她，笑着摸摸我的頭：

「你認生是不是？不要怕，二媽不像你二爹那個老虎樣子。」

「他是個褲襠包的膿包，怕生。」我父親笑着說。

平時我聽了這樣的話，心裏會很不高興，可是這次我原諒了父親，因爲我心裏太高興。

「讓他在街上多住幾天，和他三哥到處玩玩，膽子就會大點。」二媽笑着說。

本來我最不願意在別人家裏住，我缺少適應新環境的能力，別人的床我也睡不着覺，可是二媽這樣說我心裏卻很高興，父親問我願不願意留下來住？我點點頭，他感到非常意外，高興地對二媽說：

「這膿包和你有緣。」

「三先生，可惜我沒有這麼好的命。」二媽謙虛而微帶感傷地一笑。

「我的孩子還不是和妳的一樣？」父親說。

「這樣也好，」她欣慰地一笑：「我自己的命不好，不能生，二師母生的也和我生的一樣，你的孩子我也當作自己的。」

她說的二師母自然是指我鄉下的二媽。奇怪，別人提到我那位二媽總帶點輕視的口氣，我大爹大媽甚至我父親一提到她都要加上「糊塗神」三個字。而這位二媽提到那位二媽卻沒有一點輕視的味道，甚至相當尊敬。

這天我父親吃過午飯就回去了，我一個人留在仁和客棧，留在二媽的家裏。這眞是破天荒的一次。父親走後二媽對我更加親切，輕言細語地和我說話，噓寒問暖，比我母親還要細心。她說話的聲音總是那麼輕，生怕驚動了別人似的；透氣也是那麼慢慢的，好像怕一口大氣把我衝倒；走路也是輕輕的，生怕踩死了螞蟻。她不但自己身上乾乾淨淨，房間裏的桌椅板凳也纖塵不染，黑漆的桌椅簡直光可鑑人。

她對我和三哥完全一樣，不分彼此，晚上叫餛飩麵或是糯米花鹽茶鷄蛋，總是一人一份，早晨的甑兒糕或是豆腐腦亦復如此。

三哥對她也很親熱，可是嘴裏卻含含糊糊，不叫。但她並不生氣，對他總是笑瞇瞇。笑，是她臉上特殊的標誌，彷彿窗口吊着的牽牛花。對我們如此，對別人也是一樣。

在二媽家裏住了一個禮拜，要不是父親來接，我眞不想回去。

我一回到家，金枝姐就悄悄地問我：

「怎樣？你那位二媽怎樣？」

「金枝姐，妳沒有扯謊。」我輕輕回答。

三

我在鄉下唸了幾年私塾，也上城裏進洋學堂。我又住在二媽家裏。

我再度進城，二爹二媽卻是租人家的房子住，他們的仁和客棧倒了。怎麼倒的？我並不十分清楚，二媽偶而和我說起時仍是笑瞇瞇地：

「義不掌財，慈不掌兵，你二爹不是做生意的人。我也面軟。房間貼給人家住了，還要供人家的伙食，到頭來拍拍屁股走路。你二爹是金剛菩薩，樣子嚇人，心腸頂軟，自然不會剝人家的衣服；我更不會討賬，人家三句苦一訴，我也陪着掉眼淚，恨不得再送他幾文盤川路費。就是有座金山銀山，也會拖垮。」

我還記得仁和客棧是管吃管住，開起飯來就是幾桌，而且吃的流水席，這樣自然非垮不可。

二爹事業失敗，心情自然不大好，兩條濃眉更顯得烏雲蓋日，我雖然長大了不少，還是怕他。不過他不發我的脾氣，只罵罵三哥、二媽和她的女兒。

上次我住仁和客棧，時間短，沒有看見二媽的女兒，也不知道她有個女兒。原來她這個女兒是前夫生的，前夫去世後她們母女就相依爲命，自然跟着二爹。她的女兒叫雲英，人也出落得非常標緻，只是鼻樑塌一點，能說會道，聰明絕頂，個性和二媽不同，大概是像她父親。

雲英結過一次婚，男的配不上她，離了。在我們這個地方，女人是「嫁鷄隨鷄，嫁狗隨狗」，不作興下堂求去，而她作了，因此一般人對她的批評不好。後來她又和我們鄉下一個大財主在城裏姘居，（我住仁和客棧時正是她和那個大財主姘居時期。）反應更壞。再加上染上了鴉片嗜好，她便變成了一個人所不齒的女人了！尤其是二爹的大兒子媳婦，我叫二哥二嫂，他們兩人對她更不諒解。當她和那個大財主分居以後，二爹收留了她。二哥二嫂認爲留着這麼一個「濫女人」在家有辱門風，因此和二爹鬧得很不愉快，幾至不相往來。二爹是個愛面子的人，爲了二媽只有這麼一個女兒，他自己也沒有女兒，雲英又無處可去，所以寧可在兒子媳婦面前忍氣呑聲，還是收留了她。偏偏雲英又不爭氣，常常給二哥二嫂的話柄，二爹經濟情況不好，她還照樣抽大煙，吃好的，穿好的，有時二爹火了就痛駡她一頓，可是她還是雲淡風輕地望着二爹笑笑。二爹一走，她反而拉着三哥或是我往她房裏的鴉片燈旁邊一靠，又燒起她的煙泡來，以備不時之需。

「雲英姐，妳怎麼不怕二爹駡妳，反而笑嘻嘻？」有一次我輕輕問她。

如果二爹像駡她那樣駡我，我早就翹起屁股走了。

「爹是叫騾子脾氣，叫一陣子也就算了，何必跟他生氣？」她笑着回答。

她眞是摸透了二爹的脾氣，其實大爹，我父親以及兩位姑媽，都是一個樣子，脾氣來的時候跳起三尺高，像要吃人的老虎，如果你不作聲，他們也就算了，如果你向他們陪幾句小心，或是笑一笑，他們自己也會笑起來，滿天雲霧立刻散了。如果你不識相，要和他們硬頂，那準沒有好處。我自己就吃過父親的苦，他雖然十分愛我，可是在他火頭上我一頂嘴，那就不管抓着甚麼就劈頭打下來，雖然如此，我還是照頂不誤，沒有辦法，我身上流着他的血。雲英姐對付我二爹的辦法可眞絕，有幾次我看見二爹的手指頭指到她的腦殼，如果她的頸子一硬，二爹的大巴掌準會打得她暈頭轉向，可是這種緊急關頭，她卻咧開嘴「嘻嘻」一笑，二爹那過膝的長手便像棉花條樣軟下來，笑着罵她一句：

「死了臉的！」

完了，滿天的風暴便這樣結束了。

「雲英姐，妳對付二爹的法子眞巧！」我不得不佩服她。

「兄弟，別人怎麼來，我就怎樣去；你們上一輩的人都是直統子，好對付。就是妳二哥二嫂，難纏！」

的確，她在我二哥二嫂面前總抬不起頭來。二哥二嫂是商人，二哥也有二爹那樣的濃眉，眼睛卻深沉多了，身體雖然沒有二爹那麼高，卻比二爹壯，講起話來有斤有兩，作起事來乾淨利落，在雲英姐面前總是板着臉，不苟言笑。二嫂呢，無論講話做事更是快刀斬亂蔴，比二哥更勝三分，雲英姐本來很會講話，死的說成活的，可是二嫂卻能把活的說成死的。她對付雲英姐最厲害的兩招是，一是無論雲英姐怎麼奉承嘻笑，她根本不理；二是不講話則已，一開口就把雲英姐逼進死衖子，根本不讓雲英姐有回嘴的餘地。他們住得很近，卻三五個月難得來二爹家裏一次，要來就帶點「考察」性質，而雲英姐十有九次是悄悄地從後門溜走，不敢和他們覿面。二哥二嫂簡直是雲英姐的尅星！

三哥卻是一個馬虎人，心裏一點不渾，表面上卻馬馬虎虎。我到底隔了一層，沒有利害衝突，卻有血統之親，因此雲英姐和我們兩兄弟都處得很好，如親姊弟一般。

二媽是位烹調能手，任何普通菜一到她手裏就特別有味，一盌豆腐腦湯，經過她的手就有說不出的好吃，她眞有「淸水變鷄湯」的本領。在二媽家裏我眞享盡了口福。而雲英姐也繼承了二媽這一手，抽大煙的人特別講究吃，她又聰明，往往想些稀奇古怪的法子，弄出五花八門的食物，她吃，自然我也有一份。

不但吃她少不了我一份，她打麻將也教我，有時還故意要我「挑土」，她站在後面指導，可是我不成材，對這門玩藝始終提不起興趣，無論她怎樣教，我總是學不好，始終沒學會「算和」，她往往氣得在我頭上敲一下：

「你讀書考頭二名，打起牌來怎麼這麼笨？你是甚麼鬼腦筋？」

在這方面三哥卻比我強多了，因此她放棄了教我，而專心培植三哥。

二媽對於她教我們打牌並不干涉，她常常笑着對我說：

「玩玩也好，不要讀成了個書獃子。」

二媽自己也常常打打小牌，可是十次有九次輸。不是她的牌打不好，而是她的手太鬆，她不扣牌。因此別人都歡喜坐她的下手。當她打了一張牌給下手和了一個辣子時，雲英姐往往氣得跳脚：

「娘呀！娘呀！這張牌你怎麼能打？你明明知道別人做淸一色，你還要放銃，娘呀！你是怎麼搞的？」

二媽卻笑容可掬地回答她：

「他那麼好的牌，不和實在可惜，我不打誰打？急壞了人怎麼辦？」

別人笑得前撞後仰，她卻不聲不響地「包」了。

雲英姐的牌技自然高明，她的牌理講得更頭頭是道，沒有一個人及得上她，可是她也是十打九輸，而且輸得多，因爲她歡喜打大牌，而又不願意和「屁和」，不和辣子決不過癮，別人知道她愛做大牌，所以專和「屁和」、最多她剛剛做成，別人的牌已經倒地，而別人偶爾做一次，卻往往成功，因此她也是輸，但是輸得並不服氣，還說別人打得狗屎。

「你就是嘴硬。」二媽聽她講牌理講煩了時，也會輕輕刺她一句。

「娘，你就是手軟。」她也笑着回答。

「所以我們娘兒兩個總是輸家。」二媽自己也好笑。

四

二媽一年三百六十天，總是一張笑臉。輸了錢也是笑嘻嘻，受了二哥二嫂的委屈還笑着替他們解釋：

「也難怪他們，我和雲英實在拖累了你二爹。」

遇着二爹向她暴跳時，她也不生氣，反而笑容可掬，輕言細語地對他說·

「不要做出老虎吃人的樣子，喝口水把我吞下去好了。」

二爹那麼高高大大，發起脾氣來眞像一隻暴怒的老虎；她是那麼小巧玲瓏，站在二爹面前眞像一隻小白兔站在老虎脚下，看樣子二爹眞可以一口把她吞下去。

二爹那樣子要是別人眞忍受不了，尤其是我大爹和我父親，他們兩人雖然尊敬他在地方上的聲譽，可是三兄弟關在一個房子裏，誰也不服誰的氣，誰也不向誰示弱。他們三人都有三條好嗓子，唱起二進宮來最對勁，可是他們三人碰在一塊，就是三個打火石碰在一起，吵架的時候多，誰也不放讓，如果再加上兩位姑姑，那屋瓦都會震掉。誰也不顧二爹的身份地位，他也佔不到他們的便宜。雖然他打起官司來包贏，但那是在法院，不是在家裏，在家裏他對哥哥固然沒有辦法，對弟弟妹妹照樣一籌莫展，只有二媽逆來順受，而且笑臉相迎，讓他逞逞虎威。二媽對他是自然的，不像雲英姐對他存心要點小手段。

往往我替二媽感到難受時，她卻輕言細語地笑着對我說：

「你二爹也可憐，要不是我和雲英拖累了他，他坐着做老太爺、享福，那用得着和我娘兒倆受罪受屈？」

這倒是實情，二爹自從仁和客棧倒掉之後，便一蹶不振，一面要維持那麼大的家庭開支，和三哥的學費，在外面還得維持紳士的派頭。遇到過年過節或是三哥上學無錢繳費時，他也決不向二哥二嫂開口要一文錢，而二哥二嫂是人財兩旺，婚後一連生了五個兒子，生意越做越大，年年還在鄉下買地，可決不送錢給二爹，他們也有他們的道理，二嫂就常常這麼說：

「要是爹一個人，天天人參燕窩我們也供得起，但他那個家是個無底洞，我的錢不塞狗洞。」

這些話當然會傳到二媽和雲英姐耳裏，有時二嫂還故意說給雲英姐聽，雲英姐只當耳邊風，仍然我行我素，二媽心裏卻不大好受，因此對二爹的處境格外同情，對他的脾氣更不計較了。無論二爹怎樣暴跳如雷，她總是笑嘻嘻。

但是有一次她板了臉，生了氣。

起因是我患了感冒，雲英姐說鴉片可治百病，她悄悄地把我拖到她房裏燒煙給我抽。我因爲頭暈腦脹，非常難過，恰好又碰上大考，病急亂投醫，就信了她的話。

平時無事我也常在她煙燈旁邊躺躺，聞聞那股香味，看看她手裏那桿精緻的紫銅色的煙槍。別人的煙槍有一尺多長，又黑又髒，她的煙槍不過八寸，擦得放亮，如果不用來抽煙，也是一件小巧的玩藝兒。

我看她抽時那麼自如，嗞嗞有聲，抽完以後連忙喝一口滾茶，過半天才唉的一聲，吐一口氣，而不是煙，煙都吸到肚子裏去了。我不行，吸了半天，煙都從鼻子嘴裏跑掉，第一顆煙泡是白白糟掉。

「你眞笨，打牌不會算和，抽煙從鼻子嘴裏跑掉，眞是烏龜吃大麥，糟蹋糧食。」

於是她又替我燒第二個煙泡，教我一些抽的訣竅。我接連抽了兩個煙泡，吸一半，糟一半。她笑着對我說：

「去睡一覺，保險會好。」

我睡了一覺，的確好了很多，但還沒有好淸，她又要我抽第二次，但這一次卻被二媽看見了。她的臉馬上一板，氣得渾身在顫。責備雲英姐說：

「你眞不知死活，他年紀輕輕的你教他抽這個東西？這是害人精，敗家精，你還不知道？他要是抽上了癮那怎麼得了？」

她雖然罵雲英姐，可是聲音還是那麼輕柔，只是氣得有點結結巴巴，身子顫抖。

我翻身跳下床來，臉紅臉熱，雲英姐卻雲淡風輕地回答她：

「娘，你何必大驚小怪？他人不舒服，燒兩口煙給他驅驅寒氣，有甚麼關係？」

「沒有關係？誰不是這樣上癮的？要是他二爹知道了不剝你的皮？」二媽說。

雲英姐淡然一笑，輕輕地吹熄了煙燈，閉着眼睛養神。

事後我對二媽說：

「二媽，雲英姐是一番好意，您怎麼發那麼大的脾氣？」

「老四，」她叫了我一聲，我在家裏是老大，但按堂兄弟的排行卻是老四。「你不知道這東西有多害人？你二爹是個飛天的人，就坑在鴉片手裏。」

二爹抽過大煙，我還不知道，他怎樣抽上的？我更不清楚。於是二媽把往事從頭說起：

「你二爹年輕時心比天高，他那個氣派也沒有人趕得上。他本來要當革命黨，你公公婆婆死也不讓他出門，要他靠煙燈，這一靠就上了癮，一抽十來年，甚麼也不想幹，只和我結了這段孽緣，後來雖然發狠心戒掉了，又丟不下我母女兩人，就這麼拖拖扯扯誤了他一生。你們這一代的希望就在你和三哥身上，你又有點像你二爹的性情，你要是也走上了你二爹的老路，我母女兩人豈不是害了你們兩代人？……」

我眞沒有想到會有這麼嚴重，楞楞地望着她，她嘆了一口氣，又罵雲英姐：

「那個死不了的眞丟盡了我的人，我處處要面子，她處處丟我的人，還弄得你二爹在你二哥二嫂面前抬不起頭。她又死皮賴臉，趕也趕不走。我們母女兩人也是孽，說不定是我前生該了她的？」

我不知道怎樣說好？她又輕輕嘆口氣：

「唉！人奈命不何，你那個二媽福氣好，輕輕鬆鬆地生了兩個好兒子，我偏偏只帶來這麼個不爭氣的女兒。」

鄉下的二媽眞是糊塗人有糊塗福。據我母親說二哥三哥生下來以後她很少問事，他們居然都長大了。三哥將來如何？雖然還不知道，二哥卻給她爭來很大的面子，這份光榮自然不會落在這個二媽的頭上的。反之，人家一提起雲英姐，就會搖頭，不消說，這筆賬又記在她的頭上了。無怪她有這份感慨。

可是她對於鄉下那個二媽一點也不妬忌。

鄉下的二媽一年也要進一兩次城，在二哥那邊住上十天半月，有時也過來探望三哥，可是她又怕見二爹，來時總先在窗子外面探望一下，如果發現二爹在家，她就溜走，二爹不在家她才進來。

有一次我發現二媽站在窗口和人談話，我走過去一看，外面站着的原來是鄉下的二媽，她輕輕地問窗子裏面的二媽：

「他在不在家？」

「不在，師母，你請進來。」窗子裏面的二媽笑着回答。

我趕出去，鄉下的二媽便一扭一扭地走進來，城裏的二媽連忙把她迎進房裏，請她坐，親自倒茶，口口聲聲稱她「師母」。鄉下的二媽天上一句，地下一句，和她亂扯，她總是笑着回答，一點也不厭煩。直到二爹的咳聲在外面響起，鄉下的二媽才一溜煙地從後門溜出去，但她的背影已經被從前面進來的二爹瞥見了。

「糊塗神剛才來過了是不是？」二爹問二媽。

「你對師母也客氣一點啥，她一年難得來一次兩次。」二媽笑着規勸二爹。

「我又不吃她，她要那麼鬼祟祟怪誰？」二爹說。

「老虎不吃人，樣子難看，你對師母總沒有一張笑臉，你還怪她？」二媽說。

「見了她我就作嘔，還笑得起來？」二爹說。

「奇怪？當初你兩個兒子是怎麼生的？」二媽笑着問他。

二爹忍不住噗哧一聲。我連忙跑進厨房，捧着肚子笑，生怕二爹聽見。

五

我在二爹家裏直住到抗戰爆發的第二年。

在這期間，二媽對我生活上的照顧，不下於我母親。她使我享盡了口福，三哥進省城讀書以後，完全是我一個人獨享。而她對於我感情的潤澤甚至超過我母親。每當冬夜無事，她不是教我起牙牌數，就是一面喝苦茶，一面和我聊天。她不但精於食，喝茶也很考究，茶葉一定是上好的，而且泡得特別釅，起初我簡直喝不進口，慢慢地我也學會了喝苦茶。從她嘴裏，我知道了地方上的一些恩恩怨怨，和許多人情世故。可是從盤古到如今，她從來不說人家一句壞話，沒有罵過人，別人欠了她多少年爛賬，她也是輕描淡寫地點到為止。她那麼小的個子，卻有別人所未有的恕道和愛心。她要我向二爹學的是一個「正」字。

「脾氣不好沒有關係，心可要放在中間。你二爹是個脾氣點得着火的人，他能贏得這點聲名，就是一個正字。」

她眞摸清楚了我們兩代人的毛病。

當她和二爹搬到鄉下躲避戰禍，我離家遠走時，她還塞給我十元一張的大票子。

「人是英雄錢是膽，你多帶點在身邊以防萬一。」

這時他們的經濟情況已經十分拮据，但她還是硬要我收下這筆錢。而我那位有錢的大姑，對我的出門逃難卻毫無表示，這使我父親很傷心，但是有甚麼辦法，他們那一代硬碰硬，姊弟傷了和氣，再加下一代的我又是一塊茅坑裏的石頭，怪誰？如果不是二媽的溫柔體貼，成天笑臉迎人，我也不可能在二爹家裏住那麼多年。

抗戰八年，我在外面流浪了七年，勝利後回家，二爹剛去世不久，二媽愁容滿面，人也老多了。

「可惜你回來遲了一步，你二爹天天盼望你兩兄弟回來，還是沒有望到。」二媽說。

這時三哥還沒有回來，我也不知道他在那裏？

「本來我希望走在你二爹前面，再怎麼說他也會把我送上你們的祖坟山，偏偏我老不死，這包骨頭還不知道丟在那裏？」

二媽顯然在爲今後的問題憂慮，我已經感到有一股暗流在二哥二嫂那面湧起。

雲英姐也老了很多，不再那麼輕盈瀟洒，不再那麼雲淡風輕，二爹的去世最受威脅的顯然是她。果然，二爹七七一滿，二哥二嫂就提出了條件：如果二媽願意和他們一起生活，生養死葬他們負責，但是雲英一定要離開；如果二媽想和雲英一道生活，他們願意拿出一筆錢，但以後生養死葬概不負責。自然更不能上我們的祖坟山，和二爹葬在一起。

很多人都勸她跟二哥生活，以免日後受苦，死無葬身之地，因爲大家擔心錢一到手就會被雲英姐三把兩把化掉。但她考慮之後還是對二哥二嫂說：

「我們母女臍帶相連，分不開，一切都是命，不管以後怎樣？我認了。」

就這樣，她拿了一筆數目不大的錢和雲英姐搬走。我空手回家，無能爲力，她還是和二爹在日一樣款待我，輕言細語地和我說些瑣事，從她口裏我知道二爹拒絕維持會長不幹，挨過日本憲兵的打，受過小漢奸的氣，以及死後幾天接到縣參議員聘書的事。她談話時以輕輕的嘆息代替了往日的微笑。她的茶泡得更苦，我在外流浪七年，喝慣了白開水，這種釅茶已經苦得我喝不進口了。

我回家作了一陣「客」又走了。第二年夏天我拂袖而歸時，又是空手。去年初回家打空手還有人原諒，說是八年抗戰，後方很苦。這次我是從十里洋場的上海回來，依然故我，別人就看準了我沒有出息。因爲凡是在外面回來的青年人，不是褲帶上串滿了金戒指，就是箱子底下藏了金條，最少衣服也穿得光光彩彩，手指上也要戴一兩隻黃澄澄的金戒指。我兩手空空，而且丟掉了工作，弄得我父親都無法解釋。我受不了別人的冷眼，便成天躲在二媽家裏，她像一根慈愛的柱子，撐住我使我沒有崩潰。

「不要灰心，你的日子還長得很，你二爹也有過這樣的情形。」二媽安慰我說。

「二媽，我是不是眞有點像二爹？」

「你們是一個老祖宗傳下來的，屋簷水點滴不差。」她望望我悽然一笑。

但我知道我比二爹實在差得太遠。

「人死留名，豹死留皮，爹雖然倒了一輩子楣，總留得一個好名聲，你應該學二爹。」雲英姐插嘴。

「你米湯裏洗澡，糊塗了一輩子，就只講了這麼一句中聽的話。」二媽笑着罵她。

「娘，人奈命不何？我娘兒倆那一點不如人家？你總是把我的話不當話。」

「寃家！」二媽悽涼地一笑。

就在我賦閒在家的短短期間，二媽像一盞菜油燈樣熄滅了。

她死得冷冷清清，一口白木棺材，雲英姐和我，以及少數幾個牽藤絆葛的人，把她送上東門外的荒山。

「唉！好人沒有得到好報。」金枝姐感慨地說。

六

十七年來，我時常夢見二媽，昨夜我又夢見她和我輕言細語，她用那尖尖的手指摸摸我說：

「不要灰心，好好地做人。」

二媽，一個永遠活在我心裏的美麗、賢慧、文雅、善良而薄命的女人。

天鵝

一

「小翠，妳看是誰來了？」葉老倌把擔子往堂屋中間一放，大聲地對灶下說。

我右脚跨進門檻時，幾乎和翠姑娘撞了一個滿懷。幸好，她的身子靈巧得像隻貓，一衝到我的面前，連忙刹住，笑着往後一跳，珠走玉盤地說：

「喲！稀客，稀客！少東，什麼風吹來的？」

「老東家要他到我們扁擔洲來避避難，」葉老倌接嘴：「小翠，妳可要像服侍老東家一樣服侍他。」

「爹，你放心，保險足尺加三。」翠姑娘臉上盪開了兩朵深酒窩，圓圓的。

「爹說你們這兒是福地，盤古以來，不見刀兵，他怕我們一家人一鍋兒爛，要我先來府上避避。翠姑娘，打擾妳了。」我說。

「喲！少東，你到底是文昌星，滿口斯文。其實，對我們佃家，四兩就抵半斤，何必用十八兩老秤？」

葉老倌聽了女兒的話，高興地摸摸山羊鬍鬚，從腰間抽出旱煙桿，走到後院去了。

半年不見面，翠姑娘不但出落得像根水葱兒似的，嘴舌也格外伶俐了，真不像個鄉下大姑娘。我望着她發怔，不知道怎樣接腔？

她却嗤的一笑，隨手在籮筐裡提起我的小書箱，向我招招手，走進一間廂房。

「少東，這眞是廟小菩薩大，千萬請你將就將就，包涵包涵。」她把書箱放在桌上，用嘴吹吹椅子上的灰，笑着對我說。

「翠姑娘，我又沒有住過金鑾殿，妳何必把我捧上了九重天？」

「少東，怎麼說你是城裡來的嬌客，稀罕。」

「我又不是紫禁城裡來的，算得上稀罕？」

「嗨！少東，你要眞是紫禁城裡來的，我們這個浮土之地，豈不被你一脚踩沉了？」

「嗨，好重的脚！」

「少東，」翠姑娘貝齒微露，聲音又輕又柔：「扁擔洲底下是鰲魚精，你踩的是鰲魚頭，紫禁城裡貴氣重，那還不把牠踩暈？」

「神！」

「你小心鰲魚翻身。」她的食指向我輕輕一指，抿嘴一笑。那兩朵酒渦兒變成了兩半邊月亮，掛在玫瑰腮邊。

葉老倌托着旱煙桿，走到門邊，噴出一口煙霧：

「小翠，妳得替少東舖一床蓆子，這麼大熱天。」

「爹，你忘記了帶來。」翠姑娘的聲音拖得像楊樹杪上的蟬。

「我老糊塗了，妳就張羅一下吧。」葉老倌眼睛一瞇。

「大爹，你別客氣。」我說：「我是來府上避難，不是享福。」
「少東，還沒有到那個節骨眼兒，不能叫你受屈。」
「爹，那只好把我床上的揭過來了。」翠姑娘柔聲柔氣地。
「使得，也只有妳床上的乾淨。」葉老倌點點頭。
「不必，那會折死我了。」我搖搖手。
「怎麼的？少東，你嫌骯髒是也不是？」翠姑娘兩眼翻了幾翻。
「豈敢。」我連忙一彎腰。
翠姑娘嗤的一笑，一陣風兒似的跑去又跑回，去時兩手空空，回來腋下夾着一床紫銅色的竹蓆，一看就知道是陳年老貨。她指指它對我說：
「少東，別小看它，它的春秋比你還高哩！」
「這是一床子孫蓆，我圓房時買的。」葉老倌從嘴裡拔出旱煙桿：「一年後生了我老大，三年後又生了小翠。老大圓房前我給老大睡睡，現在又輪到了小翠……」
「爹！」翠姑娘黑眼珠兒一轉，嘴角一撇，清清脆脆地蹦出一個「爹」字，像一粒彈珠，打斷了葉老倌的話：「你是不是在老東家的大糟房裡灌足了黃湯？亂話？」
葉老倌打着哈哈，故意蹉着八仙步，一晃一晃地走開。
「唉！爹眞氣人！」翠姑娘輕輕的咬着嘴唇，笑着一跺脚。
「翠姑娘，聽大爹的口氣，妳八成兒是有了婆家吧？」
「唉！少東，你怎麼也瞎胡扯？」她兩條柳葉眉兒往中間一鑽，哭笑不得。

「別的大姑娘像妳這種年紀，早就出閣啦！翠姑娘，妳怎麼還沒有婆家？」

「嗨！少東！」她又一跺脚：「看你年紀輕輕的洋學生，怎麼也像三姑六婆？」

「麻雀也要生蛋，燕子也要做窠，翠姑娘，難道妳？……」

「少東，你怎麼一嘴的豆渣？」

她眉兒一皺，酒渦一綻。我也噗哧一聲。

二

翠姑娘十八了，怎麼還沒有婆家？這眞是一件稀罕事兒！憑她這份俏，這份聰明，眞不知道有多少年輕的哥兒害單思病？別的姑娘像她這麼大，已經作媽了，她還在作大閨女，怪！不怕她不講，反正我在她家裡有得住，總會打聽得出來。

她讓給我的竹蓆子是二十年以上的陳年老貨，可是一點沒有破損，周圍用黑緞滾了邊，緞是新的，看樣子是她的手澤。

竹蓆新的不涼，越陳越涼，我一看上這紫銅色，心裡便十分喜愛。我曾經想謀一張這種老竹床，可就找不到。

我躺上去休息一會，背脊上凉颼颼的，不知不覺地便進入了夢鄉。

我醒來時蟬聲盈耳，睜開眼睛一看，翠姑娘站在房門口，玫瑰頰上嵌着兩朶淺淺的酒渦。

「翠姑娘，多謝妳，這蓆子眞凉！」我翻身下床，順着勢兒向她一彎腰。

「看你的？又是十八兩老秤！」像一朶喇叭花，她笑着飄了進來。

「我們家裡的老規矩，不作興小斗小秤。」

她嗤的一笑，側着臉兒問我：

「吃點什麼充飢？」

「免了，費力巴沙地。」

「爹說你一天要吃四五頓，還愛零嘴，到我們家來作客，總不能餓着你？」

「翠姑娘，鄉下比不得城裡，可以呼風喚雨的。」

「少東，只要你一開腔，變我也要變給你。」

「翠姑娘，這次我在你府上不是三朝兩日，太厤煩妳，不好意思。」

「要不是天下大亂，八人轎子也請不到你。」

「得了，得了，千萬別把我當作嬌客，金鑾殿我坐不住。」我雙手向她一揖。

「喲！看你的，隔夜的鍋巴粥，七分餿氣。」她身子飄退三尺，抿着嘴兒一笑。

「翠姑娘，妳和尚頭上敲木魚，眞不是味兒。」

她身子往桌上一伏，雙手蒙着臉，嘴裡嗤嗤地，人，像一朶和風細雨中的花兒。

「說正經的，少東，你到底吃點什麼啦？」她抬起頭，從月白色的衣襟下抽出一條手絹，在眼上揩了兩下，悠悠地問。

「龍肉，鳳肝。」我想難她一下。

「喲！少東，你這是存心給我出難題目了。」她微微一怔。

「妳不是會變嗎？」

「說歸說，做歸做，少東，巧婦難爲無米之炊，我怎麼能無中生有？」

「翠姑娘，那妳是誇海口了？」

「少東，這麼着吧？」她向我抱歉地一笑：「龍肉只有天上有，要我身上的肉倒不難，我就割一塊給你煨湯吧？」

「罪過，罪過，我情願吃一輩子長齋。」

「阿彌陀佛，善心。」她笑着向門口走去，又回過頭來：「我弄盌蛋花湯給你做點心，明天一清早就去趙屠戶的肉案子給你買副猪肝來，你愛怎麼吃，我就怎麼做，行不行？」

「行，勞駕。」

「又是十八兩老秤。」她眼兒一媚，嗤的一聲。

房間裡抹得乾乾淨淨，大概是我睡着時她輕手輕脚做的。我打開書箱，把課本統統拿出來，我剛考完大考，學校就解散，還沒有拿到初中畢業文憑。父親要我自己溫習功課，不要荒腔走板，一有機會還是要我升學。他認定我不是坐地催租，講斤求兩的材料，萬一作了亡國奴，也好保住這點兒老本，不致於數典忘祖。除了課本以外，我自然還帶了不少小說，演義之類的書，足夠我看三兩個月。另外還有一把胡琴，準備自拉自唱。

翠姑娘雙手捧着一大盌蛋花湯，像戲臺上的蕭太后，輕移蓮步走進來。我趕上去接，她尖着嘴唇噓噓：

「[illegible]爺，別燙了手。」

我只好讓路。

她把蛋花湯往桌上一放，連忙把尖尖的手指放在嘴上吹吹。

「燙了？」

「有那麼一點兒意思。」她嘴裡噓噓。

「妳何必添得這麼滿？」

「爺，我不願意藏私。」

「這麼一大盌，我怎麼吃得了？」我看看盌裡，不是稀稀的蛋花湯，很稠，足有三個鷄蛋。

「城裡的爺難道眞是豆腐做的？你說出來也不怕丟人？我爺快老掉了牙，一頓飯也能吃這三大盌。」

我準備充充英雄，吃下去。可是肚子太小，吃了不到三分之二，就像個鼓氣的青蛙。她看了好笑：

「怎麼的？我說了你是個嬌客吧？」

「翠姑娘，妳別以爲我量小，妳要是長久這樣把我當個老佛爺供着，整個扁擔洲也會被我吃垮。」

「既然開了飯舖還怕客人肚子大？爹交代的，豈敢怠慢？少東，你何必替古人躭憂哇？」

「我兩手空空地來，好意思白吃白喝？」

「爺，你要算店飯錢是不是？看，」她用手向外一指：「這屋前屋後的肋條地，都是少東你的。你愛怎麼算就怎麼算吧？一盌蛋花湯，一塊肋條地，這生意我做得。」

說着，說着，她嗤的一笑。我沒有收過租，根本不知那一塊地是我的。每年端午中秋過後，她爹把小麥黃豆送上街去，我爹也不過斗過秤，我怎麼知道底細？

「好，翠姑娘，那我以後就飯來張口，茶來伸手了。」

「少東，你生來的富貴命，本來就用不着操什麼心。漫說老東家對我爹有了交代，就是你公子落了難，憑我們幾代的東佃交情，還少得了你衣食二字？就怕你嫌我們的粗茶淡飯？」

「翠姑娘，妳芝蔴綠豆留着些兒吧，來年還要播種啦。」

她格格地笑彎了腰。

三

我一個人坐在水邊的大楊樹根上自拉自唱，是低低的四平調。我閉着眼睛，搖頭晃腦。

「少東，你眞好雅興？」我背後突然響起翠姑娘輕柔甜蜜的聲音。

我睜開眼睛回頭一望，翠姑娘一手挽着衣籃，一手提着小桶，靜靜地站在我身後四五步的地方，玫瑰頰上綻着兩朵酒渦。

「翠姑娘，妳幾時駕到？」我把胡琴一收，笑着問她。

「少東，你又是十八兩老秤？我可只有四兩重，經不得你這一稱哪！」她笑盈盈地。

「妳幾時來的？我怎麼一點也不知道？」我馬上改口。

「有一會兒啦，你只管自拉自唱，哪會想到別人？」她黑眼珠兒輕輕一轉，轉到我的臉上。

「翠姑娘，那我獻醜了！」

「不啦！算我運氣，省了幾個子兒。」

「好說，妳有興緻，我就再拉兩段兒？」

「你不怕對牛彈琴？」她上前幾步，把衣籃小桶放在水邊，歪着脖子問我。

「翠姑娘，妳太抬舉我了，我拉的是無名曲子自來腔，不成調調。」

「不啦！有板有眼。你這一手兒是誰傳給你的？」

「剽學。」

「哦，少東，你是無師自通哪！」她眉眼兒嘴角輕輕向上一挑。

「我音樂只考四十分，有師也通不了。」

「瞎子逛花燈，你笑話兒一大籮啦。」

「翠姑娘，你別見笑，我獻醜了。」

「少東，聽你的。」翠姑娘緩緩地跪在大麻石上，把籃子裡子的骯衣服浸在水裡，隨便挑起一件，雙手揉呀揉的。

我把弦子調得特別低，盡走低調，讓它細水長流。

她邊洗衣服邊聽，聽了半天，突然昂起頭來對我一笑：

「少東，你年紀輕輕的，倒眞有兩手兒。」

「好說，妳不知道我荒了多少正課？翠姑娘，妳要不要唱幾句兒？」

「嗨！我破鑼嗓子唱什麼歌？」

「妳是金嗓子，我再用胡琴托托，保險能賣一塊大洋一張票。」

「少東，你又在說笑話兒？」

「那我們言歸正傳，翠姑娘，妳唱什麼歌兒？」我把胡琴輕輕拉了幾下。

「這樣吧，」她看了我一眼：「我唱兩支小調兒，不成腔，你也免托啦。」
「好，我洗耳恭聽。」
她紅着臉一笑，故意低着頭洗衣服，嘴裡輕輕地哼出這樣的歌：

山伯馬上淚漣漣，哭聲地來叫聲天。從前許配梁山伯，又與馬家結姻緣。死在黃河心不甘！
班鳩樹上叫咕咕，姐兒房內把頭梳。罵聲鳥雀眞該死，成雙作對叫什麼孤？分明恥笑我無夫！

她聲音清脆細膩極了，就是有點兒悽迷。
「翠姑娘，我早說了妳該有個婆家啦。」我笑着打趣。
「少東，你？」她白了我一眼。
「我，我又一嘴的豆渣。」我連忙招認。
她嗤的一笑，繼續洗衣，我自拉自唱。
她洗完衣服慢慢爬起來，雙手揉揉膝蓋。然後一手挽着衣籃，一手提一桶水，走着三堂會審後的步子。
我把胡琴往脇下一夾，伸手去接那桶水，她笑着搖搖頭：
「少東，這可使不得，你是嬌客，不是長工。你還是自拉自唱吧？」
「無名曲子自來腔，老是自拉自唱，乏味。打一次長工倒是新鮮事兒。」
「少東，要是人家看見了會說我不懂規矩，沒上沒下。」
「這又不是朝庭的王法？誰興的這個規矩？」我硬接過她手中的水桶，邁開大步。
我先走到家，在大門口碰到葉老倌，他連忙從我手裡接過提桶，提到灶下，一出來正好碰着翠姑娘，他笑着說：

「小翠，妳把嬌客當長工，要是傳到老東家的耳裡，我們爺兒倆吃不了兜着走啦。」

「爹，你錯怪了人，是少東自願的。」

葉老倌故意望望我，笑着問：

「少東，此話當眞？」

「大爹，是我自願。」

「小翠，好哇，有妳的！」葉老倌瞟了女兒一眼，笑哈哈地走開。

「唉，老小，老小，爹老了也瘋瘋顛顛。」翠姑娘望着我一笑，玫瑰頰上新添了一層紅暈：「爺，以後你還是自拉自唱吧。」

四

我在翠姑娘家住到第四天，扁擔洲忽然落了一顆大砲彈，整個扁擔洲的人都駭得呆頭呆腦，彷彿每一個人的腦袋上都挨了一榔頭。

「唉！開天闢地以來，我們扁擔洲不見刀兵。長毛殺人如麻，我們扁擔洲太太平平；北軍敗兵到處打家刼舍，我們扁擔洲也沒有丟一隻鷄。唉！現在鬼子未到，砲彈先來，說不定我們扁擔洲要遭難了？」葉老倌自言自語，臉上罩着一層烏雲。

我再也不能坐在大楊樹下自拉自唱，因爲葉老倌和翠姑娘都不讓我出門。翠姑娘更一再叮囑我：

「少東，你千萬不要溜出去，砲子兒沒長眼睛，你的命貴，萬一出了一點岔兒，我和爹可擔戴不起。」

「妳不是要我自拉自唱？」

「爺，」她玫瑰頰上又綻開兩朵酒渦：「那是古話兒，現在年成不同了，你要是癮發了，就在房裡自拉自唱吧？」

「那會擾得鷄犬不寧哪！」

「爺，只要你開心，你愛殺鷄就殺鷄，妳要殺鴨就殺鴨吧！」她笑得像一朵迎春花。

我曾經對她說過我的胡琴拉不好，聽來像殺鷄殺鴨。昨天我又教過她拉，她拉起來眞的像殺鷄殺鴨。想不到她把這個「典故」「套」上了。

翠姑娘既然把魚眼睛當珍珠，我怎麼好意思溜出去？她雖然「縱容」我在房裡殺鷄殺鴨，我也不能太放肆，我索性把胡琴塞進布套裡，看看小說和演義，這味道也不差。

我看演義小說完全是消遣，翠姑娘却以爲我在用功，把我服侍得像個太公似的。冰糖水放在手邊，她坐在我背後兩三尺遠的地方搖着大蒲扇，一陣陣微風向我送來，使我一點也不覺得炎天暑熱。

我陶醉在關雲長過五關斬六將，張翼德當陽橋上一聲怒吼，和趙子龍長板坡單騎救主的神威之中。要是我們現在有這些五虎將，那不殺得日本鬼子抱頭鼠竄？我眞希望他們從書中跳出來，把守扁擔洲。

翠姑娘爲了使我安全，在我床上多舖了一床棉絮，她教了我一個法子，她說：

「要是聽見砲子兒響，你就往床底下鑽。」

我低着頭望望床底，她心眼兒靈活得很，馬上對我說：

「你放心，我已經掃得乾乾淨淨，不會弄髒你的衣服。」

「鑽床底，那不變成了縮頭的烏龜？」

「得縮頭時且縮頭，不要硬着脖子充好漢，砲子兒沒長眼睛。」

「妳怎麼辦？」

「我會另外想法子。」

她想什麼法子？我不知道。只是這天晚上扁擔洲的人都聚在天后宮問神，翠姑娘和葉老倌也去了。我上過洋學堂，不信這一套，關起房門來自拉自唱。

翠姑娘和葉老倌回得很晚，我還沒有睡。她進來問我要不要吃東西再睡覺？每天晚上她都要弄點東西給我吃。我發現她額上有一個疱，像在什麼地方碰腫的。

「翠姑娘，這是怎麼一回事？」我指指她圓潤的前額問。

「我在廟裡磕了響頭。」她用指頭揉揉那個疱。

「妳用了多大的力？差點把頭磕成個爛西瓜。」

「敬神如神在，不誠不靈。大難當頭，我不得不求求娘娘菩薩。」

「翠姑娘，妳求什麼？」

「一求地方平安，鬼子不來。」

「二呢？」

「二求你長命百歲，無難無災。」

「三呢？」

她望望我，沒有接着講下去。隨後把腰輕輕一扭，把頭微微一偏，像蜜蜂兒嗡了一聲：

「那是我自己的心事。」

「事無不可對人言，妳講我聽吧？」

「爺，一句古話啦！」她轉過身來一笑。

「『古』不打不響，翠姑娘，開講吧！」

「爺，讓它在我心裡爛吧，何必對牛彈琴哪？」

五

砲彈落在扁擔洲的第二天，縣城就丟了。第三天，消息才傳到扁擔洲來。

我聽了心裡開始着急，爹雖然告訴我，說是緊急時會帶着全家人躲進天主堂，天主堂的屋頂早就漆了大幅美國旗和大十字。但是砲子兒不長眼睛，會不會打進天主堂？家人是否躲了進去？懸着膏藥旗的兵艦，一條條地向縣城開，消息愈來愈壞。歸結起來只有三個字：燒、殺、姦。

江裡一具具浮屍漂下來，有男的，有女的。男的多半雙手剪在背後，伏在水裡，身上有好幾個刀眼和子彈打的窟窿；女的全是仰面朝天，胸脯露在外面，還有一絲不掛的；她們多半是胸口兩三個刀眼，有的下部還插着一根棍子。

「唉！畜牲！這那是人幹的？」扁擔洲的人直搖頭，嘆氣，吐口水。

葉老倌對我和翠姑娘非常躭心，他不時看看我們，自言自語：

「唉，一個洋學生，一個黃花閨女……」

他不讓我出門，也不讓翠姑娘出門。

我不再自拉自唱，也沒有心思看水滸傳三國演義。

「少東，但願娘娘顯靈，保住我們這一方安寧。」翠姑娘沒有以前愛說話，要說也是這個老題兒。

「妳磕了那麼多響頭，會不會白磕？」她額上的疱還沒有完全消掉，變成了銅錢大小的青印。我不大相信什麼娘娘，我倒希望關雲長，趙子龍這些五虎將死而復生。

「爺，不要亂講話，娘娘就在我們的頭上。她日斷陽，夜斷陰，專管善惡，我日夜求她，她會有感應。要是她答應了我那三件事，我會重修廟宇，再塑金身。」

我不忍潑她的冷水，當然我也希望娘娘眞的有靈。

我們過了一個多月風聲鶴唳的生活，我和翠姑娘沒有出門一步。一些洗洗晒晒之類的「外務」，都由她那位半邊猪臉，帶着三分渾氣的嫂嫂一手包羅。她這位嫂嫂女人一見會倒退幾步，男人一見會夾起尾巴溜走。我在翠姑娘家住了這麼久，也沒有和她交上三言兩語。

別的地方還是像打翻了的蜂窩，城裡也沒有「安民」，男人遭殃，女人吃虧的事還多得很，不過已經成了家常便飯，不算新聞。倒是扁擔洲有驚無險，翠姑娘說這是娘娘有靈。

一天上午我在房裡溫習功課，翠姑娘坐在我對面爲我綉枕頭，突然來了一位戴鴨舌帽捲着白袖口的青年人，他一眼就瞄着了翠姑娘，臉上浮起一絲陰陽怪氣的笑，翠姑娘臉一沉，脖子一扭，沒有理他。

葉老倌迎着他，並不十分熱烈，半天才說：

「國維，這一晌在那兒得意？」

他從鼻子裡哼了一聲，沒有回答。

「你這次回來有什麼貫幹？」葉老倌再問。

「葉大爹，打開天窗說亮話，我是回來看看翠姑娘的。」他大聲大氣回答。

「好說，承你抬舉。」

「眞是女大十八變，翠姑娘的架子也越來越大了。」他冷言冷語。

「國維，你是土生土長的，又不是不懂得老祖宗的規矩，十七八歲的大姑娘，那有拋頭露面的？」

「葉大爹，可也沒有十七八歲的大姑娘，閨房裡養着小漢子。」他格格地笑，身子抖得像沒有骨頭。

「國維，那是我們的小東家，他才十四歲，能有多大？在我們家裡躲反，總不犯法？年輕人，你怎麼這樣講話？」葉老倌的語氣雖然緩和，鷄蛋裡可眞有點兒骨頭。

「怪不得地，翠姑娘不把我楊國維放在眼裡？原來是有這麼一位好東家？可惜筍尖兒還沒有成器，一竹篙打不到井底。」

「你怎麼一到我家來就胡說八道？村的糙的？你出門一兩年，還是改不掉流氣？」

他哈哈地笑了起來，把鴨舌帽一揭，在手裡打打，他的頭像播種不勻的小麥地，東一塊，西一塊，生過癩痢的頭皮像蠟光紙，放亮。

「葉大爹，我已經承情三老四少教訓夠了。今天我回扁擔洲，只請教你一句話。」

「你說吧！」葉老倌上了一袋烟，沉着臉。

「我知道翠姑娘還沒有婆家，我也臉厚，舊話兒重提。」

「仔大爺難做，我也是一句話：這件事兒我作不得主。」

「葉大爹，我楊國維已經不是當年的楊國維，你怎麼還是三下五除二？」

葉老倌望望他，笑着反問：

「你要老漢怎樣？」

「那就請你問問翠姑娘吧，六十年風水輪流轉，說不定她已經回心轉意了。」

「爹，你不用問我，路轉山不轉，請他滾蛋！」翠姑娘大聲地對外面說。

楊國維把帽子往頭上一蓋，指着翠姑娘說：

「妳不要不識抬舉？」

「呸！你去尿盆裡照照自己，也配？」

楊國維突然從口袋裡掏出一個白布捲兒，手一揚，抖開，現出一團紅膏藥。

「國維，你？」葉老倌大驚失色地問。

「我要你吃不了，兜着走！」楊國維冷哼一聲，拔步就走。

扁擔洲終於落下了大災星。

六

楊國維帶來了十二個鬼子兵，拉走了三十名年輕力壯的伕子，和十個漂亮的閨女，翠姑娘是「花姑娘」中的第一名。我因爲公民課本上寫了「打倒日本帝國主義」幾個字，也被剪着雙手要帶走，經翠姑娘以死相求，吃了兩隻火腿，才饒了我一條命。另外還打死了幾個反抗的年輕人。葉老倌因爲糾着翠姑娘不肯放手，被鬼子一槍托打暈。

扁擔洲鬼哭神號。

一群早到的雁鵝從頭頂飛過，翠姑娘的嫂嫂歪着半邊豬臉，望望天空，揩揩眼淚：

「啊！天鵝，……少東，姑姑東不成，西不就，你知道爲了什麼？」

我搖搖頭。

「她心比天高，常常自比天鵝，想和你少東成雙成對，結果她白磕了響頭，反而落進一群惡狼嘴裡！」

我身子一晃，兩脚站立不穩，好像鰲魚開始翻身。

古寺心聲

一

當黃龍寺的小和尙了然挑着我的舖蓋，書箱，走進谷口的時候，突然傳來噹——噹——噹——的鐘聲。空山寂寂，這鐘聲聽來特別淒淸，在山谷中繚繞，久久不散。

「這就是蕭寺的鐘聲，」了然小和尙說，隨卽用手一指：「你看，底下就是蕭寺。」

我順着了然手指的方向，向下望去，果然有一座用灰色巨石砌成的廟宇，躺在深谷裏面，廟不大，却相當高，而且有一個用灰色巨石砌成的小小圍牆。圍牆上和廟頂上堆滿了皚皚的白雪，如果不是了然指給我看，我不會發現那座廟，因爲驟然從上面望下去，盡是一片白雪，谷底的雪最少有三尺深。

了然和尙把擔子放在雪地上，休息一會。我們一口氣走了五六里路，我空手拄着拐杖，走在一尺多深的雪裏都有點吃力，他挑着擔子自然更吃力了，他額上已經冒出汗珠，把灰色的帽子取下時，光頭上就冒出一股熱氣。雖然我的東西不重，但他畢竟只有十七歲，體力還未充實。

「梁先生，你爲甚麼要來蕭寺讀書？」了然奇怪地問我。

我不願意回答他的問題，在慧然老和尙面前我都沒有透露我的心事，在他面前我自然更不願洩漏我心底的秘密，我反而笑着問他：

「你爲甚麼要當和尙？」

「我的命不好，」他向我黯然一笑：「算命的先生說我生成的和尙命，不出家父母兄弟都會死。」

「算命的胡說，你也相信？」
「不相信又怎樣？」他向我茫然一笑。
我望望周圍，空山寂寂，白茫茫的一片。
「其實你要讀書，黃龍寺也比這裏好。」他看我沒有接腔，又自動地說。
「我愛靜，」我重覆我向慧然老和尚提出的理由：「你們黃龍寺的和尚多，早晚又要唸經。」
「嘿！如果不是和尚多，我也不敢進黃龍寺，冬天靜得怕人。」了然說。
「你還未脫凡心。」我笑着拍拍他。
「我眞奇怪，」他望着我說：「梁先生，你是在家人，爲甚麼要到廟裏住？而且又住到這個廟裏來——？」
他望望谷底的蕭寺，吞吞吐吐，欲言又止。
「這個廟很靜，沒有人打擾，有甚麼不好？」我說。
「梁先生，我不能不告訴你，」他望了我一眼，又壓低聲音說：「但你不能說是我說的。」
「你儘管說吧，我不會傳出去。」我說。
「這廟裏不乾淨。」他指指谷底的蕭寺，聲音壓得特別低。
「究竟是怎麼回事？」我不滿意他那樣吞吞吐吐，大聲地對他說。
「廟裏出妖精。」他輕輕地說，生怕別人聽見，其實這山裏除了我們兩人之外，全是皚皚的白雪。
「你別胡扯，那有甚麼妖精？」我不相信。
「眞的，我親眼見過。」他一臉正經地說。

「見你的大頭鬼！」我罵了他一句。

「嘿！才不是大頭鬼，」他並沒有生氣，反而向我一笑：「是穿紅短褲的妖精。」

小和尚這一說，我心裏也七上八下，但隨後一想，悟空和尚一個人住在裏面那麼多年，平安無事，我又何必怕？因此我又故意責備他說：

「悟空和尚在裏面住了那麼多年沒有事，你却大驚小怪！」

「嘿，悟空的道行高，」他的手在大腿上一拍：「我小和尚怎麼比得他上？你是在家人，恐怕也不能辟邪？」

「我不信邪！」

「你眞怪！」他指着我一笑：「有福不會享，要跑到這深山古廟裏掛單？而且是在這冷死人的冬天！」

「我看你不像個和尚，將來難成正果。」我也指着他說。

「要不是算命的說我是和尚命，我死也不肯上山，」他望着我說：「外面的花花世界多好玩？」

看着他粗壯的身體，我想起水滸傳裏的魯智深，這傢伙將來即使不還俗，也一定是個花和尚，不會像他師父慧然那樣清心寡慾的。

「別再胡扯了，我們走吧。」我說。

於是他把灰帽子覆在光頭上，腰一彎，挑起擔子就走。

到處是一兩尺深的雪，看不見路，也看不見任何脚跡，要不是了然走在前面，我眞不知道如何下脚？

了然一步一個深深的脚印，他草鞋的後跟甩起一團團的雪。我怕失足掉下深谷，便照着他的脚印踩下去。

下坡很不好走，了然像兔子下嶺一樣往下直竄，我也只好跟着他跑，雪淹到了膝蓋。潔白如銀的雪地，被我們踩得亂七八糟。

走到蕭寺的圍牆門口，了然用力叩了幾下鐵環。過了一會，鐵門呀然一聲拉開，站在我們面前的是位四十來歲、清秀瀟洒、出塵脫俗、中等以上身材的和尚，他一身灰色的圓領和尚衣服，頭上戴着一件灰色的觀音兜。了然搶着代我說明來意，我隨卽遞上慧然老和尚的親筆信，信裏對我的事說得懇切而清楚，悟空和尚沒有看信就笑容可掬地對我說：

「請進，請進，外面很冷。」

了然搶先把擔子挑了進去，悟空等我進來之後隨手把門拴好，我看到廟門上有塊橫的石條，上面刻了兩個魏碑體的「蕭寺」，字跡已經有點糢糊。圍牆裏面左右兩邊各有一個像坟一樣的高高的雪堆，我不知道那是坟還是積雪？

蕭寺有兩層，下面三間未供佛像，也無人住。了然把我的東西挑到樓上，悟空和我一道上樓，他要了然把我的東西放進西邊廂房，這個房間有一張簡單的床鋪，一張條桌，一把竹椅，簡單清潔。中間的龕裏供了一座不到一尺高的觀音大士的金像，一點也不堂皇，不像棲賢寺、歸宗寺裏的那些丈二金剛。

悟空住在東邊的廂房，房裏陳設也非常簡單，却有一張大書桌，桌上放了很多佛教經典，多半是線裝的，另外還有一些文學書籍，而其中竟有一本蘇曼殊全集。我一看了那些書對悟空和尚就更有好感。

他招呼我在書桌旁邊坐下之後，他自己便坐在床沿，抽出慧然的介紹信看了一遍，然後向我一笑說：

「梁先生肯到我這個破廟裏來讀書，我感到非常榮幸，只怕梁先生吃不慣我的粗茶淡飯，耐不住深山的寂寞？」

「悟空法師，這點你倒用不着躭心，只怕我擾亂了你的清靜？我是一個六根未淨的俗人。」

「好說，好說，難得你有這樣的雅興。」他愉快地一笑：「慧然法師不會給我介紹一個俗人。」

「我叨了慧然法師很多光，他在信裏對我過獎。」我說。慧然法師給了我許多照顧。他寫給悟空的信我也是看過的，他寫的許多話我自己看了都會臉紅。

「不，」悟空搖頭一笑：「這是我的緣份。」

我向他說了一些感謝的話，他把信往懷裏一塞，緩緩地站了起來，笑着走向我：

「梁先生，不必客氣。緣，一切都是緣。不過這裏的確太靜，我眞怕你住不慣？」

「你能住得慣，我想我也住得慣。」我也站起來，表示我的禮貌。

他聽了淡然一笑，望望我說：

「梁先生，這有點不同，我是出家人，萬念俱灰，所以我能在這裏十年如一日；你還年輕，七情六慾未淨，久了你就會耐不住的。」

「我也是萬念俱灰，」我連忙接着說：「我只想讀點愛讀的書，此外甚麼也不想。」

他望着我一笑，然後十分同情地說：

「梁先生，我希望你眞能安靜地讀書，沒有甚麼苦惱。」

「能和你住在一塊，縱然有天大的苦惱，我想也會忘掉。」我說。

「梁先生快人快語，但願佛法無邊，慈航普渡。」他雙手合十地說。

我不想多談自己的事，正好了然走了過來，他告訴我說他已經替我把床鋪鋪好了，我對他說聲謝謝連忙走了過去，悟空也跟着過去，顯然他很關心我。

我很感謝了然，在黃龍寺作客時也是他照顧我，今天他把我送到蕭寺，又替我鋪好床鋪，省掉我不少麻煩。

悟空留他吃晚飯，他不肯，他把麻繩往扁擔頭上一挽，往肩膀上一放，就蹦蹦跳跳地跑下樓，我悄悄地塞給他一塊袁大頭，他向我咧嘴一笑，然後又輕輕地向我說：

「我在你枕頭底下放了一把銅尺。」

「那幹甚麼？」我奇怪地問。

「嘿！」他又向我咧嘴一笑：「鬼見鐵，一灘血，鬼見銅，一灘膿。你晚上要是看見那個穿紅短襖的漂亮女鬼，你就用銅尺打她。」

我雖然不信邪，但看了然一臉的憨直，心裏不免七上八下。

我把圍牆的大門打開，送了然出去。他沿着來時的雪路，像猿猴一般迅速地爬了上去，迅速地消失在谷口了。

我感到有點悵惘，把門關上，慢慢地爬上樓來，走進自己的房間。我身上雖然沒有穿上袈裟，頭上沒有受戒，但我却有和尙一般的心情，我已經完全脫離了紅塵，脫離了花花世界了。

晚上睡覺以前，悟空又來到我的房裏，和我談了一會，臨走時他笑着對我說：

「晚上如果有甚麼響動，不要害怕，深山古寺就是這個樣子的。」

他走後不久，我就聽見他打鐘，噹——噹——噹地打了三下。午夜空山，這聲音聽來實在淒清得很，我幾乎淚隨聲下。

二

這夜我睡得很遲，了然講的妖精故事使我有點恐懼，本來我愛夜讀聊齋，以遣岑寂，但這夜我不敢再讀了。

上床去睡時，我特別把桌上的油燈挑亮一點，又摸摸枕頭底下的銅尺，然後才安心睡覺。

當我正在作一個傷心欲絕的夢時，突然被「噹——噹——噹」的鐘聲驚醒，睁眼一看，桌上油燈熄了，外面很亮，我不知道是白天還是夜晚？因爲在這種雪天，白天和夜晚幾乎沒有多大的分別，外面總是亮晶晶的。

鐘聲靜止之後，我就聽見悟空的脚步聲音，他向我的房間一步步走近，隨即把那厚厚的黑布棉門簾輕輕一掀，人就跨了進來，他雙掌合十地向我一笑：

「對不起，鐘聲把你吵醒了吧？」

我點點頭，勉強地一笑。

「每天早晨起來，我一定要打鐘，十年來如一日，希望你不要介意。」他走到我的床前說。

我連忙坐起，我知道廟裏的習慣，黃龍寺也是一大清早就打鐘，而且和尚們天未亮就跪在蒲團上唸經做早課。比這裏吵得多，我只是昨夜睡得太遲，清早被鐘聲吵醒，所以心裏有點不樂意。但這只能怪我，不能怪悟空，我不能破壞他的生活秩序，因此我對他說：

「昨夜我睡晏了一點，本來我應該早點起來，我知道廟裏的規矩，明天我就會習慣。」

他望了我一眼，欣慰地一笑，然後踱到我的桌前，看看那本攤開的詞選，又突然轉過身來向我一笑：

「你歡喜陸游的釵頭鳳？」

我點點頭。他大概是看到我在那首詞旁邊加了很多紅圈圈。

隨後他又拿起書來獨自唸了起來：

紅酥手，黃縢酒，滿城春色宮牆柳。東風惡，歡情薄，一懷愁緒，幾年離索，錯錯錯！

春如舊，人空瘦，淚痕紅浥鮫綃透。桃花落，閒池閣，山盟雖在，錦書難托，莫莫莫！

他唸的聲音清亮而帶情感，但隨卽故作太上忘情的神態向我一笑說：

「我還是歡喜辛稼軒的『醜奴兒』。」

說着他又隨口朗吟起來：

少年不識愁滋味，愛上層樓，愛上層樓，爲賦新詞強說愁。

而今識盡愁滋味，欲說還休，欲說還休，却道天涼好箇秋。

我眞想不到他是一個這麼富有文學修養和情趣的人？我從床上一躍而起，握住他的手說：

「悟空法師，以後我要向你多多請教了。」

「阿彌陀佛，快穿衣服吧。」他把我輕輕一推：「天氣很冷，不要受了涼，我現在花在佛經上的時間比花在文學上的時間多多了。」

「不管怎樣，只要你有空我還是要向你請教的。」我邊穿衣服邊說。

隨後我們就談起這兩首詞，他的年齡比我大，感情的歷練也比我深，見解自然比我高明。

「這兩首詞是一種心情，兩個境界，陸放翁的『釵頭鳳』，代表執着，辛稼軒的『醜奴兒』却代表超脫。」悟空笑着向我一指。「我看你還在執着。」

我不承認，也不否認，我是執着已不可能，超脫更辦不到。我却趁機對「醜奴兒」發表意見：

「對醜奴兒這首詞我不完全同意你的看法，辛稼軒是力求超脫而並未能超脫，其實他心裏可能更苦？」

我望着悟空的臉，在雪光反映之下，他的臉色慘白。他沒有馬上答覆我的話，停了一會才向我一笑。

「我看你是宜於搞文學的，我只能研究佛經了。」

我對於剛才的失言有點後悔，馬上向他表示歉意，他反而安慰我說：

「文學是要至情至性的人搞的，我一個出家人，不宜再涉及這些東西。」

「你為甚麼要出家？」我冒失地問：「我相信你是最適宜於搞文學的。」

「不錯，以前我是愛好文學的，」過了很久他才說：「但是由於情感上的煩惱，我終於出了家。」

「你出家多少年了？」我問。

「十年。」他說。

「十年都在這裏？」

他點點頭。

我又仔細望望他，我覺得這眞是一種了不起的苦行。

「梁先生，一大淸早我們不應該談這些問題，」他突然向我一笑：「你快點準備吃稀飯吧？」說完他就飄然而退。

不久他就替我提了一壺熱水進來，我一再說不敢當，他却坦然說：「你初來不習慣，過兩天你再自己動手好了。」

他的親切熱忱，使我大爲感動，在這個冰雪層封的古寺中，我一點也不感覺得冷了。

洗完臉之後，我把水從窗口潑下去，潑到右面那個高高的雪堆，熱水將雪融化，露出一點泥土，我問悟空：

「這堆東西是甚麼？」

「是師公的坟。」悟空說。

「那邊呢？」我又指指左邊那個大雪堆。

「師父的坟。」他說。

「他們圓寂了多久？」

「師公我沒有見過，」悟空說：「師父在我來到之後的第二年就圓寂了，他一生就是收我這麼一個徒弟。」

「那他一定是個有道高僧？」

「比一般和尚自然要高明。」他點點頭說：「起先他並不肯收我。」

「爲甚麼？」我有點奇怪，任何和尙能夠收到他這種弟子應該是一種光榮。

「他說我六根未淨。」悟空一笑。「不能忘情。」

我聽了也一笑，像他這樣富於才情的人，要做到太上忘情的地步，那的確是件難事，蘇曼殊和尙就是一個例子。可是他又嚴肅地對我說：

「然而我在這個廟裏一住就是十年，這眞是師父想不到的。」

「這眞是一種了不起的修行。」我也讚美他。

他却雙手一合，唸了一聲「阿彌陀佛」。

吃稀飯時，我又和他隨便談到了然向我提起的穿紅短襖妖精的怪事，他不承認也不否認，只是淡淡地說：

「一切幻象都由心生，我看了然凡心太重，也許是我佛故意考驗他的。」

本來我還想問問他看見過那種幻象沒有？但我又怕影響他的自尊，所以忍住未問。

飯後，天上又飄起雪花，我們站在窗口看了一會。他說有一年冬天因爲大雪，他有三個多月沒有出門，要不是黃龍寺接濟他，他幾乎餓死。隨後他又向我一笑：

「今年的糧食準備得最充足，又有你和我一塊過多，應該是我這十年間最愉快的一個冬天了。」

本來我還有點躭心會增加他的麻煩，但是幾天下來之後，我覺得他的精神反而一天愉快一天，所有厨房的雜事都由他做，他完全不讓我動手。我們除了吃飯睡覺之外，就是看書、談天，他以研讀佛經代替唸經。我看不懂佛經，也毫無興趣，我只看我自己愛看的書，但那些書不但不能減輕我的痛苦，反而增加了我更多的感觸，我雖然人在深山古廟，與世隔絶，可是我的心靈却沒有片刻平靜，我的情感時刻在衝突矛盾，我無法達到古井不波的那種境界，我眞不知道悟空是怎樣渡過這一串漫長的歲月？

晚飯後照例是我們聊天的時間，不是他到我房裏來，就是我上他房間去。這是我們一天最愉快的一段時光。

一天晚飯後我對他說要補寫三天日記，晚上談天的節目也許要停止一次，說完之後我就回到自己房裏寫日記，他也回到他的房裏。

我記日記不是記山中瑣事，完全是紀錄自己情感的跳動，認眞地說寫日記對我是一種痛苦的煎熬，但我又不能不寫，一停下來情感就無寄託，寫起來又非常痛苦，對於別的事我都提得起放得下，惟獨對於情感的負擔我眞是拖拖拉拉，表面上比誰都平靜，內心裏却激動不已。

當我寫完日記時，心裏好像輕鬆一點，雖然時間不早，我還是輕輕地走向悟空的房間，想和他聊聊天。然而當我輕輕地撩開他的灰布門簾時，却發現他捧着蘇曼殊全集在哭，一種無聲的哭，兩眼淚下如雨。

我被這種情形驚呆了，我正準備悄悄地退出，可是他已經發現了我，他不但不以爲怪，反而把手一招要我進去。

「究竟是怎麼一回事？」我走到他身邊輕輕地問。

他先嘆了一口氣，然後十分誠懇地對我說：

「現在我坦白告訴你，十年來我始終沒有衝破情網，一看蘇曼殊的詩文，我就會哭。」

「曼殊是一個最富才情的人，任何人看見他的作品都會流淚的。」我說。

「可是一個太有才情的人，決不宜於過古佛青燈的生活，這種情感上的折磨，是很難忍受的。」他說。

「你也可以像曼殊和尚一樣，四海雲遊，過他那種無端狂笑無端哭的至情至性的生活，不必在這個深山古廟自苦。」我說。

「可是我對師父許下了誓願，決不離開蕭寺。」

「你爲甚麼要許這個願？」

「不然他不收我。」

「那你可以另外找個寺廟。」

「當我傷心之餘，特別看中了這個地方。」他含着淚說：「我當着師父的面，把她的信和照片統統燒掉，我以爲這樣就一了百了，想不到她始終活在我的心裏，怎樣也無法去掉！」

他這一說我心裏也格外難過，我不知道我是否流淚？但他却對我說：

「所以那天早晨我看到你在陸游的釵頭鳳旁邊打了那麼多紅圈，我就瞭解你的心情，因爲我是過來人。」

他用手擦擦眼淚，然後又接着說：

「你批評辛稼軒的『醜奴兒』很對，我就是想超脫而未能超脫。」

「你的故事可不可以告訴我？」

「說起來很平凡，」他又擦擦眼淚：「我愛她，她也愛我，但是世俗像一堵高牆，擋在我們中間，她衝不過來，我也衝不過去，結果她不得不坐上花轎，我也只好來到這深山古寺。但是十年來我的心並沒有死！」

他又流下了眼淚，我也一陣欷歔。

我怕他問起我的故事，幸好他沒有問。他擦擦眼淚向我一笑說：

「沒有甚麼好談了，快去睡吧，天濛濛亮我又要打鐘了！」

我正準備離開，他却又從抽屜裏拿出一本日記遞給我。他這樣推心置腹，使我又喜又驚，我謹愼地問：

「我可以看嗎？」

他笑着點點頭。

於是我迅速地返回自己的房間，把油燈移到床頭，靠在床上偎着被子翻閱他的日記。

這一夜我通宵未睡，我長夜傾聽一個孤獨的痛苦的心靈的低訴，我不像了然一樣把悟空看成一個有道高僧，我把他當作一個最親切的朋友，一個至情至性的人，我看見他在感情的漩渦裏掙扎，痛苦，悲傷，絕望，我的眼淚也一夜未乾。

他不是每天寫日記，他沒有我寫得勤，但他每一個字每一句話都下筆千斤。下面的幾段給我的印象最深。

我咬着牙讓師父用大香在頭頂上燒了九個洞，本來他只肯燒六個，但我爲了表示棄絕紅塵的決心，請求師父多燒三個，師父燒完時我也痛暈了！

師父圓寂一個月了，我感到特別寂寞和空虛。她又在我心中復活了！原先我以爲披上袈裟一了百了，誰知空山寂寂，長夜漫漫，她的形像更加活躍鮮明！我佛慈悲，請助我脫離苦海！

讀曼殊全集，淚簌簌下，這是第三次哭了！人非木石，孰能忘情？惜我無曼殊才華，既不能將胸中塊壘，化爲血淚詩文；誓約如山，又不忍遺棄師墳蕭寺。苦！

大雪封山，菜盡糧絕，我已臥床數日，幸得了然送米送菜，得以不死，苦海無邊，不知何日眞能解脫。慧然介紹梁先生來寺讀書，稍解岑寂。梁先生之來，恰似悟空當年，所幸他塵緣未盡，無意空門，否則一蹈悟空覆轍，傷心人將更傷心也。

我剛讀完了他的日記，就聽見噹——噹——噹——的鐘聲，此刻聽來，音韻更加悠遠而淒清。

三

時間的脚步雖然像牆壁上的蝸牛，爬得很慢，但我在蕭寺居然渡過了一個漫長的冬天，白色的冬天。

廬山的冬天雖然很寂寞，很長，可是春天却也非常優美，冰雪一融化，樹木都偷偷地換上了綠色的新裝，那份嫩綠也幾乎是別的地方看不到的，特別富有一種生命的覺醒的意味。整個冬天很少看到的鳥類，這時却特別活潑地在枝頭跳來跳去，輕歌漫舞，甚至落在蕭寺的圍牆上，卿卿我我，恩恩愛愛。我不忍看，悟空更不敢看，他緊握着黑色的唸珠，輕輕地唸着「阿彌陀佛」。

整個的冬天我們的生活非常清苦，只有醃菜腐乳下飯，悟空和我的嘴唇都潰爛了，起了許多黃的膿疱。

山上的竹筍很多，而且又粗又嫩，我禁不起春天的誘惑，也很想吃點新鮮的竹筍，因此總是拖着悟空漫山亂跑，遇着在路邊爆出的竹筍，我就用脚一踢，撿了起來，一個竹筍就有一兩斤，夠我和悟空吃一頓。悟空看我踢斷竹筍，他也會唸一聲「阿彌陀佛」。

春天，竹筍成了我們主要的菜；其次是蕨薇，伯夷叔齊在首陽山就是靠此維生。蕨薇的味道也不算壞，吃久了醃菜腐乳，它也成了無上的佳肴。

悟空經常和我在山上跑跑，他的心情好像也好些，我不懂佛學，無法和他談經說佛，因此他只好和我談談詩詞。他記的詩詞比我多，我除了愛聽樹上的鳥音之外，就愛聽他的輕誦低吟了。

一過端午，廬山又冠蓋雲集了。可是紳士淑女們的脚步也只止於黃龍寺，蕭寺還是和冬天一樣的寂寞。

一天，慧然替我轉來一份急電，是了然送來的，電報是叔父打的，說父親病危，要我立刻回家。了然不知道電報的內容，我把電報悄悄地拿給悟空看，悟空看過之後便說：

「你應該回去了。」

「我走了你不是更寂寞嗎？」我說。

「你不應該為我留在深山古廟，你應該回去盡孝。」悟空說。

於是我請了然替我捆好行李，我自己把書箱撿好。

臨行時悟空一定要送我到牯嶺，我不肯，他又要送我到黃龍寺，我仍然不答應，最後只讓他送到上山的路口，我就逼着他回去，他還是堅持要繼續送，我只好這樣說：

「除非你和我一道下山，否則不必送了。」

他聽了一楞，馬上停住脚步，廢然一嘆：

「我應該死在蕭寺，不能下山。」

我看他那淒然欲絕的樣子，心裏非常難過，便安慰他說：

「冬天以前，我會再上山來。」

「不！」他用力搖頭：「你不應該再上山來。我們雖然是一樣的心情，但我希望是兩種結果。」於是我只好伸出手來和他告別，但他却不和我握手，雙掌當胸一合，眼淚却像他頸上的唸珠一樣一顆顆滑落。我連忙轉身，了然挑着行李已經走了很遠，我回頭向悟空揮揮手，跑步趕上了然。

「梁先生，你眞怪！」了然聽我的脚步趕了上來，馬上回過頭來向我一笑：「廬山是夏天最舒服，冬天最苦。去年別人都下山了，你却上山過冬；現在別人上山歇伏，你又趕着下去。我眞不懂！」

「了然，你不懂最好。」我向他苦笑。

他也望着我茫然一笑，隨後又突然問我：

「你看見穿紅短褀的妖精沒有？」

我搖搖頭。在山上這麼多日子，只有一天晚上我像被甚麼東西從脚上爬上來，壓住我的胸口，使我動彈不得，呼吸困難，喊也喊不出來，非常痛苦，直到天亮，才如釋千斤重擔，但已一身汗濕。至於屋頂上，樓下的奇異響聲，却時常聽見，起初眞有點害怕，慢慢地也就習慣了。但這些情形我不想講給了然聽。

了然看我搖頭，起先有點奇怪。過後又十分欽敬地說：

「梁先生，悟空是有道行高，所以穿紅短褀的妖精不敢在他面前現身；我看你也是陽氣足，所以她也不敢出來。」

「我看你是心裏想女人，妖精才會出現。」我開玩笑地說。

了然臉一紅，馬上回過頭去。然後又十分慚愧地對我說：

「梁先生，不瞞你說，我沒有悟空那樣的道行，他在蕭寺一住十年，從來不想女人，我辦不到，所以我才會看見妖精。」

「你應該好好地修行。」我鼓勵他。

「梁先生，我坦白告訴你，如果我過了二十歲不家破人亡，就算過了關，當過了和尙還可以成家哩！」

「誰肯嫁你？」我聽了他的話，再看看他頭上的疤，不禁一笑。

「我表妹還在等我，她說一直要等我過了二十歲。」了然天眞地說。

這時忽然傳來噹——噹——噹——的鐘聲，這是悟空打的，聲音特別悠遠而淒淸，彷彿悟空自己的心聲。了然聽了既慚愧而又欽敬地說：

「唉！我不行，悟空才會成正果。」

「阿彌陀佛！」我輕輕地嘆口氣。

心聲淚影

一

「小蘭，妳的老師是誰？」看過同事陸奇中的女兒陸小蘭的「生死恨」之後，我的感慨很多，這是我來臺灣十幾年第一次看戲。

「路玉蘭。」小蘭躬躬身子回答。眞難得她對老師的這份尊敬。

「哦，難怪，名師出高徒！」我說。

「項伯伯，你認識我老師？」

「不，」我連忙搖頭，「我只是她的戲迷而已。」

我話剛出口，老陸就瞪着兩隻牛眼望着我，在我臂上用力一捶：

「好傢伙，你藏私！我們同事這麼多年，我眞以爲你是個外行，原來你還是個戲迷！」

老陸這一拳打得很痛，但是我領了。

五年前小蘭小學畢業時，沒去參加聯考，却考進了科班，當時他就徵求過我的意見，我說我是外行，不懂。以後每逢小蘭露演，他都邀我去看，我也沒有去。這次小蘭出科露演「生死恨」，老陸鄭重地對我說：

「老項，你如果再不去捧捧場，那眞不夠意思！好歹你都得賞個臉！不然的話你走你的陽關道，我過我的獨木橋，咱們兩免！」

這樣，我才陪老陸去看了她女兒的傑作。我眞沒有想到她會演得這麼好？和十八九年前玉蘭演的一模一樣，只是火候還不如路玉蘭。

「項伯伯，你甚麼時候看過我老師的戲？」小蘭問。

「早啦，小蘭，你還沒有出世哩！」我說。

「我說囉！我老師在臺灣沒有登過臺，你怎麼看得到她的戲？」

「你們大班小班經常公演，妳老師怎麼不露一露？」我問。

「她說沒有知音，不想登臺，她快二十年沒演了。」小蘭只有十七歲，却像大人一樣地說話。

「她甚麼時候開始教妳的？」

「前年，我從花衫改學青衣以後。」

「小蘭，妳能遇着她這樣的好老師，是妳的福氣，也是祖師爺特別愛護妳。」

「項伯伯，敢情是！從路老師教我以後，我不再荒腔走板，還能捉摸住她的唱腔，學到五六分兒，我也不再挨打，別的老師都說我脫了胎，換了骨，完全變了個樣兒。」

「小蘭，妳老師的玩意兒妳已經學到了七八分，再過幾年妳會紅起來。」我不是胡捧，在戲臺上吃開口飯的人，我落眼便知。小蘭的天份高，氣質好，嗓門兒寬亮甜潤，是上好的青衣人才，可以直追路玉蘭。

「項伯伯，你以後可要多多捧場？」小蘭兩隻會說話的眼睛，盯在我的臉上。

「小蘭，妳放心，項伯伯今天露出了馬脚，以後不敢不去。」老陸像老狐狸咬住鷄，卡着脖子不放。

「項伯伯，你要不要看看路老師？她好像寂寞得很，難得你這麼一位知音。」

「小蘭，以後她登臺時我再去捧場好了，當年她的戲迷多得很，我不過是其中之一。」我不想小蘭父女知道得太多，不得不這麼說。

二

我知道路玉蘭是不會登臺的，正如這十幾年來我沒有看過別人的戲一樣。當初我們分別時，她就說了，她從此封箱；我也說了，我不再玩票。我謹守了我的誓言，甚至在收音機裏聽聽平劇的機會也不多。

但是她又怎麼會當起平劇教師來？她又是甚麼時候來臺的？我就一點也不清楚了。我心裏實在想去看看她，但我又怕勾起傷心的往事，這對於我們兩人都沒有好處。

小蘭出科的第三天，老陸請我到他家裏吃便飯，我去得遲，到達時已先有兩個人在座，一男一女。男的灰長衫，捲起三寸寬的白袖口，瀟洒得很。以前我也愛這種打扮。女的天藍色旗袍，銀灰色短外套，我們四目相遇，彼此都微微一怔，我像個獃頭鵝，她却有三分欣喜。小蘭跳到我的面前，搶着介紹：

「項伯伯，這位就是路老師。」

我哦了一聲，她又對路玉蘭說：

「老師，這位就是項伯伯，你的知音。」

路玉蘭伸過手來和我一握，快二十年了，她的手還是這麼溫暖柔軟，我像握着一塊軟玉。

她隨卽把我拉到那位穿長衫的男人面前，指着他對我說：

「這位是黃如珊先生，名琴師。」

隨後又指指我向黃如珊一笑：

「這位是項楚歌先生，當年的怡紅館主，名票。」

黃如珊馬上和我熱烈地握手，連說：「自家人，自家人。」

老陸聽見路玉蘭這一介紹，馬上用手向我一指，說道：

「哼！你這傢伙太不夠朋友！原來你還是個玩票的？當初小蘭入科，我徵求你的意見，你屁都不放一個，後來請你看戲，你又東藏西躲，好哇！待會兒非罰你唱幾段兒不可！」

「老陸，我快二十年沒有開口，你不要逼我獻醜。待會兒還是讓小蘭多唱幾句兒，讓我過過癮。」我說。

「小蘭的事兒，用不着你來提調，今天是謝師，當着兩位恩師的面前，少不得要她卯一下，你可別想臨陣脫逃？」

我又被老陸一口咬住，不知如何是好？玉蘭却笑着對我說：

「你旣然很久不彈這個調調兒，今天機會難得，黃先生是名手，待會兒請他好好地襯托一下。」

「館主如果不嫌我毛手毛脚，一定盡力而爲。」黃如珊謙虛地說。

「黃先生忒謙了，我三生有幸。」

「唷！臺灣葡萄，酸吶！」老陸一邊抹桌子，一面向我咧嘴一笑。

小蘭看她爸爸那副德行，不禁嗤的一下笑出聲來，隨後掩着小嘴說：

「爸，你總愛開項伯伯的玩笑！」

「小蘭，你項伯伯是個瘟生！我和他同事這麼些年，交情不能算淺，就不知道他是江南一票，平時我還愛在他面前哼哼唱唱，假充內行，他讓我出盡了醜，丟盡了人！爸越想越恨！」

大家都笑了起來，我也笑着說：

「你的褒派花臉的確不壞。」

「去你的！你還拿我開心？我是重傷風，鼻子不通。」老陸笑着罵我。

「陸先生，我聽小蘭說過，你的丁甲山的確不賴。」玉蘭說。

「路老師，妳別聽小蘭瞎胡扯，我只是從唱片上剽學幾句，唬得住外行可騙不了內行。」老陸也客氣起來。「我要是年輕三十歲，少不得也要向祖師爺磕個頭，向你們二位討教討教。」

「得了，隔行如隔山，」玉蘭笑着說，「我把會的玩藝兒都傳給小蘭了。」

「路老師，妳的戲可多啦！小蘭再學三年也學不完的。」

「陸先生，你放心，我決不藏私，反正我自己不唱了，小蘭出師後，我照樣會教給她。」

「謝了。」老陸雙手抱拳過頂，深深一揖。

老陸平時生活很節儉，今天確實很備了幾樣好菜，比館子裏實惠得多，他還一再說：「不成敬意。」

飯後他把桌子一拉，地一掃，拿出一把胡琴恭恭敬敬地交給黃如珊，黃如珊調了一陣絃子，說這把琴並不比他自己的差，老陸樂得合不攏嘴。

「小蘭，妳先開場！」老陸對女兒說。

小蘭走到黃如珊面前，向黃如珊恭恭敬敬地一鞠躬，黃如珊笑着問她：

「唱甚麼？」

「坐宮。」小蘭說。

我心裏一怔，一喜，我第一次登臺和玉蘭配戲就是「四郎探母」。玉蘭望了我一眼，她看得出來我內心有點激動。

小蘭的嗓子實在很好，眞當得「珠圓玉潤」這幾個字兒，她唱完之後我笑着對玉蘭說：

「有妳當年那點味兒。」

「她本錢足，只是在尖團上還要多下點兒功夫，祖師爺會賞她一盌飯吃。」

「謝謝老師的恩典。」小蘭乖巧地說。

接着老陸就逼着我唱，我不開口，他只好自己墊了一段「鎖五龍」。唱完以後雙手一抱，向我們咧嘴一笑：

「獻醜！獻醜！」

玉蘭望望我，向我鼓勵地笑着說：

「怎樣？你也來一段兒？」

「拳不離手，曲不離口，我荒疏久了，妳先來幾句，然後好好地指點我一下如何？」我說。

她點點頭，輕輕咳嗽一聲，向黃如珊清清楚楚地吐出兩個字：

「祭江！」

我們一別快二十年，我一直沒有聽她唱過，她的嗓子一如當年，味兒更醇更足，小蘭和現在的她相比，還有一大段距離。我心裏喜不自勝，她一落音我就鼓掌。

「路老師到底是名角兒，一字一腔都不同凡響。」老陸讚揚地說。

「陸先生過獎。」玉蘭謙虛地一笑。

醜媳婦總要見公婆面，最後我不得不獻醜。我唱的是「打鼓罵曹」。

「讒臣當道謀漢朝……」

我的「朝」字一落音，老陸就鬼叫起來：

「唷！完全是言老板的味兒，看不出來！」

我不理他，繼續唱下去，唱完以後，我還不覺得怎麼吃力，我向黃如珊說：

「荒腔走板，不要見笑。」

黃如珊把胡琴一收，連忙站起來和我握手，搖了幾搖：

「兄台修養有素，言味十足，在今天學余學楊的很多，學言的可就沒有一個。」

「因爲言腔實在難學，我也不過是興之所近。」我說。

「只有言腔有書香味兒，所以『打鼓罵曹』，『臥龍弔孝』這類的戲已成絕響。」

「高見！高見！」

「可惜兄台半途而廢，不然大有成就。」他放開我的手。

「本來他還想獨創新腔。」玉蘭笑着插嘴。

「項先生是讀書人，上得大路。言菊朋也是先票後下海。」黃如珊說。

「我比不上言老板，只是愛這個調調兒，現在連票也票不成了。」我說。

玉蘭聽我這樣說，輕輕嘆口氣。

「老項，你是眞人不露相，不像我半瓶兒醋，草包！我服了你！」老陸用手在我肩上一拍。

其實他哪裏知道我另有文章？

三

從老陸家裏出來，黃如珊因爲要去趕一場夜戲，單人匹馬走了。玉蘭要我陪她喝杯咖啡，我帶她到武昌街一家最淸靜高雅的咖啡室去。

「本來我不想吃陸先生的謝師飯，我聽小蘭說有你，所以我才去了。」她一坐下就這樣說。

「小蘭知道我們的事？」我問。

「不知道，我甚麼也沒有對她講。」她搖搖頭。

「她還年輕，我們不要讓她知道這件事情。」我說。

「這些年來你眞的沒有看過戲？」

我搖搖頭。

「你也不聽聽收音機？」

「沒有機會。」

「爲甚麼？」

「太太要聽時代歌曲，兒子女兒要聽西洋音樂，哪有我的份兒？」

「你太太還是老樣子？」

「長不熟的青柿子。」

「你有幾個孩子？」

「兩個，一男一女。」

「好福氣。」她向我一笑，不知道是酸的還是苦的？

我無話可說。

「他們也不喜愛京戲？」

「他們說我是老腐敗。女孩子的聲音像破鑼，男孩子像隻公鴨子。」

她噗哧一笑，隨卽抱歉地說：

「對不起，我沒有一點惡意。」

「我很瞭解。妳呢？」

「別提！」她悽然一笑。

「王先生很好？」

「過氣佬倌，一文不值。」

「妳怎麼想到教戲？」

「坐吃山空，我不教戲怎麼過日子？」她反問我。

「他那麼多錢，難道沒有帶出來？」

「羚羊掛角，帶出來的不多。」

「你們人多？」我想王百城隨便帶出來一點，生活都不會成問題，除非人多。

「承他好意，倒只帶我一個。」

「你們沒有孩子？」

「老天可憐見，讓我落個乾淨。」

我仔細看看她，眼角已經有了皺紋，我這才想到她也到了中年，不再是雙十年華的路玉蘭了！過去既未生一男半女，今後自然更不會生了。

「我老了是不是？」她伸出兩隻尖尖的手指，掠掠鬢邊的亂髮。

「彼此，近乎。」

「唉！」她輕輕嘆口氣：「少年子弟江湖老，十八年老了王寶釧。老天有意和我們過不去，毀了我也毀了你。」

「這些年來，難道妳嗓子也不吊一吊？」

「對牛彈琴，我吊給誰聽？」她嘴角輕輕一撇。

「那眞可惜，不然妳也許創出新腔了。」她是一個很有天才的藝人，宗梅而不拘泥，她曾經同我說過很多次，想推陳出新，自成一家，她的確有這副本錢，也有這份才氣。

「瞎子丟了拐棍怎麼行？沒有你我還能創出甚麼花樣？」她知道我愛戲如命，雖然喜歡言腔，並不以言腔爲滿足，我的嗓子比言菊朋全盛時期還好，中氣更足，我也想創出一種更適合於我，韻味更好的新腔。同時我比她多喝幾滴墨水，對於音韻有點兒心得。言菊朋如果胸無點墨，絕對唱不出那種書卷味兒來。玉蘭瞭解我，加之我們臭味相投，所以我們更莫逆於心了。

但是天不見憐，我的家庭根本反對我票戲，更反對我和她來往，他們把戲子、忘八、吹鼓手同等看待，甚至這樣對我說：

「婊子無情，戲子無義，你還想和路玉蘭結甚麼露水夫妻？」

他們根本不知道戲裏面大有學問，也不瞭解我和玉蘭的純潔感情和一個更高的目的。

在玉蘭二十一歲那年，她母親爲了貪財，竟甘心讓王百城把玉蘭量珠聘去作二房太太。王百城根本不懂京戲，他是貪色而不重藝。當這件事情決定之後，玉蘭曾把她最心愛的一件行頭，剪得稀爛，伏在衣箱上痛哭了幾個鐘頭。我也傷心遠走臺灣——剛剛光復的臺灣，久矣不彈此調了。

我既放棄了視如生命的平劇，宛如走肉行屍，在事業上毫無成就，來臺灣時是個小課員，現在仍然原封不動，因爲我根本不是這塊料。想不到玉蘭也是這麼平凡地度過了十幾年，這是一個多大的損失？

「楚歌，你怎麼不出聲？」她看我沉默不語，抬眼望着我。

「我的姓名就有點兒悲劇意味，還有甚麼好講的？」

「你想不想票一次散散心？我陪你。」她笑[illegible]說。

「我荒腔走板，連臺步都忘了，還能上臺獻醜？」我不覺失笑。

「我每天抽空陪你排一排。」

「妳哪有許多時間？」以我現在的情形來講，排一個大戲出來，得兩三個月，像「賀后罵殿」這種簡單的戲也得個把月。

「反正我沒有甚麼事，十幾年也白白地過了。」她說。

「那我們排一齣小戲好了。」

「不，應該排一齣大對兒戲，一來我們自己過過癮，」她向我一笑，酒渦兒一現，依稀可以看出當年的美麗純眞，「二來也在別人面前露兩手兒。」

「玉蘭，這可不能開玩笑，」我笑着說：「現在的我可不比從前，不要砸了妳的招牌？」

「先前我在陸先生家裏聽了你幾句，好！保險不會出錯兒。」她很有信心地說。

「在臺上可不是清唱，身上也得有戲？」

「你放心，多練練，我會指點指點。」

「妳看排甚麼好？」

「全本四郎探母。」

「這我怎麼動得了？」我倒抽了一口冷氣。這個戲四郎的份量更重，嗓子較差的伶工也不敢動，單是一句「站立宮門叫小番」，十有九個翻不上去，何況還有「吊毛」？

「你不記得你第一次登臺就是由我配你唱這齣戲？」她特別提醒我。

我自然記得，這件事我一輩子也不會忘記，就是由於她的巧妙襯托，我才一票而紅。一下場我們就在後臺相擁而泣，我們快樂得流淚。

以後還同我合演了好幾個戲，托她的福，我贏得了一份虛名。

「你怎麼又壽頭壽腦的？」我陶醉在過去的美夢中，沒有作聲，她忽然笑着問我。

我哦了一聲，笑着回答：

「不要冒險吧？」

「値得冒一冒，這齣戲對我們有意義。」她望着我，我又看見她十九歲時的那種眼神。

「砸了呢？」

「砸在臺上我也甘心。」

她的話激起了我二十歲時的豪情，我握着她的手一躍而起：

「行！」

四

老陸父女知道我要票「四郎探母」，非常高興。我們兩人都不是忙人，他總是拖着我去他家裏吊嗓子，他的胡琴拉得不賴，遇到小蘭在家時他便要她陪着我唱。

我長久不唱，戲詞兒忘記了不少，衷氣也不如從前，可是老陸還歪着腦袋喝彩，或是把胡琴停下來說：

「奇！老項，你也是一條雲遮月的嗓子，越唱越亮！[redacted]」

「老陸，別瞎胡捧，我眞躭心砸下臺來！」

「嘿！」老陸把腦袋一歪，「光憑你在臺上喊幾句兒就能壓得住衆！」

「光放警報有甚麼意思？」我笑着說。

「項伯伯，你不是放警報，你有味兒，我們隊上當家的老生郝元鵬，也唱不出你這種味兒。」小蘭說。

「小蘭，妳可不能跟你爸爸一樣，哄項伯伯，我砸了無所謂，可不能砸妳路老師的招牌！」我一臉正經地對小蘭說。

「不會，不會，」小蘭的頭搖得像個博浪鼓兒：「項伯伯，你放心好了。」

小蘭父女雖然這麼說，可是我一點不敢大意。玉蘭要靠此維生，我可不能坑她。

每天天一亮，我就跑到山上的苦竹林裏獨自吊嗓，竹林裏的空氣好，人很舒暢，我特別注意幾句倒板，我反覆地唱。「站立宮門叫小番」那一句我能輕鬆愜意地翻上去。此外我就注意和玉蘭對啃的快板，戲詞兒要熟，吐字要清，才能和玉蘭對得上去，別人也才能聽得淸楚。

早晨吊了一個多鐘頭我才去上班，中午我不休息，多半是老陸陪着我吊。老陸的戲癮也眞大，和我二十年前差不多。他們希望我這一票打響，以後他也想登登臺，而且他巴望着和玉蘭，我，三人來一齣二進宮，過過癮，揚揚名。

晚上，多半是小蘭陪我到她隊上去。玉蘭每天晚上都在那裏，她教完戲就陪我排練。

玉蘭的人緣很好，上上下下的人都敬重她，所以我這麼一個外人到裏面排戲，他們也沒有閒話，而且更難得的是她邀到了當家老生郝元鵬去楊六郎。

起初郝元鵬看我的動作那麼生疏，頗有點輕視的意味，玉蘭看在眼裏，毫無惱意。

一天她悄悄地對琴師黃如珊說：

「得罪你，黃先生，我想同項先生對對詞兒，麻煩你拉兩段。」

黃如珊是熟人，又聽過我唱過，欣然答應。

玉蘭並沒有要我和她對「四郎探母」，却要我和她唱「三娘教子」，老薛保得眞材實料，以前我們也合演過。

「你的詞兒忘記沒有？」她笑着輕輕問我。

我笑着搖搖頭，她很高興。

玉蘭是這兒的教席，她一開口大家都洗耳恭聽，去年出科的當家青衣是她的學生，還有甚麼話說？輪到我時，她把尖尖的食指向上一挑，輕輕地對我說：

「卯上一點兒。」

本來我一向不願意窮喊亂叫，我講究的是那麼一點味兒，玉蘭要我卯上，一定有甚麼用意，因此我也使出我這點看家的本領。

果然，我唱了幾句，就有人輕輕地「喲！」了一聲，我的高腔一出，就得了一個滿堂彩。

我輕輕鬆鬆地唱完了老薛保的一段唱詞，黃如珊馬上站起來和我緊緊地握手：

「項先生，你的嗓門兒越來越亮了！」

「不要見笑，剛吊過幾天。」我說。

郝元鵬也趕過來和我握手，我謙虛地說：

「班門弄斧，見笑，見笑！」

「項先生的本錢眞足，少見，少見。難怪路老板要和你唱對兒戲。」他也謙虛起來。

「郝老板，從前我們是老搭檔，」玉蘭接着說：「只是這些年來他荒疏了，所以得重新排練，你看他四郎一人到底有沒有問題？」

「路老板，沒有問題，沒有問題。」郝元鵬拱拱手，帶着七分諂笑。

「郝老板，他身上的戲還得請你多多指教。」玉蘭順水推舟：「你是道地的京朝路子。」

郝元鵬可樂了，馬上拍拍胸脯：

「一句話，算數兒。」

我自然也向他謝了一番。

果眞，此後我和玉蘭排練時，他也在旁邊指點。他是科班出身的伶工，身上自然比我邊式多了，舉手投足，都有分寸，只是他的嗓子塌了，唱起來似乎五音不全，聽來實在彆扭。所以他在這兒是教多於唱的。

一天晚上，我練吊毛時，不愼摔傷了膀子，郝元鵬替我推拿了一番，貼了一張膏藥，當時，不覺得怎麼嚴重，第二天却腫了起來，我不得不住進醫院。

玉蘭知道了，立刻趕到醫院來，坐在床邊陪我。

「玉蘭，恐怕這臺戲我唱不下去了。」我說。

「不要洩氣，我問了大夫，一個禮拜你就可以出院。」她安慰我。

「出院以後不知道能不能再摔吊毛？」

「萬一不行，你就馬過去算了。」她向我一笑。

「不行，我不能偷工減料。」我雖然不能刻意求工，可也不願像一般票友那麼潦草。

「你的態度很對。」她笑着拍拍我的手。

「玉蘭，說實話，我眞躭心我演不好。」四郎不但對我這個票友是重頭戲，對一般伶工也不輕鬆，郝元鵬就動不起。

「你應該拿出當年的勇氣，楚歌，你想想看，當年你是怎樣的？」她俯下身子在我耳邊輕輕地說。

她一提起當年，我就像打了一支強心針，那一次演出前的排練，我的膀子摔脫了臼，我沒有皺一下眉，一出醫院，不到兩天就上戲，在臺上，我一個空心筋斗打過去，還贏得了一片掌聲。

她看我興奮，淚眼盈盈地對我說：

「楚歌，人生沒有幾個二十年，這是我們重逢後第一次唱對兒戲，好好地唱一臺，讓我重溫一下二十年前的舊夢。……」

我握着她的手，她的眼淚滑落在我的手背上，輕輕的，暖暖的。

五

我玩票摔傷了膀子，住了一個禮拜醫院，老闆對我不大諒解，出院以後，我連忙上班，他見了我不但沒有半句慰問的話兒，反而調侃地說：

「現在是電影的世界，你還玩這個老古董？唱戲的都是一天打漁，三天晒網，你還想吃開口飯？」

平時從來沒有聽我哼過的同事們，都以懷疑的眼光望着我，有人甚至開玩笑地說：

「老項，你幾時拜過祖師爺的？你算哪一派？」

「老項，你知道西皮和二簧有甚麼分別？」

「老項，你知道甚麼是尖？甚麼是團？你走兩步給我看看？」

甚至還有些更不堪入耳的輕薄話，我都忍受了。

但是，我早晨起得更早，我爬上山頭，面對着東方大聲吊嗓，我嗓門有多大就喊多大，決不保留，那有名的警報老生古月樓也決難和我相比，因為他只是一條刺耳的左嗓，沒有我的寬亮醇厚。

晚上我和玉蘭排練時也特別認真，一絲不苟，不到十二點決不罷休，我準備捨命報知己。

玉蘭看我如此認眞賣力，非常高興，但也有點奇怪。一天晚上，我們停止排練之後，我像往日一樣沿着新生南路的大水溝邊漫步送她回家，她輕輕地問我：

「楚歌，怎麼出院以後你這樣認眞？」

「玉蘭，士爲知己者死，我一定要把這臺戲唱好，比第一次唱得更好。」我說。

「會，我相信你會。」她點點頭。

「妳看我的嗓子是不是恢復了當年的水準？」

「你年到力到，比從前更好，更有韻味。」

「身上呢？」

「也有進步，邊式多了。」

「玉蘭，果眞如此，死在臺上我也值得。」

「楚歌，你怎麼說這種不吉利的話兒？」她像受了驚嚇似的望着我。

「玉蘭，當我是個小不點兒時就是一個戲迷，後來遇到妳，才遇到一個眞正的知音。我曾經打算下海陪妳，可是好事多磨，這些年來我差點兒彆死，這次出院以後又受了奚落……」

「誰奚落你？」

「不必多問，我們把戲唱好就是。」

「好，這次我得拿出我的看家本領，讓大家瞧瞧。」

六

這齣戲我們整整排練了三個月，我爲了愼重起見，公演前夕，特別來次彩排。玉蘭請了些劇評家和內行來看，此外都是大班小班的教席和學生。

玉蘭自己還保留了一箱行頭，公主的穿戴不成問題，我從前曾經自製了幾件漂亮的行頭，來臺前夕傷心地塞進大火爐裏燒掉，所以只好借用郝元鵬的，幸好他的身材和我不相上下，勉強可以湊合。

玉蘭親自替我上粧，小心翼翼，一點也不疏忽。穿戴整齊之後，我站起來走了兩步，小蘭拍着手說：

「項伯伯的扮像眞好。」

老陸更怪叫一聲：

「喲！帥！」

玉蘭望着我一笑，連忙坐下去自己上粧，小蘭給她帮忙，她上好粧往我面前一站，笑着問我：

「你看我這個公主可配？」

她這一打扮，簡直和十九歲時一模一樣，我高興得說不出話來。

臺下的位子雖然只坐滿三分之一，但個個是行家，所以我一點也不敢馬虎。

我出臺亮相時觀衆並沒有怎麼叫好。可是等我一唸出：

「金井鎖梧桐，長嘆空隨一陣風！」

我的「風」字剛一噴出，馬上掌聲如雷，同時夾雜着：

「喲！喲！好！」的叫聲。

玉蘭一出臺亮相，就贏得一個滿堂彩。

黃先生的胡琴襯托得非常好，倒板尤其提神，當我唱出「未開言不由人淚流滿面……」時，我突然感慨萬端，聲淚俱下。我的聲音是節節高，掌聲叫好聲，也和我爭高，我更是兩淚如麻，汨汨不斷。玉蘭的彩聲自然不會比我少，她自「芍藥開，牡丹放……」唱開以後，幾乎一句一彩。

這臺戲直到十一點才結束。我們一進後臺就有些人圍過來看我們，他們和我都是素昧平生，玉蘭多半熟識，她很有禮貌地向他們致謝，把他們送走。

我和玉蘭卸粧時，老陞突然笑着對我說：

「老項，你怎麼假戲眞唱，眞的在臺上淌貓尿？」

「不然我唱不好。」我淡然一笑。

「老師，妳怎麼也在臺上落起淚來了？我怎麼學不會？」小蘭請教玉蘭。

「小蘭，妳還年輕，妳到了我這種年齡說不定也會落淚了？」玉蘭黯然一笑。

景雲寺的居士

承虛雲法師的介紹，我在景雲寺作了一個「掛單」的俗人。景雲寺的住持靜安法師是一位五十多歲的高僧，內地人，他和虛雲法師的交情很好，所以對我也格外客氣。

臺灣的山雖然不矮，但沒有大陸的山那麼雄偉峻秀，石頭也很鬆脆。台灣的廟宇更沒有大陸的廟宇那種恢宏的氣象，自然更找不到南北朝時代的古刹。景雲寺在台灣算是個大廟，但和廬山的五大名刹比較起來實在相差太遠，連黃龍寺也比不上，自然更沒有黃龍寺那麼好的風水。但它在山上，遠離都市，遠離擾攘不休的世界，所以在幾年前我就看上了它，但是直到今天才能一肩行李，搬上山來。

靜安法師吩咐小和尚悟明替我打掃了一個樓上的房間，六蓆大小，木床、木桌、木椅，剛好夠我安身，對於這個新環境，我很滿意，這麼一個小房間，如果是在台北市區，每月房租最少五百，還得先繳半年或三個月的押租，而我在這裏連吃帶住，一年只要付五千塊錢。我爲了圖一年的安定，免得再爲瑣事煩心，先將這筆費用一次付清。在山上我不要錢用，報紙我訂了一年，信紙，信封，郵票，稿紙也足夠我一年需用，日用品和消炎止痛的各種成藥，我也帶了不少，另外還帶了一個電晶體收音機，我的問題就全部解決了。

悟明替我把房間收拾好後，逕自下樓去了。我將旁邊的窗戶打開，房裏的光線更好。我住的是U字形的最前端的一間客房，前面是一排走廊，三面開窗，這是這一排位置最理想的一個房間。而且現在只有我一個人住，其他三間客房都是空着的，非常安靜，這正是我所希求的。在這裏我可以把一切錯綜的人事丟開，回復到自我的世界。我不妄想成仙成佛，但願過著一種聽得見自己心跳的生活。

透過旁邊的窗戶，可以望見對面的青山，山上只有相思樹之類的灌木，和一些野生的芭蕉，沒有太平山，大雪山，大元山上那種高大的紅檜，因為這山和景雲寺的位置不相上下，只有五六百公尺高。

我走到走廊上來，發現對面那排客房有三間門窗都是關閉的，只有頂端的那一間的窗戶是開着的，我望見一個蓬亂的頭頂，聽見軋軋的打字機聲，我有點奇怪，他分明不是個出家人，而且還帶着打字機，他究竟是幹什麼的？

悟明替我送開水上來時，我悄悄地問他：

「對面客房裏住的是什麼人？」

「哈！」悟明咧嘴一笑：「一個怪人！」

「怪人！」

「你不相信？」悟明歪着頭望我。

「我沒有見過，自然不敢相信。」

「他可不願意和別人打交道，你休想同他攀交情。」

「講講話也不可以？」

「他就是不愛講話！」悟明加重語氣說：「他在我們廟裏住了三年，一年難得講三句話。」

「他在這裏住了三年？」我以為只有我看中這個地方，想不到他已經住了三年？

悟明點點頭。

我向對面房裏望了一眼，他仍然低着頭在打字。悟明打量了我一眼，突然笑問：

「吳居士，台北多好？你怎麽也到深山來住廟？」

「台北太鬧，這裏沒有人吵。」

「我倒喜歡人多的地方。」悟明望了我一眼，輕輕地說：「這裏太靜，住久了你就會受不了。」

「你還年輕，」我看他不過十六七歲，一派天眞。「等你長到我這麽大，自然受得了。」

「山上沒有事做，不賺錢，你怎麽生活？」

「我有我的辦法，你們廟裏的伙食費，我還繳得起。」我向他一笑，又指指對面：「他怎麽生活？」

「不知道他變什麽戲法？」悟明迷惘地笑了。「他在這裏三年，從來沒有欠過伙食費，不然我們眞想把他趕走。」

「照你這樣說，如果我欠了伙食費，你們不也要把我趕走？」

他沒有想到我會問這句話，紅着臉搖搖頭，又躭心地問我：

「吳居士，你不會要我送飯吧？」

「我又不是坐牢，怎麽要你送飯？」

「他可要我送飯，」他把嘴巴向對面一呶：「眞討厭！」

「爲什麽？」

「他不和我們一塊吃，他要單開。」

「你嫌麻煩是不是？」

他天眞地、頑皮地說：

「我才沒有那麼乖！我會少給他一盌飯，不然就少給他一樣菜。」

「他不駡你？」

「他像個啞巴，給他什麼吃什麼，不說一句閒話。」

「這樣的人不很難得？」

「所以後來我也不忍心整他。」悟明天眞地笑了。

悟明很愛講話，也許是平時太寂寞的關係，也許因爲我是新來的，和我說了半天還不肯下樓，直到一個大和尚站在院子中間向樓上高聲喊叫：

「悟明，你又偷懶？怎麼老賴在樓上不肯下來？」

他才向我做了一個鬼臉，連忙跑下樓去，邊跑邊說：

「師兄，我在替吳居士做事，你怎麼說我偷懶？」

「你玩什麼把戲我還不知道？」大和尚站在院子裏接腔：「你還想翻過如來佛的掌心？」

悟明不再作聲，脚步咚咚地跑下樓去。

我看了好笑，對面的那位先生也伸出頭來探望一下，又迅速地掠了我一眼。我發現他的頭髮很長，大約有兩三個月未剪，鬍鬚也有一兩寸長。他有一張大方臉，嚴肅，堅決而精力旺盛，年齡不大，看樣子還不到四十歲。我正想向他打個招呼，他却低下頭去打字。

晚飯時我逕自下樓去飯廳吃飯，靜安法師笑着對我說：

「吳居士，你如果覺得不便，也可以和王居士一樣單開。」

「不，那太麻煩你們了。」我望了悟明一眼說。

「沒有什麼，」靜安謙冲地說：「與人方便，自己方便。」

悟明偷看了靜安一眼，不敢作聲。

「我沒有想到貴寺還住了一位先生？」我說。

「嗯，王居士來了很久，他很安靜。」靜安說。

「他也不和你談談？」

「他愛靜，我一切隨緣。」

「你以前和他認識嗎？」

「不，是一位楊居士介紹來的。」

「我可不可以和他作個朋友？」

「這要看你們的緣份了。」靜安笑着說。

「悟明說王先生是個怪人，你看怎樣？」

「人生是個苦海，他小孩子懂得什麼？」靜安望了悟明一眼，悟明把頭一低。「王居士是個有學問的人，只是胸中有塊壘。」

「究竟是怎麼回事？」

「貧僧不好瞎猜。」靜安抱歉地說。

我也不便再問。靜安隨即吩咐悟明替王先生送飯，悟明到廚房裏去了一會，提了一個飯盒出來，正要走上樓去，靜安把手一招，悟明走到他的面前，他將蓋子揭開，看了一遍，對悟明說：

「你應該多給王居士打點菜，怎麽沒有腐竹？」

「大師兄說那是給吳居士加的菜。」悟明回答。

「不必爲我特別加菜，大家同吃好了。」我看看桌上的菜不少，我知道是悟明暗中搗鬼，只是不便點破。

悟明很聰明，他馬上回到廚房去，隨後又討好地把新添的腐竹拿給靜安看看，靜安揮揮手，他便提着飯盒匆匆地跑上樓去。靜安拉我入席，又客氣地說：

「出家人生活清苦，實在沒有什麽好菜，以後還請吳居士多多包涵。」

「以後日子長，請不要客氣。」我覺得菜不少，質料也不壞，如果天天這樣，他會賠老本的。因爲素菜不但味道絕妙，而且比一般葷菜貴，一枚香蕈就要幾塊錢。

飯後靜安賠我聊了一會，我便獨自上樓，在走廊上散步，看看暮色蒼茫的群山，群山無語，四顧寂然。靜，單純，完全不像台北華燈初上車水馬龍的情形。

我沒有開燈，王先生房裏也沒有開燈，我不知道他在作什麽？不敢貿然造訪。王先生既然愛靜，我也不是爲了結交朋友而上山的，還是讓他保持他的自我世界，我保持我的自我世界。泰戈爾說：「過分接近可能殺死，保持距離或許成功。」對於一位有個性而沉靜的人，我是特別敬重的，他們不會和你一見面就稱兄道弟，但一交上了那份友情就如芝蘭一般清香四溢，經久不變。我自然希望多交一兩位這樣的朋友，但這種人正如紅粉知己一樣，可遇而不可求，有時甚至會失之交臂。王先生這位「怪人」我算是遇上了，能不能和他交個朋友？那眞要看我們的「緣份」了。

暮色四合之後，樓下佛堂和僧房燈火通明，只有樓上我們兩個房間一團漆黑。我倚着欄杆自然想起許多陳年濫帳，想到過去那樣忙忙碌碌，栖栖皇皇，不禁好笑。生平無得意事，只有廬山那段野鶴閒雲的生活值得咀嚼回味。棲賢、萬杉、秀峯、歸宗諸寺，都有我的足跡；姊妹峯、瀑布水、九疊屏、仙人洞，都有我的遊踪；尤其是黃龍寺，是我盤桓留戀的地方，一杯雲霧茶便和老和尚坐在大寶樹下消磨一個下午。山中一夜雨，樹杪百重泉。黃龍潭水聲轟隆，黃龍寺鐘聲悠然；雲自山頭起，霧向脚邊生。我雖非神仙，却在神仙世界。景雲寺無丘壑之勝，更無虎穴龍潭，也沒有與我朝夕相對的人，而王先生又是那樣可望而不可卽，我也不免有點惘然。

我走進房間扭亮電燈，台灣的電實在方便，山上的和尚也能享受到這種利益，因此台灣的廟宇也缺少那份古佛青燈的古意。

我的房間通明，但是我不想作事，連信也懶得寫，我上山來，除了虛雲法師以外，沒有別人知道，暫時我也不想讓人知道。

我和衣靠在床上，把電晶體收音機放在床頭，我把音量開得很小，收聽平劇節目，這是我唯一的嗜好。電影我早已看膩了，最好的片子也只能看兩遍，我生平看過兩遍的電影只有「翠堤春曉」，「金玉盟」和「梁山伯與祝英台」。平劇却百聽不厭，一句青衣的二簧倒板，就足夠令人廻腸盪氣，一段「生死恨」就會使人悽然飲泣，那種哀而不傷的味道會永留心底，比那種號咷痛哭一瀉無餘的情感不知道要深刻多少？「臥龍弔孝」那種惺惺相惜的心情又豈是西洋人所能領略體會？我不知道王先生除了爬山打字之外怎樣打發他這三年的歲月？我除了工作之外，就要靠這架電晶體收音機了。

我不知道王先生是什麽時候開燈的？當我向窗外一望時，發現他躺在床上看報，因爲距離太遠，我看不清他看的是什麽報？

他看了一會把報紙往旁邊一扔，雙手交叉地枕着頭，兩眼望着天花板，他的頭髮像雄獅的鬣毛樣倒披下來。

他完全不注意我這邊的動靜，他沉浸在他自己的世界裏。

我因白天走了山路，提前睡覺。但是我沒有一倒上床就呼呼大睡的福氣。今天也許是換了新環境的關係，更遲遲不能入睡，儘管身體疲勞，頭腦却很清醒，想的事也特別多，三皇五帝都到眼前來，塵封了十多年的往事歷歷如繪，剪不斷，理還亂，我只好重新起來。

除了我和王先生的房間燈火輝煌之外，樓下的燈火已全部熄滅，此刻更靜，王先生軋軋的打字聲音，更清晰可聞。

我先寫一封信給虛雲法師，謝謝他的盛意，同時報告我到達景雲寺的情形。隨後我又寫了一篇短文，看看錶已經十二點十五分，我毅然熄燈去睡，望望王先生他却毫無睡意。

第二天清早，我起來時，發現王先生拄着一根粗籐杖走出山門，大概是出去[redacted]散步。他身材中等，強壯結實，步伐穩定。直到吃早飯時他才回來，帶着一束野花，逕自跑上樓去。

我來到景雲寺一個禮拜了，始終沒有機會和王先生交談，有幾次我想過去和他談談，看看他的房間，但一想到他那種嚴肅沉鬱的神情，我就不敢冒昧，因此茶餘飯後只好和靜安法師閒聊。

我本來很愛早起，只是近年來的都市生活，使我晨昏顚倒，無法保持早起的習慣。上山以後，我的生活逐漸正常，起得很早了。

一天，天剛亮，我也去散步。寺旁有一條小路，直達山頂，這是一條樵夫砍柴的山徑。我沿着山徑直往上爬，希望爬上山頂看大海，看日出。

當我爬上山頂時發現王先生坐在一塊石頭上，望着遠方出神，我不能不和他打個招呼，我向他說了一聲「早」，又表示一點歉意：

「對不起，王先生，我打擾你了。」

他回頭望了我一眼，淡然地說：

「不必客氣，這座山又不是我私人的。」

「景雲寺的樓上本來只有你一個人，我住進來會不會妨礙你？」

「我們河水不犯井水，有什麽妨礙？」

「我聽說你愛靜。」

「我相信你也不是來趕熱鬧的。」他打量了我一眼。

「不錯，我很不容易跳出千丈紅塵，想不到你已經捷足先登。」

「請問你從什麽地方來的？」他望望我說。

「台北。」

「台北現在更熱鬧了吧？」

「就是沒有電車。」

「你捨得離開那樣的地方，一定有什麽原因吧？」他望着我說。

「我和別人不同，在哪裏都是一樣。」我說。

他又打量了我一眼，說：

「和尚有廟產，你在這裏大概也買了山？」

「生不帶來，死不帶去，有錢也不買，何況無錢？」

他聽我這樣說，讚賞地一笑：

「我看閣下和我倒有點兒臭味相投？」

我想不到他倒有幾分幽默感，也第一次看見他臉上有一絲笑容。我也高興地回答：

「榮幸之至。」

他指着附近的一塊石頭，說了一聲：「請坐！」我的脚有點瘦，他既不嫌我打擾，我就不客氣地坐下。

這山頂上看不到日出，因爲山外有山，東面的山比它高，却可以望見大海，西海岸的田野和一簇簇的人家。看落日倒是一個理想的所在。

早晨的空氣清新得很，呼吸多了台北的煤煙，再在這裏呼吸新鮮的空氣，就像帶着一身髒跳進清溪裏一樣舒暢。

「王先生，聽說你住在景雲寺很久了，你不寂寞？」

「寂寞的人住在鬧市還是寂寞。」他淡然一笑：「何獨深山？」

「你好像很忙？」

「我倒不覺得。」他望着我說：「看樣子你倒眞不輕閒？」

「和尚也要撞鐘，我總得做點事。」我笑着回答。

他粲然一笑，露出一排雪白整齊的牙齒。又打量了我一眼，問：

「你究竟忙些什麼？」

「爬爬格子。」

他哦了一聲，又打量了我一眼，歉然的笑了：

「恕我有眼無珠，原先我以爲你是個上山享享清福的大居士？」

「承你抬舉，可惜我沒有那麼大的福份，此地又非廬山，不能避暑。」

「大居士我見得很多，可連正眼也沒有瞧他們一下；倒是對你這位爬方格子的，有點歉意。」

的確，我上山以後，他一直沒有正眼看我，假如我不是事先對他有點瞭解，我眞會生氣。

「你天天嘀嘀嗒嗒，打些什麼？」我笑着問他。

「和你一樣。」

我有點驚奇，我們爬方格子的都是手工業者，還沒有人使用打字機，想不到他躲在山裏倒先用了？

他看我的表情有異，又接着解釋：

「我打的是英文，中文打字我還沒有學會呢。」

「那你是第二個林語堂了！」

「他在美國作寓公，我在山上作居士，我怎麼比得上他？」

「你在山上賺外滙，更了不起。」

「我一個月不過發表一兩篇短文，三兩百美金，差得遠。」

「那你用不着那麼忙？」他白天最少有一半時間在嘀嘀嗒嗒，我想他決不止生產那麼一兩篇短文。

「我打打改改，一篇稿子要打好幾次，另外我還在進行一篇長的。」

「你不用中文寫作?」

「我懶得嘔氣。」

「你在山上生活簡單，賺了美金也無處使。」

「我有個無底洞。」他輕輕地嘆口氣，臉孔又是那麽嚴肅沉鬱。

我問他是什麽無底洞?他突然站了起來，抱歉地說：

「對不起，今天我已經講得太多，我要回去了。」

他邁步下山，我很後悔問他那句話。生怕再引起他的不快，我不敢跟着他一道下去。

原先我們談得投機時，我以爲他正常得很，一點不怪，現在他怫然下山，我又有點迷惘了。

我回到景雲寺時，已經吃過了早飯。我悄悄地上樓，準備挨一頓餓，想不到悟明隨後提了飯盒進來，笑着問我：

「吳居士，你大清早跑到哪裏去了?」

「爬山。」我說。

「你也學他一樣?」他用手向對面一指。

「學他有什麽不好?」

「吳居士，我怕你也得神經病。」悟明說。

「悟明，你不瞭解王先生，他沒有神經病。」

「我看他有點神經兮兮的，不然又不是啞吧，怎麽老不講話?」

「今天他和我講了不少。」

「眞有這回事？」悟明驚奇地望着我。「師父待他那麽好，他也難得和師父講上三句話。」

「各人的緣份不同呀！」

「難道你和他特別投緣？我天天替他送茶送飯就沒有一點緣份？」

悟明的話問得很有道理，只是我沒有辦法向他解釋。

這天晚飯後，我又在走廊上散步，瀏覽風景，王先生忽然從窗口探出頭來，向我招招手，我眞有點受寵若驚，連忙繞了過去。

「對不起，請恕我早晨失禮。」他握着我的手說，他的手勁很大。

「沒有什麽，我實在不該那樣冒失。」我說。

他房子裏的陳設和我房裏一樣簡單，只是到處都是英文書報，最多的是Time, Look, Life, Reader's Digest, China Post. 桌上放着一架英文打字機，一部韋氏大辭典，和打了一張的稿紙，他的英文名字是Henry Wong。

「王先生，你眞是坐擁書城，我房子裏空空如也。」

「你剛來，我在這裏住了三年，自然變成了一個書報攤。」

「再過三年你就無處容身了。」他的房間和我的一樣大小，六個榻榻米實在容納不了多少東西。

「也許我會住一輩子！」

「我倒有此打算。」

「你準備出家？」他打量了我一眼。

「那倒未必。」我笑着搖搖頭。

「你也六根未淨？」

「要是六根清淨，那就一個字也寫不出了。」

「不錯，」他點點頭，「我在山上寫了三年，其實也只寫了一個字。」

「那一個字？」

「Love！」他像嘆氣般地嘆出這個英文字。

「其實不僅你只寫一個字，古往今來多少人嘔心瀝血也只寫一個字。」

他望望我默然不語，我隨卽用別的話打岔，同時邀他到我房裏來坐坐，幸好他沒有拒絕。

我把電晶體的收音機打開，他聽了欣然色喜，同時感慨地說：

「三年來我像個閉關的和尙，除了暮鼓晨鐘，青山綠水以外，無聲無色。」

「電影也不看一場？」

「收音機我都不聽，何況電影？」他搖搖頭，長髮飄飄。

「你的頭髮也該理了。」我指指他的長髮說。

「我兩三個月才下一次山，順便理一次，平時哪有心思想到它上面去？」

「我有刀片，你要不要刮刮鬍鬚？」我故意提醒他，我想他刮掉鬍鬚之後會相當英俊。

「免了，我連鏡子也懶得照。」他又搖搖頭。

他的年齡和我不相上下，精力旺盛，我想不出他爲什麽這樣抑鬱？可是我不敢再問，早晨的事我還耿耿於心。

我隨手把收音機撥動一下，收音機裏馬上播出「梁山伯與祝英台」的揷曲。最近幾乎家家電台都在播這種歌曲。本來我最討厭所謂「時代歌曲」，但是由於看過這部片子，印象很好，加之黃梅調在故鄉一帶非常流行，從小我也會哼哼唱唱，聽來非常親切，而這時又播的是樓台會，有點令人迴腸盪氣，所以我沒有撥過去。

「……我爲你，淚盈盈，終宵痛苦到天明。

……………………

我爲你，碎了心，哪有良藥醫心病……」

原先我以爲他不愛聽，想不到他越聽越聚精會神起來，聽到「春蠶到死絲方盡，英台呀，我不到黃河不甘心！」，他眞的「淚盈盈」了。

我把收音機關掉，笑着對他說：

「一曲梁兄哥，不知賺了多少人的眼淚。」

「這故事的本身就很感人。」他一抬手，抹掉眼角的淚珠。

「多少情場失意的男女，在電影院裏痛哭失聲，啊啊不停。」我把電影院的情形告訴他。

「本來，人生最難解脫的就是一個『情』字。」他輕輕嘆息一聲，又默然地走了出去。

我沒有送他。他走後我又把收音機扭開，收聽平劇，獨個兒沉浸於絲竹聲中。

亨利王的中文名字是王大中，他對廟裏的和尙仍然像個三緘其口的金人，臉上也毫無笑容，但是他和我的感情卻在漸漸增進，也許是整個廟裏只有我們兩個俗人？不過我們也只談些日常瑣事，和一些寫作上的問題，我知道他那部「苦雨戀春風」的大著已經打了四十多萬字，我希望他能成功，甚至得個諾貝爾文學獎，洋人不懂中文，但一定看得懂他的英文著作。可是他輕輕描淡寫地說「志不在此。」

一天下午我正在睡午覺，悟明忽然跑到我房裏來把我搖醒，煞有介事地說：

「吳居士，吳居士，我告訴你一個新聞！」

「新聞？」我揉揉眼睛望着悟明，心裏有點生氣，嘴裏却[redacted]不出好言語來。「[redacted]和尙廟裏還有什麽桃色新聞？」

「唉！」悟明像碰了一個橡皮釘子，摸摸光頭笑着說：「我們出家人還會有什麽桃色糾紛？這就出在你們居士身上了。」

「[redacted]你們廟裏總共只有王先生和我兩個俗人，難道我睡覺還睡出什麽桃色新聞來？」我從床上一躍而起。

悟明以爲我會揍他，連忙倒退兩步，紅着臉說：

「吳居士，剛才我說重了一點，其實也不是什麽桃色糾紛，是王居士的太太來了。」

王大中有太太？這對我倒是一個新聞，但我故作平靜地說：

「他太太來了有什麽稀奇？你爲什麽要那樣大驚小怪？」

「吳居士，怪不得，我們廟裏誰也不知道他有太太。我們以爲他是一個老光棍，老怪物，看他那麽窩囊，哪有女人要他？想不到他眞有太太，他太太還鬼迷了心竅，要他回去？你說這是不是奇事？」

我聽悟明的話有點刻薄，把王大中貶得太厲害，忍不住教訓他兩句：

「出家人要積點口德，你還年輕，懂得什麽？」

他的光頭上彷彿突然挨了一棒，他望着我一楞，[redacted]唸了一聲：「阿彌陀佛。」

我向外望了一眼，突然發現王大中和一個瘦女人的背影，像兩隻氣泡魚似地衝出山門。悟明也看見了。

「吳居士，我該沒有扯謊吧？」悟明又回過頭來望我一眼[redacted]說。

「王太太以前沒有來過？」我問他。

「我說了我們根本不知道他有太太的。」[redacted]

我有點納悶，我對王大中知道得太少。悟明[redacted]又自言自語地說：

「眞奇怪，有太太爲什麼住廟？」

「你去問你師父，他可以告訴你。」

「嗨！我師父才不和我講這些事[redacted]！他只教我唸阿彌陀佛。」悟明雙掌當胸一合。

我本來想把他支使出去，看樣子他還不想走，我便單刀直入地對他說：

「悟明，唸經是你的正事，你還是下去把金剛經唸熟吧，不然你師父又會罵你。」

他望了我一眼，不大樂意地走下樓去。

我走到王大中房裏去看了一下，書報亂七八糟，打了字的稿紙吹了一地，打字機上還夾着一張打了幾行的白紙。我將地上的稿紙檢了起來，按次序一張張疊好，用茶杯壓住。

天黑以後，王大中才回景雲寺，像一頭受傷的黑熊，頑強、沉默。

上樓以後，他將電燈扭亮，往桌邊的籐椅上一坐，雙手支頤，望着打字機出神。

我悄悄地走了過去，笑着問他：

「吃飯沒有？」
他搖搖頭。
「我去叫悟明送一份上來。」
「謝謝，不必。」他又搖搖頭。
我又和他講了一些不關痛癢的話，他心不在焉，彷彿沒有聽見，我這才轉入正題：
「聽說你太太來過？」
他點點頭。
「有什麽事嗎？」
「要我回家。」
「那很好，有家就不必住廟。」
「我一輩子也不回去！」他突然在桌上用力一搥，茶杯跳了起來。「我決心出家。」
「那又何必？」我說，「景雲寺已經有七八個和尚，不在乎多你一個。」
「老兄，你不知道我的痛苦！」他又在桌上一捶。
但是我不敢問他有什麽痛苦？停了一會，他重重地嘆了一口氣說：
「我們是南轅北轍，同床異夢，在一起有什麽意義？」
我不作聲，他又接着說下去：
「我的稿費幾乎全部給她，只希望她讓我在廟裏落個清靜，可是她還不放過我，今天又找上山來。」

隨後他又拉開抽屜，拿出一張女人照片給我，這是一個十分文雅深情的女人，我看了一眼，[illegible]不平地說：

「老兄也應該知足，有這樣的太太還鬧什麽意氣？」

他哈哈一笑，笑得比哭還悽厲。

「你以爲我會那樣混帳？煑鶴焚琴？」他睜大眼睛望着我，我不作聲，他從我手裏把照片搶了過去，望着它悽愴地說：「她是一位難得的紅粉知己，就是爲了我太太，才使我們心碎。」

「你是不是因爲她才和你太太感情破裂？」

「不！是我和太太無法相處以後多少年了才遇上她的。我曾經坦白地對我太太講過，希望彼此好來好去，不要作寃家對頭，可是她存心和我作對！」他停了一下，又指指照片：「結果她傷心另嫁，我來到深山住廟，我太太還不放過我，你說我除了當和尙以外還有什麽辦法？」

要是別的事也許我還能替他出個餿主意，但是遇上這種事我又有什麽辦法？不過我還是不贊成他出家，那會斷送他的文學生命。

這天晚上我們談了很久，我第一次看見他泫然落淚，我們的感情已經非常融洽，但是我沒有辦法打消他出家的念頭。

第二天，我突然發現他剃了一個和尙頭，鬍鬚也刮得光光的，我大驚失色，拉住他輕輕地問：「你爲什麽一定要這樣做？」

他眼淚奪眶而出，過了一會又反問我：

「你勸我不要出家，那你又爲什麽上山住廟？」

我一時語塞。

他從抽屜裏拿出一個大封套給我，我抽出一看，是他未完成的長稿，和那張他視如拱璧的照片，我怔怔地望着他，不知所措，他抹抹眼淚對我說：

「拜託你，你就當作是我的遺物。曹雪芹也沒寫完紅樓夢，你下山去後，我希望你作第二個高鶚，不要走我這條路。」

劉二爹

劉二爹挖了一下午菜園，有點累，剛坐在地上吸旱煙，一個二十來歲的年輕人興冲冲地跑來，連珠炮地說：

「二爹，二爹！祠堂面前比武，你去看看。」

說着，他就用手拖劉二爹，可是拖不動。劉二爹從嘴裏取下旱煙桿，悠閒地問他：

「比甚麼武？」

「比武就是打架，」年輕人性急地回答，隨後又加以修正：「不是眞的打，是打得玩。」

「誰同誰打？」劉二爹瞇着眼睛問。

「起先是日本人同日本人，現在是日本人同我們打，誰都可以參加。」年輕人說。

「你打過沒有？」劉二爹笑嘻嘻地問。

年輕人臉一紅，囁嚅地說：

「我打他們不過，那個日本人力氣好大！」

劉二爹一笑，在鞋底上敲敲煙袋，抬起頭來對年輕人說：

「打人家不過何必打？」

「人爭一口氣，佛爭一爐香，人家的洋槍大炮比我們厲害，我們認了！現在人家不用槍，不用炮，只和我們比力氣，如果我們也輸給人家，這口亡國奴的氣一輩子也出不了。」

「你打不過他們難道別人也打不過他們？」劉二爹又裝上一袋煙，笑瞇瞇地說：

「嘿！好幾個年輕力壯的人都敗下陣來，不然我怎麼會跑來找你？」年輕人跺着脚說。

「我老了，你找我有甚麼用？」劉二爹望着他笑。

「二爹，你和我們不同，」年輕人大聲地說：「你有武功。」

「嗨！」劉二爹一笑：「我這兩手三脚貓，要是在你這個年紀，還可以對付一兩個人，現在連你也對付不了。」

「二爹，你不要騙我，」年輕人一笑：「剛才我用力拉你就沒有拉動。」

「大概是我的屁股生了根？」劉二爹詼諧地說。

「不，二爹，你不要儘扯野話，快去！我們不能丟這個人！」年輕人着急地說。

「我還沒有撈到棺材本，你何必要我去送命？」劉二爹吸着旱煙說。

「二爹，保險你不會送命，你要是送了命我情願拿哭喪棒！」年輕人跺着脚說。

劉二爹一笑，慢慢地站起來，弓着背對年輕人說：

「來，我一身痠痛，你先替我搥搥背。」

年輕人馬上握起兩個拳頭，在劉二爹背上雨點般地敲打起來，劉二爹滿意地點點頭，伸直腰來對他一笑：

「我先和你說好，我只是同你去看看，決不動手。」

年輕人沒有辦法，只想哄着他去，便同意地點點頭。

劉二爹邊走邊吸旱煙，彷彿散步一般地悠閒。年輕人急着對他說：

「二爹，你老人家走快一點好不好？」

「老囉！走不動了。」劉二爹摸摸八字鬍鬚說。

年輕人急得直瞪眼，自己往前跑，跑了幾步又停住，回過頭來望望劉二爹：

「二爹，我求求你走快點好不好？」

劉二爹一笑，詼諧地說：

「水生，照你這樣急早該添孫子了，我看你連老婆還沒有討到手哩。」

年輕人臉一紅，走過來牽他。

「二爹，我牽你吧？」

說着他拖着劉二爹便跑，劉二爹脚步一停，他也走不了，他回過頭望着劉二爹苦笑：

「二爹，你老人家何必拿我開心？」

劉二爹哈哈一笑，拍一拍他的肩說：

「水生，我不拿你開心還敢拿日本人開心？」

「二爹，我要是有你這身本事，我早把那個日本人摔成肉醬了！」叫作水生的年輕人說。

「小孩子不知道天高地厚！」劉二爹教訓他一句。

「二爹，這些年來我們的氣已經受夠了，有機會爲甚麼不出口氣。」

「古人說忍得一時之氣，免得百日之憂，像你這樣毛手毛脚，還不吃大虧？」劉二爹又教訓他幾句。

「好，好，好，你老人家快走吧！」水生希望劉二爹快點去，只好接受他這頓教訓。

這是一個半城半鄉的市鎮，人口不少。劉二爹人還沒有走到，就望見劉家祠堂前面的空場上圍滿了人，站成一個大圓圈，大家都伸長頸子望着中間，彷彿看猴子耍把戲似的，只是沒有鑼鼓的響聲。

當水生帶着他擠進人堆裏，他看見一個中等身材，光頭，打着赤膊，束着帆布寬腰帶，穿着黃呢馬褲的日本人趾高氣揚地站在空場當中，他的肌肉結實得很，彷彿子彈都打不進去。

「就是這個傢伙。」水生輕輕對劉二爹說。

劉二爹悠閒地吸着旱煙，沒有作聲。

人堆裏也鴉雀無聲。

突然一個翻譯問大家：

「還有沒有人敢和中村比一比？」

人堆裏沒有反應，水生輕輕地推推劉二爹：

「二爹，你去，你去！」

劉二爹笑笑，仍然悠閒地抽着旱煙。

旁邊的人在議論紛紛，有的說：

「中村這傢伙力氣眞大，一連打倒五六個後生。」

有的在唉聲嘆氣地說：

「唉！我們中國人眞不行！洋槍大炮比不上人家，連空手打架也打人家不過，難怪人家欺侮我們！」

那個剃頭的中國翻譯看看沒有人出來，便說：

「再等兩分鐘，如果沒有人敢出來，今天這場親善比賽就結束了。」

水生急得滿頭大汗，又推推劉二爹說：

「二爹，我們不能丟這個人，你快點出去，扳回面子。」

「你急甚麼？」劉二爹看了水生一眼：「我不相信你們後生這麼沒有出息，還要我這個老骨頭動手？」

說過以後他仍然咬着旱煙袋，悠閒地抽着。

「二爹，你不要小看了中村，」站在劉二爹附近的一個四十來歲的人說：「我看他不只有幾斤蠻力，好像還學過兩手？」

「他學的是那一路？」劉二爹笑着問那個人。

「我看不出來，」那人搖搖頭：「只覺得同我們中國人的路子不同，他很會摔。」

劉二爹用力吸了一口煙，然後向那人一笑：

「聽你這樣說，如果我們眞沒有人出場，我倒要會會他。」

「二爹，讓我說句眞話，」那人向劉二爹一笑：「要是在二十年前，我也會慫恿你出揚，現在你上了年紀，犯不着囉！」

「我也但願年輕人不個個草包。」劉二爹沒有生氣，反而心平氣和地說。

中村在場子裏扭動膝蓋和腰部，完全是一副目中無人的氣概，隨後又伸直身子環視四周，看看還沒有人出場，便準備「收兵」，那個翻譯連忙替他把上衣披上，一副脅肩諂笑的樣子。劉二爹正準備把旱煙桿往腰上插，想不到羣衆中突然閃出一個三十來歲的壯漢，笑着對翻譯說：

「我來試試看。」

中村點點頭，翻譯連忙把中村的上衣拿下，對那個壯漢說：

「你把短棉襖脫掉。」

那壯漢脫下短棉襖，只留一件貼身的大藍布襯褂，翻譯又對他說：

「打赤膊！」

「我不歡喜打赤膊，這樣可不可以？」那壯漢笑着問翻譯。

翻譯請示中村，中村點頭同意，翻譯冷笑地對壯漢說：

「我坦白告訴你，不打赤膊你會吃虧！」

那壯漢淡然一笑，他看見中村腰上有一根綑得很緊的寬帆布帶，他也在地上檢起他那根綑短棉襖的藍布腰帶，把藍布襯褂攔腰綑緊。

當他出場時，觀衆中引起一陣小小的騷動，有的人躭心，有的人稱讚，躭心的人說：

「羅老大沒有練過武，恐怕也不是中村的對手？」

稱讚他的人說：

「羅老大力大如牛，能挑兩擔黃豆走五里路，三百二十斤老秤，不是假的。我們這些人有那一個挑得起？」

兩派人唧唧喳喳，議論紛紛，翻譯突然大聲地對羅老大說：

「你準備好了沒有？」

「不就是這個樣子？」羅老大向翻譯傻笑。

翻譯又問他：

「你懂不懂得規矩？」

「什麼規矩？」羅老大問。

「不管是誰，只要把對方摔倒，或者是按在地上就算贏。」翻譯說：「不准老壓在對方身上不爬起來。」

「我懂。」羅老大笑着點點頭。

於是，中村向他一步步走來，步子穩健得很，大家都替羅老大揑一把汗。

羅老大站着不動，準備迎敵。

當中村接近羅老大時，突然游走起來，羅老大也只好跟着游走。

羅老大的塊頭比中村高大，肩膀也比中村濶，看樣子他並不膽怯。可是中村比他老練，狡猾，中村是個角力老手，羅老大毫無經驗，只是小時候在放牛場裏偶爾和放牛的孩子打着玩過，這十幾年來只是挑擔。可是挑擔也有一個好處，使他兩個肩膀特別有力，椿子也踩得特別穩。

中村突然覷着一個機會，迅速地向羅老大一衝，抓住了他的藍布腰帶，提起就摔，可是羅老大的椿子穩得很，沒有被中村提起來，但他也抓不住中村的腰帶，中村的肉很滑，他的手抓不住，兩人就肩頂肩在場中磨來磨去。

大家看中村一下沒有把羅老大摔倒，立刻高興起來，因爲以前幾個年輕人都是被中村抓住腰帶，一提，一摔，人就放倒在地上，沒有多費一下手脚。

「羅老大，快點抓住中村的腰帶！」有人在提示羅老大。

但是中村很狡猾，很會閃避，而且隨時進攻。

劉二爹咬着旱煙桿，欣賞兩人的角力。旁邊的人輕輕地問他：

「二爹，你看怎樣？」

「這眞是兩條蠻牛。」劉二爹一笑。

羅老大費了很多功夫，右手終於抓住了中村的腰帶，他牙一咬，突然把中村提了起來，使中村頭下脚上，然後把中村往地上一按，像按住一隻大青蛙。

大家馬上歡呼鼓掌。

中村悻悻地爬起來，向翻譯講了兩句話，翻譯馬上對羅老大說：

「中村要你再和他比一次，現在休息一下。」

於是那個翻譯用毛巾替中村擦汗，又捧着茶壺讓中村喝茶。羅老大沒有毛巾，抬起藍布襯褂的袖子擦汗。觀衆覺得他這件藍布襯褂吃了很大的虧，很容易被中村抓住，他有好幾次掙脫了中村的手，可是衣服又被中村抓住，因此有人大聲對他說：

「羅老大，把褂子脫掉，打赤膊！」

羅老大馬上把褂子脫掉，向場邊一拋，又把藍布腰帶綑緊，用自己的手指向腰帶裏面插了幾下，沒有插進，他滿意地傻笑了。

中村彷彿一個打足了氣的足球，又向他走來。這次他可不被動，中村一走近，他就向前一衝，一下就抓住中村的腰帶，中村卻沒有抓住他甚麼，只見他雙手一舉，把中村高高地舉了起來，然後用力一甩，叭噠一聲，中村跌在五六尺外，悶哼一聲。

大家立刻歡呼起來。劉二爹取出嘴裏的旱煙桿，笑瞇瞇地說：

「羅老大這一手倒很要得！」

中村在那個翻譯和另外幾個日本人扶持之下，垂着頭走開了，大家也一哄而散。有幾個年輕人簇擁着羅老大走了。

「二爹，幸好半路殺出一個程咬金，來了一個羅老大，不然我看你也得出場？」水生笑着說。

「我說了你不要急，年輕人總不會個個像你這樣草包。」劉二爹笑着調侃水生。

水生的臉一紅，過後又請求地說：

「二爹，你能不能教我兩手？」

劉二爹哈哈一笑，望了他一眼：

「你？」

「二爹，我不能學？」水生惶惑地問。

「你呀！」劉二爹叭了一口煙說：「我怕出人命，我可不隨便教人。」

「二爹，你看左了。」水生不大高興地說。

「我看左了？」劉二爹又哈哈一笑：「我問你，如果別人朝你臉上吐口痰，你受得了嗎？」

「二爹，難道你受得了？」水生奇怪地問。

「哼，」劉二爹一笑：「人家要我喝尿我都喝過了。」

「二爹，眞有這回事？」水生抓住劉二爹的臂膀直搖。

「我還騙你？」劉二爹望了水生一眼說。「你知道張百忍的故事嗎？」

「二爹，作人作到那種地步還有甚麼意思？」水生鄙夷地說。
劉二爹哈哈地笑了起來，笑過之後又說：
「如果張百忍不是最後那一忍，第二天早晨他新媳婦床上怎麼會睡着一個金人？」
「二爹，你是不是想做張百忍？」水生睜大眼睛問。
劉二爹哈哈大笑，把旱煙袋在鞋底上一磕：
「我還差得遠呢！」
水生的興頭已經過去，聽劉二爹越說越沒有意思，便找了一個藉口跑開。
第二天他又興冲冲地跑來找劉二爹，告訴劉二爹說：
「二爹，警備隊在祠堂門口貼了紅紙條子。」
「甚麼事？」劉二爹問。
「今天下午擧行人狗比賽，不問生死，只問勝負。」
「那是怎麼一回事？」
「二爹，你知道警備隊那條狗吧？」
「知道。」劉二爹點點頭。
「要是狗咬死了人，警備隊不負責；要是人打死了狗，警備隊還賞五十斤鹽。」水生說。
「怎麼打法呢？」劉二爹笑着問。
「赤手空拳。」水生加重語氣說。
「那有那樣的傻子？」劉二爹一笑。「誰不知道那條大狼狗厲害？」
「可是有五十斤鹽哪！」水生大聲地說：「二爹，你知道那要抵十擔芝蔴，十二擔黃豆哇！」

「那也犯不着去送死呀？」劉二爹一笑。

「二爹，人爲財死，鳥爲食亡，說不定有人出場，到時候你看好了。」

「嘿！」劉二爹把旱煙袋在磚頭上用力一磕：「那條狼狗受過訓，不知道咬死過多少人，你勸勸那些冒失鬼，不要輕舉妄動。」

「二爹，五十斤鹽實在誘人，」水生笑着說：「我要是有你一身本事，我一定試試。」

「小鬼頭！」劉二爹把旱煙袋在水生頭上敲了一下：「你不要想拖人下水，我白活了幾十歲，還會上你的當？」

水生摸摸頭直笑，邊摸邊說：

「二爹，我長了這麼大，從來沒有看見你同別人交過手，你就同那條狗走幾招給我看看？」

「我還想多活幾年哩！」劉二爹哈哈一笑說。

「二爹，你罵我是草包，我看你也是一個洩了氣的皮球？」水生激他。

劉二爹一點也不生氣，反而望着水生微笑。過了半天才說：

「你不懂。」

「二爹，以前人家要你喝尿，你喝，我看現在人家要你吃屎你也會吃。」水生說了這幾句話就一溜煙地跑開。

劉二爹哈哈一笑，隨後又自言自語地說：

「年輕人眞不知道天高地厚。」

這天下午，劉二爹又在挖菜園，水生又跑了過來，要他去看人狗比賽，劉二爹說他沒有空，不去，水生卻拖着他說：

「菜園包在我身上，你一定要去看看。」

「眞有那些獃子想和狗打架？」劉二爹笑着問。

「還不是爲了那五十斤鹽？」水生說：「嘿！五十斤鹽可以吃幾年，這幾年我們口裏淡出水來。要是拿去賣也値一筆大錢。」

「不要財迷了心竅，鬧出人命。」劉二爹放下鋤頭說。

「你去看看，」水生趁勢把劉二爹一拖：「說不定你會想出一個法子，贏回那五十斤鹽。」

「我倒不想那五十斤鹽，」劉二爹從藍布腰帶上抽出旱煙桿，上了一袋煙，邊吸邊說：「我是怕那些冒失鬼送命。」

於是他們兩人又一道趕到劉家祠堂前面的空地上，那裏又圍滿了人。

水生和劉二爹擠到前面一看，那個翻譯和幾個日本兵坐的凳子前面放了半麻袋鹽，那隻幾乎和豹子一般大小的黑背脊、白肚皮的大狼狗，正張着大嘴巴，伸着鮮紅的舌頭，露出四顆寸把長的銳利的獠牙，在場子裏目空一切地走來走去，它的脚踩在灰土地上露出一個個大梅花印子，看起來它的脚比豹子的脚還要高。

本來有好幾個年輕人躍躍欲試，但一看見它這副樣子就膽寒，覺得它比中村可怕得多，難應付得多。中村他們尚且鬬不過，這隻大狼狗就更不必說了，因此沒有一個人敢走進場子裏去。他們心裏想：要是准帶一根棒子就好，因此有人提議：

「可不可以拿根棒子？」

翻譯把這句話告訴那幾個日本兵，他們馬上笑了起來，其中一個會講幾句中國話的日本兵說：

「這不公平。」

「它有獠牙。」一個青年人說。

「你也可以咬它。」那個日本兵說着笑了起來。

那個青年人不再講話，大家都噤若寒蟬，更沒有一個人敢走出來。

那幾個日本兵笑着拍拍鹽包，中村站了起來，繞着人牆走了一遍，突然發現羅老大，便指着他說：

「你，你！」

那個翻譯馬上趕了過來，問了中村幾句，便對羅老大說：

「你敢不敢出來比賽？」

羅老大本來也想得那包鹽，但是沒有足夠的勇氣，經中村和翻譯這一挑逗，好勝心和那一包鹽加在一起，他便大步走了出來。劉二爹馬上勸說：

「羅老大，不要冒失！」

羅老大有點猶疑，便問那個翻譯：

「要不要脫衣服？」

「不必。」翻譯搖搖頭。

羅老大膽子又壯了起來，他仗着穿了短棉襖棉褲，因此他回過頭來對劉二爹說：

「二爹，讓我碰碰運氣。」

說着便走向場子中間。劉二爹又大聲地對他說：

「你要特別小心，狗不是人。」

羅老大笑着點點頭。

於是中村把那隻狗叫到他們的座位那邊去，對它講了幾句話，然後用手拍拍它。

狗和羅老大距離約有二十公尺。

翻譯問羅老大準備好沒有？羅老大拔拔布鞋，緊緊藍布腰帶，回答一聲：

「好了。」

於是中村對狗輕輕地發了一聲命令，牠便向羅老大一步步走來。

牠兩眼閃着綠光，尾巴向後拖着，姿勢取得很低，慢慢走了十來步，便像箭樣地向羅老大射去，在羅老大面前一丈多遠的地方又騰空一躍，跳起五六尺高，直向羅老大迎面撲去，羅老大嚇得連忙倒退兩步，那條大狼狗剛好落在他的脚前，一口咬住他的腿子一摔一拖，羅老大便哎喲一聲倒了下去。

觀衆中馬上一陣騷動，女人孩子都哭叫起來。

狗咬着羅老大不放，羅老大痛得在地上打滾，劉二爹連忙衝了出去，把旱煙桿往場中一拋，舉起手對日本兵說：

「我來！」

中村看了他一眼，冷笑一聲，便發了一聲命令把狗召回。

狗的嘴上染滿了羅老大的鮮血，水生看了心驚膽顫，連忙對劉二爹說：

「二爹，快回來，不要去！」

劉二爹回頭瞪了他一眼，厲聲罵他：

「怎麼？你你現在怕了？不知道天高地厚的東西！」

水生從來沒有看見劉二爹這麼瞪過眼，從來沒有聽見他這麼駡過人，他羞愧得頭都抬不起來。

一羣青年人把羅老大抬出場去，地上有一灘鮮血，他腿上的血還一滴滴地往外流。

劉二爹望了羅老大幾眼，咬咬牙，一臉孔的嚴肅，堅決。

日本兵看他是一個中等身材的瘦老頭，一點也不起眼，臉上都浮着一層鄙夷的冷笑。那個翻譯卻同情地對他說：

「老頭兒，剛才的情形你看見了？這是要命的！」

「前天我滿了五十歲，今天死也不算短壽。」劉二爹拱拱手笑着回答。

那個翻譯臉上有點尷尬，便對劉二爹說：

「那你要好好準備？」

「除了棺材板以外，我甚麼都準備好了。」劉二爹向翻譯一笑。

翻譯低頭和日本兵唧噥了一陣，然後回過頭來對他說：

「老頭兒，你站好。」

「我站好了。」

「你要站到羅老大那個位置去。」

劉二爹移動了幾步，走到羅老大先前那個位置，鄭重地對翻譯說：

「要是我死了，那沒有關係，要是狗死了，那怎麼辦？」

「也沒有關係。」翻譯說。

「你的話不能算數，你問問日本人看？」

翻譯不大高興地和日本人說了，那個會說幾句中國話的日本人馬上站起來說：

「狗死了你沒有責任，還可以贏五十斤鹽。」

他臉上掠過一絲冷笑，又補充一句：

「只怕你要送掉老命！」

「我的命不值錢，」劉二爹也冷笑地回答：「你放牠過來吧！」

這時觀衆都緊張起來，膽小的女人孩子都悄悄地溜走，水生更心驚膽顫，哀求劉二爹說：

「二爹，你快過來吧，不要比了。」

「沒有出息的東西！你跟我滾回去！」劉二爹大聲罵他。

水生不敢再作聲，其他的人也屏息着靜待事情的發展。

中村給大狼狗吃了一塊鮮牛肉，又拍拍牠的頭，等牠休息夠了便在牠耳邊輕輕地講了幾句話，然後作了一個手勢，牠便向劉二爹走來。

劉二爹穿着打了補釘的黑布短棉襖，腰上繫了一根藍布腰帶，下身穿着紮了脚管的破夾褲，脚上穿了一雙舊布鞋，沒有穿襪子。

他氣定神閒地站着，靜靜地注視那條大狼狗向他逼近。當狗像先前一樣衝過來騰身一躍時，劉二爹把身子一矮，馬步向前一移，身子一旋，大狼狗便從他頭頂上撲了過去，他卻伸手一撩，抓住了那條大狼狗的一條後腿，像舞龍燈一樣揮舞起來。

大狼狗脚不沾地，身子懸空，嘴巴朝外，一點沒有辦法，只會嗥嗥叫。劉二爹牙齒一咬，伸出另一隻手來抓住狗的另一條後腿，兩手用力一分，大狼狗慘叫一聲，後半身活活分開，腸子都流了出來。劉二爹把它往地上重重地一摔，罵了一句「畜生！」，便拾起旱煙桿走開。

這時觀衆大聲歡呼起來。

日本兵在看見劉二爹抓住狗的後腿時便大驚失色地站了起來，看見狗像個死蛤蟆樣地摔在地上，便奔喪般地圍了過來，非常痛惜地望着牠。

那個翻譯看見劉二爹走開，便叫住他：

「老頭兒，不要走。」

劉二爹以爲是找麻煩，便昂然站住，神情嚴肅威容滿面地望着那個翻譯，翻譯和日本兵唧噥幾句，便回過頭來指着鹽包對劉二爹說：

「你把鹽拿回去。」

「我不是爲了五十斤鹽來冒這個險！」劉二爹鄙夷地說，然後大踏步走開。

異鄉人

一

菜花黃，麥子抽穗的日子，突然來了一個陌生人，而且是個當兵的。

當他從壩上走下來時，由於他那身與衆不同的灰棉軍服，很快地便被發現了。在地裏工作的男人們，停止了工作，老遠就用眼睛盯着他；而在地裏拔野蒜的大姑娘和小孩子們，一看清楚了他是個當兵的，雖然相隔還有半里路，便驚驚慌慌地跑回家，而且邊跑邊叫：

「兵來了！兵來了！」

膽小的女人們一聽說「兵來了！」，在大門口張望了一下，便驚驚慌慌地把大門一關，而且抬張大方桌把大門抵住，把孩子一推說：

「快點躲到馬桶角下去！」

她們自己卻躲到灶下，在鍋底下撈把鍋烟，往臉上一摸，馬上變成了一個母夜叉，不知道有多醜！她們不時又好奇地把那張母夜叉的臉，貼着廚房的小窗孔向外張望，望見那個當兵的漸漸走近，他的後面悄悄地跟了幾個男人。

當他走進村子時，後面跟着的幾個男人，便慢慢向他圍攏，他們手裏都有一丈多長的鋤子。他的灰棉軍服很薄，有幾處還露出了棉花。他的個子高大，身體結實，但他看看幾個男人懷着敵意圍住他，他有點膽怯。

他頭上沒有帽子，他勉強堆着一臉笑容，向那幾個圍着他的男人作作揖說：

「老鄉，俺不是壞人，請你們放心。」

「你是南軍，還是北軍？」我堂兄問。

他愣了一下，似乎不大瞭解南軍北軍的意思，過了一會突然領悟過來，抱歉地一笑：

「俺不是革命軍，俺是孫傳芳的部下。」

「聽你的口音就知道你不是南軍。」我堂兄說。

「原來是個傍子！」王老三說。

「老鄉，俺現在不當孫傳芳的部下了，」他看看大家對他沒有好感，馬上解釋：「不過俺有幾個月沒有關餉，沒有盤纏回家，聽說貴地人好，富足，俺想打打長工，弄幾個盤纏回俺老家。」

果然，大家聽他這樣說，便有點同情起來，互相望望，但是也沒有誰答應請他，因為開天闢地以來，就沒有誰請過外鄉人當長工，猶其是北方傍子。

他看看沒有人答應，顯得有點失望。王老三卻對大家說：

「我們不要上他的當，先搜搜他的身上看看有沒有傢伙？」

「你是吃糧的傍子，俗語說知人知面不知心，我們還不知道你身上有沒有藏盒子砲？你應該先讓我們搜搜。」我堂兄說。

「盒子砲沒有，裁刀子倒有一把。」他坦率地說：「不過這不是作壞事的，是俺防身的。」

「那你把它交出來。」王老三說。

「俺交是可以交出來，」他望望王老三說：「不過你們不能報信，俺老實說俺是個逃兵。」

「好，我們決不報信。」大家同聲說。

他又望了大家一眼，然後伸手從褲脚綁帶裏抽出一把六七寸長的鋒利的匕首，往地上一拋說：

「俺說了俺不是壞人，你們現在總該放心？」

大家望望鋒利的匕首，又望了他一眼，表示驚奇與好感，王老三特別細心，又問了一句：

「你身上眞的沒有盒子砲？」

「俺又不是當馬弁，那有盒子砲？」他向大家憨直地一笑。

「你在北軍裏是幹甚麼的？」我堂兄問。

「俺既不是當馬弁，又不是當伙頭軍，俺是拿毛瑟槍打仗的。」

「你貴姓？」

「俺姓李，」他看見大家的態度漸漸友善起來，也顯得比較愉快。[redacted]

「你讀過書沒有？」

「沒有，」他笑着搖搖頭：「俺一個大字不識。」

「你家在甚麼地方？」

「俺家在李家莊。」

「遠不遠。」

「總有一兩千里路，」他揣摩地說：「在黃河邊上。」

「你家還有甚麼人？」

「只有一個老娘。」

「你想當長工，會不會做莊稼？」我堂兄問。

「俺本來就是莊稼人。」他坦率地說。

「那你爲甚麼吃糧？」王老三問。

「黃河冲走了俺幾畝地，不吃糧又幹啥？」他向我堂兄苦笑。

「炮子沒有長眼睛，你不怕送命？」王老三說。

「炮子打死比餓死強。」他憨直地一笑。

大家一陣沉默，內心裏興起一股同情。過了一會彼此互問：

「你家裏要不要長工？」

有的說不要，有的猶豫不決，最後王老三對我堂兄說：

「轉眼就要收割了，我看你一個人實在忙不過來？」

「這事我不能作主，要等我爹決定。」我堂兄回答。

「那就把他帶給你爹看看再說。」王老三慫恿地說。

於是我堂兄俯身檢起地上的刀子，眞的把他帶回家去。

孩子們早已陸陸續續地跑了出來，一看見我堂兄把他帶回家，又好奇地跟在後面，指手劃脚，唧唧喳喳，像一羣痲雀。

我堂兄讓他坐在大門口的一條長凳上，倒了一大盌茶給他喝，他感激地雙手捧着，像喝糖水樣咕嚕咕嚕地牛飮下去。

我伯父在屋後菜園裏種瓜，我堂兄跑去找他，告訴他這回事，我伯父卻鼓着兩眼罵他：

「你發了瘋！要請長工我也只請屋門口的人，怎麼能請一個傖子？一個逃兵？」

「他人很好。」我堂兄說。

「很好？」我伯父的手指頭幾乎指到我堂兄的鼻尖上說：「我告訴你！你不要惹禍上身！現在外面亂紛紛，我不管他是南軍北軍，不惹他們。」

這一盆冷水澆得我堂兄楞頭楞腦，他還記得前幾天江對岸過了一整天兵，像螞蟻搬家似地連綿不斷，輪船上也載着成千累萬的灰衣人，不知道是南軍還是北軍？但是他已經把人家帶到家裏來了，又怎樣打發人家走路呢？何況人家怪可憐的？

「爹，我看人家實在很老實，不信你自己去看看？」我堂兄終於鼓起勇氣說。

「吃糧的不都是痞子赤膊鬼？還有甚麼老實人？」我伯父不以為然地說。

「他說了他是種莊稼的，我看他也不是那種游手好閒的人。」

「我不信！」伯父用力搖搖頭。

「爹，我說話空口無憑，人在前面，你自己去過過目好了。」堂兄開始以柔克剛。「而且他不但人老實，又身長力大，真抵得上一條水牛！」

伯父被堂兄最後一句話打動了心，他知道一條水牛對他是多麼重要？他本來有一條大水牛，還想再買一條，一則是牛販子索價太高，二則他還沒看到一條頂合適的牛，既然人能抵得上水牛，當然比水牛更有用了。

「他有那麼大的力？能拖車嗎？」伯父的八字鬍翹動了一下。

「爹，他是傖子，的確身長力大，他一個人最少抵我兩個。如果你真要他拖車，你也該去駕駕軛？」堂兄慫恿地笑着。

伯父眞的被堂兄打動了，他笑着把鋤頭一放，摸摸八字鬍，又從腰間抽出旱烟桿，裝了一袋烟，點燃，猛力吸了一口，便尾隨着堂兄走到前面來。堂兄走得非常輕快，他幾乎跟不上，笑着罵了堂兄幾句：

「雜種，我又不跟你賽跑，你搶甚麼？」

堂兄回頭向他一笑，便把脚步放慢下來。

很多人圍着侉子問長問短，連女人也插嘴詢問，她們不再怕他，有的女人都忘記了把臉上的鍋烟擦掉，因此看起來很可笑。

堂兄帶着伯父擠了進來，指着他對侉子說：

「這是我爹，我已經把你的意思說了。」

侉子立刻站了起來，笑着向伯父拱拱手說：

「老太爺請你作作好事，俺沒有盤纏回不了老家，想打兩年長工賺幾個盤纏回去。」

伯父向他全身上下打量了一眼，看他比自己差不多高一個頭，自己已經相當高了。他的身體又粗又壯，肩膀很寬，眞結實的像一條沒有閹過的牯牛，心裏便有幾分歡喜，但他還是矜持小心地問侉子：

「你會不會給我惹麻煩？」

「你放心，俺決不會惹麻煩，」侉子鄭重地說，又拍拍自己的衣服：「你看，俺除了這身破軍裝之外，沒有拐帶任何東西。」

「你會不會做莊稼？」伯父又問。

「會，會，」侉子連忙點頭：「俺說了俺是莊稼人。」

伯父又打量了他一眼，然後指指附近的一個大石滾說：

「看樣子你有點力氣，你搬搬那個龐石滾給我看看？你儘力而爲好了。」

那個大龐石滾是用牛拖着輾麥子用的，很多青年人都搬不起來，力氣最大的也只能搬到膝蓋高，便再搬不上去了，這個大石滾等於是考驗青年人力量的試金石，力氣不夠的人連試也不敢去試。

侉子聽了伯父的話便向伯父笑笑，走了過去。他看了石滾幾眼，便彎下腰去，兩手扣住兩端承木軸的洞眼，輕輕易易地端到齊腰高。伯父看了直摸他的八字鬍鬚，又笑着對侉子說：

「你走幾步給我看看？」

侉子便端着石滾走來走去，臉都不紅一下，伯父的眼睛卻越睜越大，他正想叫他放下時，他卻把石滾往脇下一挾，一隻手挾着，走了幾步，然後突然把身子一旋，隨手一甩，把石滾甩了出去，跌在地上有三四寸深的印子。

「爹，我說他抵得上一條水牛吧？」堂兄得意地在伯父耳邊輕輕地說。

伯父兩個指頭捻着右邊的一撇鬍鬚，笑着點點頭。

大家都以驚奇的眼光望着侉子。

侉子笑着走過來，對我伯父說：

「老太爺，俺只有這幾斤蠻力，你看怎樣？」

「你的力氣很大，我們這裏的後生還沒有人抵得上，」伯父笑着回答：「不過你們貴處種莊稼的方法或者和敝處不同，因此，我答應請你，但第一年的價錢不能太高，只要你做得好，第二年我一定加，不曉得你的意思怎樣？」

「俺沒有打算發洋財，只想賺幾個盤纏回老家，隨你好了。」侉子說。

「你在外面吃糧多少錢一個月？」伯父問。

「七塊半。」侉子說。

「那這樣好了，」我伯父說：「我一年給你六十塊錢大洋，這是普通價錢，決不相欺，年底我另外送你三套衣服，一套棉的兩套單的，你願不願意？」

侉子點點頭。

我伯父看他除了身上的露出棉花的灰棉軍服之外，似乎別無長物，打量了他一眼之後又問他：

「你有沒有便衣？」

侉子尷尬地搖搖頭。

伯父卻以長輩的口吻說：

「你不換套便衣就這樣逃跑，萬一被他們抓到了，你的腦殼豈不要搬家？」

「你們南方人討厭俺北方人，不肯借便衣，俺有啥辦法？」侉子憨直地苦笑。「俺所以帶了一把刀子，就是防備上面派人抓。」

伯父望了那雪亮的刀子一眼，然後拿在手裏，笑着對他說：

「我們這裏不作興用這個東西，我代你保管好了，日後你走的時候你要我再給你。」

侉子笑着點點頭。

就這樣，侉子被我伯父收留了。

從此，大家叫他侉子或是老李，沒有誰問他的名字。

二

侉子老李穿着我堂兄的衣服又小又緊，綳在身上非常難看，顯得非常笨拙，我伯父看着把八字鬍鬚一摸，一笑：

「嘿！老李，我答應你三套衣服，起碼要買四套衣服的布。」

「俺就是這麼一個大飯桶！」老李也向我伯父傻笑。

他說他是個大飯桶一點不錯。農忙時我堂兄也只能吃三大海盌飯，這已經足有一升多米，可是老李第一頓就吃了四大海盌，最後很不好意思地自己放下盌筷，看樣子他還能吃一大海盌。

飯後，我姣小的堂嫂悄悄地對堂兄說：

「嘿！老李一頓要吃兩升多米，吃都要被他吃窮，你怎麼把這麼個薛仁貴弄到家裏來？」

「不要着急，吃得做得。」我堂兄笑着回答。

「你知道他吃一頓，我要吃兩天？」我堂嫂皺皺眉說。

「妳怎麼能和他比？他能搬得起大石滾，你連推也推不動。」

「我看他是一條牛，就只少了兩隻角？」堂嫂也不禁好笑。

「但是我們不能給他吃草。」堂兄笑着說。

「那我們可以少買一條牛？」她說。

「妳倒會精打細算。」堂兄一笑。

「你請這麼一個大飯桶，我不精打細算怎麼行？」堂嫂賣弄地說。

「他做起事來你就會知道我們並不吃虧。」

果然，堂兄的話沒有錯，晚飯前老李第一次做事，那是堂兄每天最後的工作——挑水。老李爲了找點事做，便先把這個工作接替下來。當堂兄把水缸邊那擔能挑一百六十斤的大水桶指給他看時，他笑着問：

「還有沒有大的？」

「這就是最大的了！」堂兄回答：「這一帶要算我家的水桶最大，沒有再大的了。」

老李笑着把扁擔挽好，又隨手拿了一個能提三四十斤水的大提桶，往扁擔頭上一掛，便挑着走了。

當他從一百多公尺遠的大水塘裏，一手扶着扁擔，一手提着提桶，一閃一閃地挑着水走回來時，我堂嫂和其他的女人都站在門口看，而且議論紛紛。

「他挑起來好像不費力嘛！」

「這個傢子眞有一把牛力！」

「張嫂嫂，你家裏眞兜着了，請一個當兩個！」王老三的大妹子桃花笑着對我堂嫂說。

「妳就不曉得他一頓吃幾海盌飯？」堂嫂向桃花一笑。

「你還怕他吃窮了？」桃花也向堂嫂一笑：「三月一收割啥，夠他吃幾十年囉！」

「妳別瞎扯好吧！」堂嫂在桃花的背上拍了一下：「當初妳家裏怎麼不請他？」

「只怪我哥哥沒有眼力呀！」

「妳怎麼不獻獻計呢？」

「嘿！先前看他穿一身老虎皮，我駭得躲到馬桶角裏不敢出來呀！」桃花壓低聲音說。

「妳現在不怕？」堂嫂問她。

「他換了裝也和我們這裏的人一樣呀！有什麼可怕的？」桃花說。

傍子老李越走越近，她們就停止談話了。

老李看有這麼多女人站在門口看他，顯得有點不好意思，本來臉不紅，這一來他反而紅臉了，紅得簡直像個關公。

當他把水挑進屋裏，桃花悄悄地說：

「嗨！這麼大個男人還害羞？」

傍子把水嘩啦嘩啦地倒進缸裏之後，又挑着水桶出來，臉上還有點紅，他硬着頸子走向塘邊，衣服小，肩上和全身的肌肉更顯得突出，眞健壯得像一條未閹的公牛。

桃花兩眼直瞪瞪地望着他的背影，如醉如痴，我堂嫂看了一笑，在她背上輕輕一拍說：

「一個大閨女，怎麼這樣看男人？」

桃花如夢初醒，滿面緋紅，揚起手來打了我堂嫂一下，隨卽身子一扭，辮子一甩，頭一低，像隻受驚的兔子樣地跑回家去了。

於是大家都笑了起來，有人笑着埋怨我堂嫂說：

「妳也眞缺德，何必當面點破？」

「我看桃花兒有點騷，」堂嫂輕輕一笑：「先點破好，免得她日後勾勾搭搭，弄得傍子無心做事。」

「該死的！你想得也眞週到。」有人笑罵堂嫂。

老李又挑着水回來，仍然紅着臉。他進屋之後，女人們彷彿看足了西洋鏡似的滿意地散了。

平時我堂兄要挑六擔水，才能挑滿那口大缸，老李只挑五次就盛不下，還多餘大半桶和一提桶。我堂兄看過之後笑着對堂嫂說：

「怎樣？老李的飯沒有白吃吧？」

堂嫂笑着白了堂兄一眼說：

「你請的人總是好的。」

堂兄對老李確實很好，老李作事也特別賣力。

老李來後，堂兄就輕鬆多了，不但一切雜事有老李代勞，收割時老李的表現尤其好。

老李不但會割麥，而且割得特別快，鐮刀一揮，一大把麥稈就嚓的一聲斷了，看他彎着腰只聽見嚓嚓的響，一方丈圓的地區一眨眼就割光了，而且樁子又矮又齊，像刀削的一般，不是那種狗啃的高高低低。他不但割得快，割得好，捆麥把捆得又緊又大，而且兩頭翹，像翹起尾巴的公鷄，非常好看。

當麥把裝上高大的牛車時，他作我堂兄的下手，他用那七八尺長的鐵羊叉，叉起一個個大麥把，百多斤重的麥把，他輕輕一舉就舉了起來，動作非常快。

麥把裝得和樓房一般高，照理應該用兩條牛拖，可是我伯父家裏只有一條牛，走平坦的車路倒沒有多大的關係，一上坡牛就非常吃力，但老李主張裝高，他說：

「要是牛拖不動，俺可以帮忙拉。」

牛車被樓房般的麥把壓得咿咿呀呀地叫，聲音悠長悅耳，和快割鳥、黃鶯、雲雀，形成最好聽的交響樂，牛卻喘着氣，車輪壓過地面有三四寸深的軌跡。

上坡時牛拖不上去，車子反而倒退下來，老李從麥把堆的頂上爬下去，把套着粗繩的牛軛往自己肩上一揹，站在牛的前面。我堂兄一聲吆喝，用那桐油浸過的鞭子在牛屁股上一抽，牛的兩條前腿一跪，老李的身子一低，肩一用力，這麼一配合，樓房一般高的牛車，便拉上十五度的斜坡了。

我伯父本來還有一點躭心老李不太會作我們這個地方的莊稼，他看過這些情形之後，不禁摸摸八字鬍鬚笑着對老李說：

「老李，你眞勝過一條牛。」

我堂嫂也不再說老李吃多了飯，在這段收割期間，本來一天要吃五頓，除了三頓乾飯之外，上午下午還有兩次「中伙」，三頓正餐又特別豐富，「中伙」也多半是麵食之類的好吃的東西，堂嫂把那一向作爲「私房」的鷄蛋也拿出來煎給老李和我堂兄吃，而且每人都是兩個煎得兩面黃的荷包蛋。老李從前好像很少受過這樣的優遇，所以他心裏非常感激，但是嘴裏不講，做事時卻連吃奶的力氣也使出來了。

不但我堂嫂名正言順地優待老李，最有趣的還是桃花。

桃花家裏的地和我伯父的地阡陌相連，除了一條稍微深一點點的溝畦之外，幾乎沒有界綫，而且多半是平行的，從這頭望到那頭一眼幾乎難以望盡。

一天下午，老李正在這頭割麥，我堂兄在那頭割，他們兩人準備在中間會師。我卻在老李附近的麥林裏找雲雀蛋。

桃花是待嫁的黃花閨女，她家裏不讓她在地裏作粗事，規定她每天送一頓中飯，兩次「中伙」，因此她挑着輕便的菜藍來來去去。

這天下午當我找到一窠雲雀蛋，高興得跳起來，頭一伸正預備告訴老李時，沒想到桃花正偷偷地拋了一個熟鷄蛋給老李，恰巧被我碰見，老李看見我連忙把鷄蛋往嘴裏一拋，望着我傻笑，桃花臉一紅，挑起菜藍就跑。我因爲檢到了一窠雲雀蛋，也不想再在地裏晒太陽，而且麥穗刺在皮膚上很癢，因此便尾隨桃花回去。

桃花先是挑着菜藍匆匆地跑，我趕不上她。後來她突然停了下來，回頭向我一笑，我便迎了上去。

「小鬼，你不上學在地裏幹甚麼？」桃花笑着問我。

「檢雲雀蛋，」我說，隨卽把手一揚：「妳看，我一下檢了五個。」

「檢那種鬼蛋有甚麼意思？」她向我揶揄地一笑。

「妳說甚麼有意思？」我偏着頭無心地問她。

她卻臉一紅，咬着下唇白了我一眼說：

「小鬼，你好壞！」

從來沒有人說過我壞，桃花是第一個，因此我不服氣地問她：

「我那一點壞？妳說。」

她的臉又一紅，窘得說不出話來。隨後又向我一笑，腰一彎，在菜藍裏摸出一個熟鷄蛋來，向我把手一招：

「來，雲雀蛋不好，我送個鷄蛋給你吃。」

我站着不動，我並不稀罕她的鷄蛋。她看我不動，又笑着走過來，把鷄蛋往我口袋裏一塞，把臉貼在我的臉上哄着我說：
「以後你不要再檢雲雀蛋了，我每天會送個鷄蛋給你吃。」
「妳也送給老李吃？」我笑着問她。
她瞪了我一眼，隨後又向我一笑，輕言細語地說：
「老李是外鄉人，可憐，所以我才送他一個。」
「老李現在不可憐，我嫂嫂每天煎兩個荷包蛋給他吃。」我說。
「你怎麼知道這些鬼事？」她奇怪地瞪了我一眼。
「我嫂嫂又不是偷偷摸摸的，我怎麼不知道？」我理直氣壯地反問她。
想不到她弓起手指在我腦殼上敲了一個栗子，敲得很痛，我氣憤地問她：
「妳爲甚麼敲我？」
她馬上蹲下來把我摟在懷裏，在我耳邊輕輕地說：
「桃姐姐失錯，桃姐姐疼你。」
「疼我也不是這樣疼法？」我生氣地掙脫她的摟抱，摸摸腦殼，腦殼上起了一個疱。
她顯得又慌又窘，過了一會又向我陪着笑臉說：
「好，我錯了，明天再送兩個鷄蛋給你吃。」
「誰稀罕妳的臭鷄蛋？」我把口袋裏的鷄蛋掏出來向她臉上一扔，她頭一偏，讓過了，鷄蛋卻掉在地上跌個稀爛。
她惋惜地望着地上的鷄蛋，又望着我嘆口氣，我頭一扭，逕自走了，我的腦殼在辣辣地痛。

她看見我獨自走了，心裏很急，隨卽追了上來，一把抱住我說：

「不要生氣，和桃姐姐一道回去。」

「我自己會走！」我說。

「乖，聽話，」她哄着我說，又伸手在我疱上揉揉：「讓桃姐姐替你揉揉。」

她的手很輕，很柔，我的痛好像也減輕了不少，我的氣也漸漸消了。

她看我不再生氣，馬上高興地一笑，輕輕地囑咐我：

「剛才的事你千萬不要傳出去！」

「甚麼事？」我奇怪地問她。

她紅着臉囁嚅了半天，沒有講出一個字，最後用了很大的勁才說出來：

「哎！就是你剛才在地裏看見的！」

「送個鷄蛋給老李吃又有甚麼關係？」我說。

「哎！」她嘆口氣。「你不懂，傳出去了人家靑口獠牙，會講閒話！」

「妳又沒有做賊，還怕人家講甚麼閒話？」我望着她說。

她的臉又一紅，連顴骨上那幾點雀班也紅了。

「你不要儘和我辯理，你不講出去就沒有事了。」她搖搖我的肩膀說。隨後又問我：「答應我，你講不講？」

過了一會我才搖搖頭說「不講」，她馬上摟緊我，在我臉上吻了一下說：

「好！你眞聽話，桃姐姐疼你。」

過後她又看看我腦殼上的疱，躭心地問我：

「如果你娘問起你腦殼上的疱，你怎麼說？」

「我就說是妳敲的。」我說。

「千萬說不得！」她向我搖搖手：「你就說是自己碰的。」

「那妳不是教我扯謊？」我鼓起眼睛問她。

「常常扯謊要不得，偶然扯一次倒沒有關係。」她向我一笑。

我不明白這是甚麼道理？惶惑地望着她。她又對我說：

「你就說是自己碰的好不好？」

我看她那祈求的眼光怪可憐的，只好點點頭。她又在我臉上吻了一下，然後高興地挑起菜藍，走在前面。

「桃姐姐，我覺得老李有點傻裏瓜氣，妳看怎樣？」走了一段路我突然問她。

「北方侉子就是這個樣子的，」她回過頭來向我一笑。「其實他心裏並不眞傻。」

「妳怎麼知道？」我問她。

她的臉又是一紅，轉過頭去說：

「你長大了也會知道。」

「妳歡不歡喜老李？」我又問她。

她回頭望了我一眼，狡黠地反問：

「你呢？」

「歡喜。」我毫不考慮地點點頭。

「我也——」她的臉一紅，沒有講下去，隨後又蹲下來在我耳邊輕輕地說：「和你一樣。」

我馬上用食指在臉上刮了幾下，她臉一紅，頭一扭，然後又向我噗哧一笑，用指尖在我腦殼上一戳：

「小鬼，你好壞。」

三

晚上，老李抓了兩口袋煮熟的蠶豆，和我坐在大楊樹下邊吃邊談。他遞了一把新蠶豆給我，這種煮的蠶豆特別好吃。

老李不但和我堂兄相處得很好，也歡喜和我玩，他心裏好像有點寂寞，和我在一塊便很愉快。

「今天桃花送了俺一個熟鷄蛋，你千萬別張揚出去。」老李對我說。

「不會。」我爽快地回答。隨後又問他：「你喜不喜歡桃花？」

「俺一個外鄉人，不敢妄想。」老李說。「最好你代俺謝謝桃花姑娘，俺實在不便和她講話。」

「講話又有甚麼關係？」我說。

「俺在軍隊裏都不亂來，何況是在你們貴地。」

「老李，桃花很喜歡你哩！」

「那沒有用，」老李憨直地一笑：「聽說她已經有了婆家。」

「她男人是個癆病鬼，她不喜歡。」我說。

「不喜歡又有甚麼用？長輩還能反對？」老李說。

「你在家裏有沒有定媳婦？」我問老李。

「俺家裏窮，沒有定。」老李搖搖頭。隨後他又笑着問我：「你呢？小子。」

我搖搖頭。他又接着說：

「你們貴地不但富足，妞兒也長得很俊；不像我們家鄉，黃沙地，人也長得跟我這樣粗頭粗腦，連小妞兒也是粗手粗脚，沒有一點秀氣。」

「那你就在我們這裏成個家好了。」

「不成，」他用力搖搖頭：「俺家裏還有老娘，樹高千丈，葉落歸根，不然大家儘揀好地方住，那壞地方不是沒有人烟了？」

我嚼着新蠶豆，仰臉望着他，上弦月像女人的眉，光線不太亮，他的大臉也顯得有點黯淡。我不知道甚麼地方好？也不知道甚麼地方壞？更不知道那些地方沒有人烟？我無法回答他的話。我原先以爲我們這個地方很差勁，想不到他卻不止一次說它好。但我還是喜歡聽他講外面的事，講軍隊的事，但一直沒有機會，因爲他很忙，今天是個好機會，因此我不能不說：

「老李，請你講點南軍北軍的事給我聽聽好不好？」

我既不知道南軍的情形，也不知道北軍的情形，他當過北軍，能講點北軍的情形也好，而我最希望知道的是他有沒有打過仗？像他這樣強壯的身體，我想是很少有人打得過他的。

他點點頭，我又急着問：

「你打過幾次仗？」

「三次。」他伸出三個指頭。

「有沒有戴花？」

「戴過！」他馬上捋起褲管，大腿上有塊大疤。「第一次上火線，不懂事，猛衝，差點送了命。」談着吃着，老李兩口袋蠶豆不知不覺地吃完了。他站起來兩手把口袋一拍說：

「眞是在家千日好，出外一時難，還是你大爹的話不錯：風吹犂尾巴不倒！」

我不大瞭解老李的話，沒有接腔，只跟着他默默地站起來。

我們分手的時候老李又輕輕地對我說：

「記住，替我謝謝桃花姑娘的熟鷄蛋，俺老李沒有那份福氣消受她，俺更不想破壞別人的好事，遭天雷打！」

當我把老李的話悄悄地告訴桃花時，桃花一呆，眼淚不自覺地流了出來。過後又擦擦眼淚，輕輕地問我：

「眞是他親口講的？你不要扯謊！」

「我只扯過一次謊，那還是妳教的。」我說。

她聽了不禁一笑，隨後又重重地嘆口氣，自言自語地說：

「想不到他那麼大的個子，沒有一點膽量？」

「他敢在火線上衝，妳怎麼說他沒有膽量？」我說。

她被我這一說，才警覺自己的失言，勉強向我一笑。

「你太小，你還不懂。」

是的，我眞不懂，他們的事我好像在霧裏看花，有點朦朦朧朧。

四

臘月裏，大雪天，伯父請了三個裁縫在家裏做衣服，一做就做了半個月。

伯父和堂兄都添做了長棉袍子，也要替老李照樣做一件，老李卻說：

「穿長袍子像個教書先生，俺老李一個大字不識，不要辱沒了讀書人。」

「我們這裏不論是讀書人，還是種莊稼的，冬天一律穿長袍子。」伯父說。

「俺可不敢跟你們貴地學，免得回老家後讓人笑話，說俺忘了本。」老李說。

「你不打算在我們這裏落籍？」伯父笑着問：「我可以替你娶門親。」

「謝謝你的好意，俺還有老娘，俺不能只顧自己。」老李向伯父拱拱手說。

伯父也只好由他，結果他做了一件短襖，比我們一般人穿的短襖長三四寸，另外做了一條繫脚棉褲，這種棉褲在我們這裏看來也是過時的，現在大家都作興大脚褲。

當棉襖棉褲做好之後，老李弄了一根藍布腰帶，攔腰繫住，非常高興地一笑：

「這樣俺就很暖和了！風裏雪裏都可以去得。」

這年他過了一個豐盛而歡樂的年。伯父家裏殺了一條兩百多斤重的肉猪，又殺了好幾隻大肥鷄，魚也是自己塘裏車起來的，有四五籮筐。

大年三十晚上，吃團圓飯之前，照例要三跪九叩拜祖宗牌位，不論年齡多大，也要下跪。老李是異鄉人，外姓人，祖宗牌位不在這裏，本來可以不拜，但他還是跟着我們拜了，拜過之後他又請求伯父准許他寫張紅紙條子暫時掛在神龕上，讓他拜完之後再取下來，伯父同意了，他便請求我代寫一張

「李氏歷代祖先之位」的紅紙條子，他用漿糊貼了上去，然後跪在蒲團上虔敬地叩了幾個響頭，再把紅紙條取下，放在半斤重的紅蠟燭上焚化了。

吃過年夜飯後，伯父用紅紙包了一塊銀洋給老李作壓歲錢，我也得了一份。堂兄他們都結伴賭寶去了，可是老李不去賭，他陪着我們小孩子放鞭炮，玩燈籠，他高興地對我說：

「這是俺一生過得最快樂的一個年。」

「你在家裏沒有過過？」我奇怪地問。

他黯然地搖搖頭。

「在外面也沒有過過？」我又問。

「嘿！別提：前年除夕初一都打仗，槍子兒的聲音比鞭炮還熱鬧，我就是那一次戴了花。」

我摸出一個大炮仗給他放，他也學我的樣，點燃引線之後便往天空一拋，但他拋得比我高好幾倍，而且連耳朵也不蒙住。

「你不怕把耳朵震聾？」我笑着問他。

他哈哈一笑，摸摸我的頭說：

「洋槍大炮都沒有把俺震聾，何況這個小小的炮仗？」

這天晚上大家都在「守歲」，我和老李也通宵未睡，老李快樂得像孩子一樣。下半夜，他和我在場子裏堆了兩個和他一般高大的雪人，他笑着對我說：

「這是你家裏的把門將軍，一邊是秦叔寶，一邊是尉遲恭。」

秦叔寶尉遲恭已經變成我們這裏辟邪的門神，每年臘月三十都要換一副新的貼在大門上。

「你也知道秦叔寶尉遲恭？」我笑着問他。我心裏一直以爲他的家鄉和我們不同，因爲他說話是用不同的口音。

「俺從小就聽說過，怎麼不知道？」他笑着說。

「你佩不佩服他們？」我問。

「人家是扶江山保社稷的功臣，俺怎能不佩服？」

「你也可以學他們。」

「俺不配，俺還是做個善良百姓。」他向我憨直地一笑。

天一亮就是大年初一，青年人成羣結隊地拜年，我每年初一都要先向伯父拜年，老李也跟着我向伯父叩了一個頭，伯父高興地摸摸八字鬍鬚對他說：

「老李，今年我加你二十塊大洋，過年時再送你兩套衣服。」

老李咧着大嘴一笑，打躬作揖地說：

「多謝！多謝！俺領了！俺領了！」

正如伯父大門口的春聯：「淑氣來黃鳥，瑞雪兆豐年。」所說，這年又是一個大豐年，不但春季小熟好，秋季的大熟更好，由於堂兄和老李的同心協力，深耕勤鋤，每畝地比別人的硬是多收一兩斗，伯父笑口常開，老李心裏也非常高興，作事時總是咿咿呀呀地唱着，別人聽不懂他唱些甚麼？但看他那副傻裏瓜氣的樣子唱着娘娘腔，就忍不住笑起來。

「你們別見笑，俺唱的是家鄉小調。」

他一聽見別人笑，馬上停止唱，也向別人一笑。

老李的力大，勤快，已經出了名，不論遠近的人都知道了，王老三一家人更是看在眼裏。第三年伯父又自動地加了老李二十塊，一年是一百塊大洋，這已經是長工們最高的身價了。可是王老三卻出了老李一百二十塊要老李跳槽，老李沒有答應，他回答王老三說：

「俺不能這樣貪利，你出一千塊大洋，俺也不能答應，人總要講點義氣，俺多謝你的好意。」

王老三反而被他說得不好意思起來。我知道這是桃花的主意，因爲桃花對老李一直沒有死心，加上她那位癆病鬼的未婚夫在年底死了，桃花的父母也很有意思把老李招贅，第一步就是要老李過去作長工。王老三沒有想到老李不同意，所以下面的話也不敢貿然說出來。

這年臘月初，老李忽然對伯父說要回家去，伯父卻對他說：

「老李，你在我們這裏三年了，人情風俗你也清楚了，大家對你也很好，我勸你還是落個籍算了，何必千里迢迢地跑回去？」

「俺早說了俺家裏有個老娘，這幾年連個信兒也沒有捎來，俺實在放心不下，無論如何俺要回去看看。」老李說。

「老李，你要是不走，我負責給你娶個媳婦，成個家。」伯父說。

「俺先謝謝你的好意，等俺回去看看老娘再說。」老李誠懇地回答。

老李要走，不但堂兄和伯父感覺到將要失去一個大帮手，桃花聽了更像失魂落魄，坐立不安起來。因此王老三把老李找到他牛欄裏去懇切地商談。

「老李，現在我坦白對你說，當初我出你一百二十塊大洋要你到我家來，並不是存心挖張家的牆脚，實在說是我妹子桃花兒對你很好，老人家想把你招贅過來，你的意思怎樣？」

老李訥訥地不能出口，過了好半天才對王老三說：

「俺要想想，等俺想一夜再回答你。」

這個問題顯然給了老李很大的困惑，他也有點坐立不安起來。加之桃花一看見他就兩眼癡癡地盯着他，盯得他神魂顛倒，那麼大的個子脚步踏在地上也不着實，有點飄飄蕩蕩，搖搖擺擺。

吃晚飯時他一個人坐在大楊樹根上雙手抱着頭嘆氣，我好意走過去叫他回去吃飯，他痛苦地搖搖頭說：

「俺吃不下去。」

「你一頓吃四五盌，怎麼能不吃飯？」我說。

「俺心裏像塞了一塊石頭，」他放下手對我說：「一盌飯也吃不下去。」

「誰給你塞的？」我笑着問他。

「小子，你別大白天打着燈籠走路！」他笑着把我一拉，拉進他的懷裏，然後在我耳邊輕輕地說：「還不是桃花！」

「桃花怎麼能在你心裏塞一塊石頭？」我偏着頭問他。

「小子，你是眞的不懂還是裝蒜？」他的大巴掌在我屁股上拍了一下。

我用力搖搖頭。

他重重地嘆了口氣，然後自言自語地說：

「我實在怕看桃花那對眼睛！」

「她的眼睛有甚麼稀奇？還不是和我的一樣？」我說。

老李哈哈地笑了起來，然後又在我屁股上一拍：

「傻小子，你怎麼能比她？看了她的眼睛心裏會甜甜的，軟軟的，酸酸的，……有時想笑，有時又想哭……。」

看他那副傻裏瓜氣的樣子，我也哈哈地笑了起來，但是沒有他的聲音那麼沉，那麼大。

「她有甚麼了不得？」我有點不服氣，桃花在我眼裏很平常，沒有甚麼了不起，怎麼對老李會有不同的意義？

「傻小子，」他向我一笑：「現在和你講也是對牛彈琴，等你長到我這麼大，不，還不要我這麼大，你就會知道女人的眼睛多迷人？只要她的眼睛一盯，你的心就會一跳！她的眼淚一流，你的心就軟了！」

我又笑了起來。我記得那時桃花摟着我討好，在我臉上吻了不止一下，我也沒有甚麼感覺，我甚至還有點討厭她那種女人氣味哩！

「傻小子，你不要笑，」他又在我屁股上拍了一下：「說不定你將來會哭呢？」

「笑話！」我馬上反駁他：「爲女人哭多沒有出息！」

「小子，俺總是一個鐵打的漢子啥？」他望着我臉上說：「可是事到臨頭，俺也六神無主啦！」

這天晚上，我不知道老李是怎麼過的？第二天一大清早，我就看見他腫着大眼泡，站在牛欄角上和王老三在談話，王老三問他：

「你昨天晚上想通沒有？」

「俺想是想通了。」他向王老三一笑。

「怎樣？」王老三急着問。

「俺還是決定回家去看看老娘。」老李說。

王老三顯得有點失望，老李看了他一眼又說：

「不過俺也想了一個兩全的辦法，不知道你贊不贊成？」

「你說說看？」王老三急着說。

「憑良心說，俺家鄉不如你們這個地方，何況俺又無田無地，只有兩間茅屋，一個老娘。如果俺老娘還在，俺會勸她遷到你們這邊來，她聽說俺能在這邊娶個媳婦，會來也說不定？如果俺老娘不在，俺料理一切之後再自己轉來。」

王老三點點頭，但過了一會之後又提出一個問題：

「如果你娘在，她又不肯來，那怎麼辦？」

老李想了一下，終於黯然地說：

「那也沒有辦法，俺只能守着老娘。」

「那我怎麼知道？」王老三問。

「不管怎樣？半年之內俺總會捎個信來，決不讓桃花姑娘久等。」老李拍拍自己的胸脯說。

老李說完之後就和王老三分手，回到伯父家裏找出他帶來的那把刀子，在磨石上磨來磨去，因為它三年未用，已經銹了。

磨好以後，他就用特做的藍布綁腿綁在腿肚上，我問他為甚麼要這樣做？他回答我說：

「防身，恐怕遇到攔路打刼的。」

隨後我又看見他把三筒銀洋，塞進新買的厚帆布腰帶裏，然後往褲腰上一捆，捆得很緊，連指頭也插不進去。最後他滿意地把短棉襖拉下遮住，然後又用藍布腰帶把短棉襖捆緊。

飯後，他把一個長長的藍布包袱往肩上一掛，眼淚就滾了下來，他向伯父和堂兄堂嫂一一拱手說：

「多謝你們收留，俺老李心裏有數。」

伯父也紅着眼睛對他說：

「老李，祝你一路平安，早去早回。」

老李含着眼淚出門，堂兄殷殷相送，王老三也跟着相送，王老三的父母也站在門口相送。

桃花卻遠遠地站在大楊樹背後，望着老李的背影偷偷地擦眼淚。

天上正飄着六角雪花，像桃花晶瑩的眼淚。

五

老李走後，如黃鶴飛去，杳無消息。

年過了，沒有消息；桃花站在枯禿的大楊樹下流淚。

二月花朝過了，沒有消息；桃花攀着嫩綠的柳條流淚。

三月清明過了，沒有消息；桃花望着飛揚的紙灰流淚。

一年過去了，沒有消息。

兩年過去了，沒有消息。

三年過去了，仍然沒有消息。桃花終於號啕大哭地坐上了花轎。

大家都陪着她流眼淚，連我伯父也老淚縱橫，唉聲嘆氣。
我堂嫂也不再說桃花騷了，反而一把眼淚一把鼻涕地說：
「唉！老李出了甚麼事呢？老李怎麼還不回來？」

亂世佳人

端午節在雷雨聲中和隱隱約約的砲聲中渡過。

學校已經正式解散，我們應得的米也以比平時低賤兩倍的價錢在米店兌了現款，平時校長扣着米不肯按月發給我們，直到聽到了砲聲，才在我們幾位外地教員的嚴詞質問下發了幾張米條子，那家米店和校長一個鼻孔出氣，狠狠地敲了我們一記，我們明知吃虧上當，但我們不能揹着十幾擔米逃難，只好忍氣吞聲任他宰割了。

本來我是想拿到錢就走的，可是天像裂了口似的，傾盆的大雨下個不停，簡直不能開步，躲在屋簷下的鷄都打得一身透濕，逃難又不像寢室到厠所那麼方便，那麼一點距離，所以只好悶在寢室裏，聽砲聲和雷聲的交響了。

初七我又起了一個大早，一看已經雲散雨止，東方一片紅霞，顯然是個大晴天的預兆，我便決定走了。

當我把這個意思告訴那幾位外地教員時，他們一方面是拖家帶眷，行動不便，想多等一天，路晒乾了再走；一方面以爲日本人還在一百二十里路以外，就是走路一天也走不到，因此也勸我多等一天：

「你何必這麼性急？臨川還沒有失守，公路早破壞了，日本人又沒有長翅膀，保險三兩天之內沒有關係，明天路晒乾了再走不遲。」

「何況前方還有軍隊堵住，日本人就是散步過來也得兩三天。」

我雖再三向他們解釋軍事行動不能以常理推測，但他們是十足的老百姓，不像我當過軍人，經過戰陣，解釋也是徒然，而他們事實上的困難也比我多，所以我也不好勉強他們同我一道走。

吃過早飯，我就揹起簡單的揹包，裏面包着換洗的衣服和應用的東西以及兩本喜愛的書，被褥、舊箱子，乃至洗臉盆都送給別人，因爲那些東西的運費會超過他們本身的價值，我帶的錢又不多，能否到贛州還沒有把握。

當我離開學校，走過石橋，來到正街時，已經有不少人揹着包袱，抱着孩子，推着獨輪車，向南門行走，一出南門，公路上像螞蟻搬家樣地擠着逃難的人群，拉了好幾里長。

公路經過幾天大雨的冲洗，露出大大小小的鵝卵石子，顯得高低不平。撫河平時水深不過三兩尺，而且清可見底，現在水與岸平，河面也增寬了十來公尺，河水像煮沸的泥湯，沸沸揚揚，夾着樹枝、死猫、死狗，爭先恐後地向下游奔騰而去。

太陽幾天沒有出來，一出來却很厲害，臉上晒得發痛，脚下的濕氣又往上蒸，無風、無雲，實在難受。

雞公車的獨輪子在高低不平的公路上咿咿呀呀的尖叫，有的是一個人單獨地推着，有的是一個人拉，一個人推，但這些推推拉拉的人都是半路出家，沒有一個老手，而有些雞公車又是臨時趕做的急就章，車子低矮，又不結實，推着，推着，輪子就脫落下來了。

逃難的隊伍越拖越長，前面的人快到株良，後面還有人從南城出來。因爲從金華那一幫逃出來的難民，有不少被大雨阻在南城，今天一晴，南城便像一個搗翻了的螞蟻窩，幾乎傾巢而出。

這是一個沒有人指揮的雜亂無章的大隊伍，走走停停，沿途休息，孩子們哭哭啼啼，看看他們，想想自己，我也稍堪自慰了。

下雨天能隱約聽見的砲聲，今天反而沉寂下來，如果不是這麼多人逃難，反而體會不出戰爭如此迫切。

直到下午兩點多鐘，突然有一架飛機從南面飛了過來，飛得很低，翅膀上的兩團紅膏藥看得清清楚楚，大家像小鳥見了老鷹，駭得東逃西散，把鷄公車上的行李、物件，都棄在路邊，人躲進稻田，躲進樹叢，不敢露面。

飛機在頭頂上低飛盤旋，坐在機艙裏的飛行員都能看見，幸而沒有掃射，不然眞要死不少人。

飛機走遠之後，大家又慢慢回到自己的鷄公車旁邊，互相搖搖頭，嘆口氣：

「唉！又檢回一條命！」

但是誰也沒料到，走到李坊營時會突然碰上敵人的騎兵！

下午四五點鐘，有一小部份先走的難民正在李坊營休息，大隊的難民都在向李坊營行進，我距離李坊營還有兩三百公尺，突然前面的人哭叫起來，鷄飛狗跳，夾着啪啪的槍聲，我抬起頭一看，一隊高頭大馬的日本騎兵正吆喝着向我們衝來，大家眞的駭慌了，紛紛跳進河裏，隨波逐流而去，一部份人向山裏逃命，我也不顧衝鋒槍的掃射，拚命向山上跑，大家跌跌滾滾，尤其是女人孩子，駭軟了脚，跌在山上像滾瓜。當我從一個女人身上躍過時，她突然抱住我的腿，使我重重地摔了一跤，我爬起來她又拉住我的手不放。

「求求你，帶我上山！」她哭着說。

我連看也沒有看她一眼，本能地拖着她往山上跑，跑得上氣不接下氣，直到槍聲稀疏，才臥倒在一塊石頭後面喘口氣。

大部份難民都攔在馬路上不准移動，河面上載沉載浮，一片人頭，日本騎兵還朝河裏開槍，除了少數幸運者游到對岸之外，絕多大數的人都中途沉了下去，即使不沉，也變成日本騎兵的活靶子。

跑到山上的人也不太多，很多人在半途負傷，不能繼續爬上來，爬到我這樣高的位置的只有十幾個人，比我爬得更高的只有四、五個。

我眞奇怪，這枝日本騎兵好像從天外飛來？臨川沒有失守，南城也沒有丟，這枝騎兵却攔頭殺了過來，難道南豐已經丟了？爲什麼事先沒有一點消息呢？

突然我聽見耳邊一陣嚶嚶的哭泣，我這才想起我身邊還躺着一個女人，我回頭看了她一眼，不過二十來歲，雖然駭得臉色慘白，但五官端正，眉清目秀，一看就令人喜歡。

「不要哭了，能夠逃到這裏已經萬幸！」我對她說。

「我父親母親不知道是死是活啊！」她哭着回答。

「天知道！」我惘然地說。那時大家一陣亂跑，誰也顧不了誰。

她又哭了起來。

「別哭，這裏並不安全，我還要往上爬。」我說。

她連忙抓住我的手，生怕我逃掉似的。哀求地說：

「求求你，帶我一道走。」

我點點頭，低着頭彎着腰向上爬，後面有幾聲冷槍，日本騎兵對我們這些少數漏網之魚，似乎不能兼顧了。

別的人也在繼續往上爬。她緊緊地拉着我的衣服，跟在我的後面，寸步不離。

我們爬到日本騎兵的射程之外，看看他們並沒有派人來追，便找了一個隱蔽的地方停留下來。所有的漏網之魚都集中在一塊。

大家對於這一隊天外飛來的騎兵，都大惑不解，其中有一個商人却替我們解開了這個謎：

「東洋鬼子一定從宜黃那邊抄過來的，李坊營這邊有條山路通到宜黃，我走過。」

我們聽他這樣說才恍然大悟，因此我們也解開了另一個謎：南豐沒有丢。

於是我們決定漏夜摸到南豐去。爲了怕敵人發現我們，大家約定，天黑以後再開始行動。

在我們這二十多個人當中，只有一個女的，就是緊跟着我的這一個。因爲她和我非常接近，於是有人指着她問我：

「這是你太太？」

我正不知道怎麼回答才好？因爲我連她姓什麼都不知道。想不到我略一遲疑，她竟搶着向大家點點頭。我眞猜不透她是什麼意思。

公路上的日本騎兵，正指揮那些被攔住的難民，推着鷄公車往回走，有些婦女却被他們拖進山邊的灌木林裡，那些女人大概駭呆了，連叫都不敢叫一聲。

「畜牲！畜牲！」我們當中有人切齒痛罵。

她的雙手發抖，連忙用雙手蒙住眼睛。

後繼的部隊陸繼出現在李坊營，有騎兵也有步兵，他們不向南豐那個方向去，都向北開，南城變成了甕中之鼈，南豐却僥倖躲過了鐵蹄的蹂躪，也給我們一線生機。

天黑了好久我們都不敢行動，因爲我們要横過那條山路，我們怕碰上了敵人的後續部隊。直到馬路上沒有幢幢的鬼影，沒有馬嘶的聲音，我們才在那個商人領導之下，偷偷摸摸向南行動，一個跟着一個。她緊緊地抓住我的手，一點也不敢放鬆。

山上沒有路，我們只能藉着微弱的星光辨别方向，高一脚低一脚地走着，樹枝又阻擋着我們，前面的人用手拂開樹枝，往往彈在我的臉上，很痛很痛，而我還要隨時照顧她，不讓她跌倒。

可是山很崎嶇，石塊樹樁又多，有不少人跌倒，我雖然小心謹愼，還是踩翻了一塊鵝卵石，脚底下一滑，倒了下去，她也跟着跌倒，跌在我的身上，她的頭髮披在我的臉上，我腰上被一塊棱形的石頭撐着，很痛，我輕輕地對她說：

「快點起來，我受不了。」

她的手在我的肩上用手一按，人便站了起來，又把我拉起。

「傷了那裏？」她關心地問。

「腰有點痛。」我用手抵住腰，她連忙替我揉了幾下。

「妳貴姓？」我輕輕地問她。

「姚。」她也輕輕地回答。

「剛才他們問妳是不是我太太？妳爲什麼點頭？」

「這樣對我方便些，因爲我是一個女人——」

我哦了一聲，我不能不佩服她的急智。假如我從她身上跳過時，她不雙手抱住我的脚，她就不會在這裏，也許死於亂槍之下，也許遭了那些騎兵的蹂躪。

「你不介意吧？」

「既然對妳有利，對我又沒有損失，我又何必小器？」

「你貴姓？」

「吳，口天吳。」

「吳先生，我眞不知道怎樣謝你？」

「現在生死未定，不必客氣。」

就是這麼一躭擱，我們掉了隊。當我警覺時，我連忙拉着她追趕大伴，如果我們兩人在山上轉，也許會迷路，要是碰上了日本人那就更糟。

終於，我們趕上了大伴，我前面的人蹲在地上不敢作聲，我也不敢發問，突然我聽見女人的呻吟，姚小姐一聽見這種聲音，身體就一震，手抓得更緊。

過了一會，我們又聽見男人的笑聲和皮靴聲，那聲音正向山下李坊營那邊移動。隨後又是女人的啜泣聲和咒罵聲。

「該死的日本鬼子！」姚小姐輕輕的罵了一聲。

前面的人一直不動，我們自然也不敢動，我有一種草木皆兵的感覺，我想最少李坊營留駐了一部份敵人。

姚小姐顯得焦急、恐懼、不安，我雖然看不見她臉上的表情，但我能感覺到她身體的震顫，和呼吸的迫促。

大約半小時後，我前面的人移動了，我也跟着移動，姚小姐仍然緊緊握着我的手，一步不離。

我們終於穿過了山路，翻過了兩座山頭，才吐了一口氣。

李坊營那幾家飯舖，還有燈火閃爍；李坊營以南的公路却是靜悄悄的，由於山上的荊棘太多，根本無路可走，我們一致決定冒險下山，沿着公路走。

在離李坊營兩三公里的地方，我們下了山，除了幾聲狗叫之外，沒有遇着一個人，路邊幾家老百姓也逃走一空了。

剛踏上公路時我們既歡欣又恐懼，歡欣的是脚下的路是平坦的，沒有阻擋，沒有遮攔，恐懼的是怕碰上了敵人的巡邏隊，那就掉進虎口了。

我們屛聲靜氣地靠着山邊疾走，前面的人幾乎是小跑，他們無牽無絆，很多人都是空手，只有幾個人提了小包袱，行動非常方便。我身上背了一個背包，手上牽着姚小姐，她自己手上又提着一個小布包，起初我拖着她跑，她還能勉強跟上大伴，漸漸地她直喘氣，脚步也有點踉蹌，前面的人把我們越丟越遠，連頭也不回，我心裏一急，脚步一加緊，手一帶，她雙脚一跪，跌了下去，哭泣起來：

「你自己逃命吧，我實在跑不動了！」

假如我抛下她，還有希望趕上前面的同伴。但我有點不忍，即使不碰上日本人，她一個人在這深夜，在這樣的荒山野路，駭也會駭死，到南豐還有二三十里路呢！

突然山裏「喔——」的一聲獰叫，她連忙一躍而起，抱住我輕輕地哭叫，她全身都在顫抖，像一隻待宰的小白兔。

「不要怕，」我安慰她說：「這是獐，不是鬼。」

停了一會她才鬆開手，我又對她說：

「快走！這裏不能停留。」

她馬上牽着我的手，跟着我跑。

我知道再也趕不上前面的大伴了，我已經聽不見他們的脚步聲，望不見他們模糊的身影。俗語說「夫妻本是同林鳥，大難到來各自飛。」我怎麼能怪他們不等我？何況姚小姐和她的父母都是各奔西東哩！

我心裏有點怕，但不是怕鬼，而是怕人。第一是日本人，第二是殺人越貨的土匪。這一帶從前是土匪窩，現在土匪仍然不少，行政區督察專員都被土匪綁去過，一個月前這附近就殺死一個棉花客人，到現在還沒有破案，因爲離這裏不遠就是一座大山，那大山就是土匪窩，保安隊根本不敢去。

我心裏怕，嘴裏却不敢講，只是暗中加緊脚步，頻頻催她快走。

她跟我密鑼緊鼓地趕了一陣路又不住地喘氣，同時輕輕地懇求我：

「走慢點好不好？反正前面的人已經趕不上了。」

我只好放緩脚步。其實我自己也很累，從早晨八點起直到現在，沒有好好地休息，要是平日，這正是午夜夢回的時刻了。我不但很累，而且很餓，當我一有這種感覺時，兩條腿簡直軟得提不起來，便不由自主地坐在路邊的一塊大石頭上。

她看見我坐下也連忙在我身邊坐下，而且全身癱瘓地靠在我的肩上，重重地嘆了一口氣。

我疲倦得連眼睛都睜不開，她的髮香混合着一種少女特有的汗香，對我也缺少刺激的力量。

山上一聲獰叫，又把她驚跳起來，我也睡意全消，打起精神繼續趕路。
直到東方泛着魚肚皮般的顏色，我們才望見南豐城，心裏不禁一陣歡欣，看樣子南豐沒有丟，只是像死樣的沉靜。
我看見她臉上浮起一絲淡淡的笑容，同時我也發現她的陰丹士林旗袍被山上的荊棘挂破了，胸前露出一塊白肉。她自己沒有發覺，我提醒她說：
「妳的衣服破了。」
她向自己身上打量了一下，發現胸前破了一大塊，突然臉一紅，連忙雙手遮住。
前面不遠的地方有一個賣茶水中伙的茅草棚子，我用手一指，對她說：
「快到裏面去換換，我在外面把風。」
她低着頭，跑了進去。我在附近站着。
天剛亮，路上沒一個人，死樣的寂靜。
她穿了一件白底黑花點子的短褂，黑長褲，提着小包袱走了出來。一副江南村姑的打扮，顯得格外俊俏。見了我臉上還有點紅暈。
我們走到南豐時，發現進城的人少，出城的人多，出城的又多半帶着行李箱籠，有的下鄉，有的沿着公路向廣昌那個方向逃走。這條公路上又像昨天從南城出來的人一樣，拖了幾里路長。
我們都很餓，在城外的豆漿攤上吃早點，臉沒有洗，口也沒有漱，在這種時候實在顧不了這許多。
「我決定逃到贛州去，妳準備怎樣？」我問她。

「原先我父親母親也是準備去贛州的。」她說。

「那邊有親戚朋友嗎？」

「我婆家在贛州。」

「那很好，他們是贛州人？」

「不，」她搖搖頭：「也是逃難去的，不過他們去得早。」

「南豐的人也在逃難，我看妳還是去贛州好？」

「我父親母親怎麼辦？」她眼圈一紅。

「但願他們吉人天相，能逃出來；萬一不幸，也沒有辦法。妳總不能毫無把握地在南豐等他們？」

「可是，我沒有錢，我走不了！」她的眼淚滾了下來。「錢都在我父親身上。」

「沒有關係，」我安慰她說：「只要我能到贛州，妳也能到贛州。」

「那怎麼好？」她望着我說。

「我們的命都是檢來的，錢算什麼？」我對她說。「昨天的那些難民，誰的身上沒有帶幾個路費？還有那些大捆小包，大箱小籠，裏面該有多少好東西？該有多少金條銀元寶？結果投河的投河，打死的打死，沒有死的統統被日本人像猪一樣趕回去，命都難保，錢又算什麼？」

她聽我這樣說，便不作聲。

吃飽以後我們就跟着人流向西走。我揹着背包，她提着小布包。

「這一路還要請你多多照顧，我們還是用昨天那個老法子。」她紅着臉對我說。

「只要妳不覺得委屈，這臺戲我就陪妳唱下去。」我笑着回答。

她滿面羞紅地望着我，似乎有很多話想說，但終於嚥了下去。

我們這對假夫妻，就夾在三教九流的難民群中一步步地向前走。

我發覺有些人偷偷地向她注視，這使我的心情加重了一點，假如她是單獨逃難，那後果眞不堪設想了。

走到百舍時，碰上了一枝從宜黃那方面敗退下來的川軍，他們歪戴着帽子，敞着風紀扣，有些士兵用步槍作扁担，挑着鷄籠，搖搖晃晃，鷄在籠子裏驚叫，他們嘴裏罵着粗話。

逃難的人看見這批川軍，都有點驚惶失色，低頭急走，希望早點擺脫他們。

我的心情却更沉重，因爲我當初就分發在川軍裏當見習官，看得太多了，最後實在看不慣，才一氣脫掉二尺半。我知道他們是什麼都幹得出來的。

當我們從一座石橋上走過時，一個士兵突然扔了一枚手榴彈在橋下的水裏，轟然一聲，水花四濺，我被這突然的爆炸聲驚得一怔，她也嚇了一跳，抱着我哭叫起來，士兵們看了拍手大笑，那個投手榴彈的士兵却尖酸下流地說：

「龜兒子，要親熱也躲在閨房裏親熱嘛！現在還沒有天黑，何必當衆出醜？」

她連忙放下我，臉上氣得青一陣白一陣。我比她更氣，我的心快要爆炸，如果我還是一個帶兵官，我就先解決他們。但是我現在是個手無寸鐵的難民，我硬忍下這口氣，扶着她走過石橋。

他們一陣哄笑，捲起褲脚下水捉魚。水底的游魚經過手榴彈的轟炸，都仰着肚皮浮在水面，他們毫不費力地捉住，隨卽往岸上一拋，又揚起一陣歡笑。

難民們都低頭急走，不敢看這種熱鬧。她一手撫着胸口，倚靠在我的肩上，臉色慘白如紙。

我心事重重，感慨萬端，過去我所見過的一切壞事，統統湧到眼前，但我不敢對她明講，只輕輕地對她說：

「我們快點走，最好天黑以前趕到廣昌。」

她立刻體會到我話中的含意，望着我眼圈一紅，勉强打起精神加快脚步。

走着，走着，我發現她有點跛，皺着眉痛苦不堪的樣子，我輕輕地問：

「怎麼回事？」

「我的脚起了泡！」她掉下兩滴眼淚。

從昨天早晨走到現在，走了一百多里，就不曾好好地休息，無怪她的脚起了泡。我有長途行軍的訓練，一天走過一百二十里的山路，教了一年的書，現在走起來都感到兩脚脹痛，何況她細皮白肉？

「忍耐一點，到廣昌多休息兩天。」我鼓勵她說。

她向我苦笑，笑出兩顆眼淚。

我們又開始掉隊了！難民群埋頭急走，漸漸把我們摔了下來，越摔越遠。前面的士兵我們不但無法超過，後面那些炸魚的士兵，又趕上來，他們用樹枝穿着魚腮，掛在槍尖上，唱唱笑笑地從我們身邊擦過，又回過頭來邪惡地望了她幾眼，然後又是一陣哄笑。

大熱天，她一連打了兩個寒噤。

我心裏也像掛着許多吊桶，七上八下，我望望後面，後面還有很多散漫的士兵。望望兩邊，右面是直上雲天的青灰色的高山，在太陽底下望望都有點頭暈，左面也是犬牙交錯的山，公路從谷地穿過，有很多地方是開山鑿路，山如刀削。我看看沒有辦法再趕上難民群，也沒有辦法超過這批川軍，我想索性掉在後面。但默察形勢，這一帶人烟稀少，地勢險惡，正是土匪出沒的處所，少數獨立人家，亦非善類，這種地方土匪和老百姓是很難分的。

這眞是一個進退維谷的處境，只好一心一意向前走，離廣昌二十里左右有一個小鎭甘竹，天黑以前能夠趕到那裏也許可以找一個老百姓家裏藏藏身？

她的脚越跛越厲害，右脚脚掌不敢落地，只用脚跟踮着走。我只好牽着她。

「咬咬牙，無論如何我們應該趕到甘竹。」我在她耳邊輕輕地說。

她眞的把牙一咬，極力忍住痛苦，加快脚步。

「格老子，今天晚上有魚有鷄，還有那個女的，眞安得逸！」

我聽了一驚，循着說話的聲音抬頭一望，說話的正是那個把魚掛在槍尖上的炸魚的士兵。他們幾個人不在公路上走，却抄着山坡上的近路。

我們走在他們的後面，又是走在山如刀削的路邊，所以沒有被他發現。

我怕他們發覺我們識破了他們的壞心眼，立刻招來大禍，連忙把她帶住，悄悄地坐在路邊。

「那個龜兒子的福氣倒眞不錯，討了個那樣漂亮的老婆！不知道他龜兒子幾世修來的？」另一個右手提魚的士兵說。

「格老子！今天晚上大家安逸安逸，不能讓他龜兒子一個人獨食！」另一個士兵接腔。「最好格老子把他幹掉。」

我不自禁地打了個寒噤，她蒙着臉嚶嚶地哭泣起來。

「我還是早點死了吧！免得連累你！」她突然抬起頭來對我說。

「不要自己尋死，」我安慰她說：「我沒有做虧心事，如果應該今天死，我也決不逃避。」

她伏在我身上哭泣。

我看看那幾個士兵已經走下山坡，輕輕地推她一下：「現在我們可以走了。」

「我們最好不要自投羅網？」她抬起頭來望着我說：「能夠避一下就避一下。」

「前不巴村，後不巴店，我們無處可逃。」我打量一下周圍的形勢說：「甘竹是個鎭市，老百姓多，我想他們不敢無法無天？」

她無可奈何地站了起來，扶着我艱難地行走。

我們到達甘竹時已經暮色蒼茫了！

鎭上沒有一個難民，到處都是散漫的士兵。有的提着槍東找西找，有的解開扣子，披着草黃的上裝游蕩。

幾十戶商店人家，多半關門閉戶，門板上用粉筆號了字，我們看了好幾家，希望有一家老百姓肯收留我們，結果却遭受士兵們無禮的吆喝，招來許多貪婪的眼光。

有一家老百姓從廚房伸出頭來同情地望了我們幾眼，但都噤若寒蟬，不敢作聲。

我們在萬般無奈之下，只好在鎭邊的一個小土地廟裏棲身。因爲這裏離廣昌還有二十里，黑夜趕路更危險，只要有一個士兵提槍跟縱我們，他就很容易把我解決，將她蹂躪。所以我不敢走，同時她也寸步難行，我們只好擠在這個土地廟裏聽天由命。

我們又累又餓，大行軍鍋裏的飯香刺激我們，使我們更飢腸轆轆，她不時輕輕地嘆氣。

雖然我們疲憊得要命，但是不敢瞌睡，她更是恐懼地睜大眼睛。她幾次想在牆壁上碰死，都被我拉住。

「不要單獨尋死，」我對她說：「現在我們要生死同命，也許不致於——」

「我死了你就沒有事，你可以脫離虎口，連夜趕到廣昌去。」她說。

「我不能做這樣的事，」我搖搖頭：「死生有命，該怎樣死就怎樣死。」

她伏在我身上哭泣，身體顫抖得像一隻待宰的母鹿。

我已經把生死置之度外，反而鎮定起來。

「不要哭，眼淚感動不了惡人。」我搖搖她說。

「如果眞的出了什麼事，我怎麼對得住你？」她坐起來說。

「我說了死生有命，不要再想這些問題。」

於是她雙掌合在胸前，喃喃地祈禱，輕輕地哭泣。

我思潮起伏，在離開南城以前，我萬萬沒有想到會遇上這樣的事。以前打仗時我都很少想到死，現在我却不能不想到死了。那個士兵的話使我想到刺刀和手槍，我不知道她們究竟用那一種武器對付我？

我靜待惡運的來臨。

突然，我聽見脚步聲，接着是手電的閃光。

我的心一跳，她一把抱住我哭着說：

「他們眞的來了！怎麼辦？」

她的身體抖得很厲害，愈走愈近的脚步聲，也使我有點發抖。

突然一道電光直射過來，照在我的臉上，使我的眼睛睜不開，她一聲尖叫，死死地摟住我。

「龜兒子！格老子早就發現你們形跡可疑，要不是你們這班漢奸，日本鬼子怎麼會老抄老子的後路？」

我一聽這罪名可不小，大吃一驚，大聲地說：

「同志，你們別寃枉好人，我們不是漢奸！」

我覺得我身上挨了一槍托，有幾隻手把我們兩人提了起來，拖出土地廟。手電一亮，我看見那個端步槍的正是用手榴彈炸魚，又把魚掛在槍尖上的士兵，我倒抽了一口冷氣。

她駭得大聲哭叫，却被一隻手硬把嘴巴堵住，叫不出來，同時有人用力把她摟着我的手拉開。

「同志，」我改用四川話對他們說：「我們不是漢奸，前兩年我也是軍人，我在你們川軍當過排長，你們是那一軍那一師的？」

他們楞了一下，隨即有一個士兵說：

「你龜兒子不要妄想和格老子川軍攀親帶故，曉得你龜兒子是那裏鑽出來的野種？」

「同志，我不敢冒充。」我連忙說出軍長、參謀長、師長的姓名。

他們鴉雀無聲，過了一會一個兵士說：

「好的，格老子帶你龜兒子去見連長，如果你龜子有半點假冒，馬上就送你龜兒子去見閻王！」

於是兩個士兵架着我走，其他的士兵架着她，但不是和我一道。

「她是我太太，應該讓她和我一道。」我急叫着。

「龜兒子，不要這麼小器，你們分開一下有什麼關係？」一個士兵輕佻地說。

她極力掙扎，但是徒然，連聲音也像悶在水裏。

兩個士兵把我挾到一個店舖裏，我看到一個穿圓領白汗衫的光頭坐在桐油燈下吃鷄喝酒，我馬上認出他是我的同隊同學許鐵吾，我立刻大聲叫喊：

「許鐵吾！許鐵吾……」

他回過頭來楞了一下，但很快地認出是我，笑着走了過來。那兩個士兵自動把手鬆開。

「老許，閒話少說，快要他們去把我太太找來！」我指着那兩個士兵對他說。

他先是一楞，隨卽恍然大悟，朝那個士兵把手一揮。

「快去！」

那兩個士兵連忙跑開，我這才到他房裏把經過情形講了出來，他顯得有點尷尬。

「老許，今天如果不碰着你，我們眞不堪設想了！怎麼紀律還是這樣壞？」

「老吳，幾十年的風氣，一下子怎麼改得過來？」他向我尷尬地一笑。「如果我也像你哥子一樣，早就氣跑了。」

我沒有心思和他談這些，我關心她的遭遇，我在他房裏急躁地走來走去。

不一會那兩個士兵把她帶了過來，她披頭散髮，一看見我就撲在我的身上哭了起來。

許鐵吾看了不好意思，故意大聲地叱責那兩個士兵：

「龜兒子！你們郎格搞的？大水冲到龍王廟，自家人不認識自家人！二天如果再亂來，格老子就剝你們的皮！」

我知道老許一方面是維持自己的尊嚴，一方面也是敷衍我的面子，罵了幾句也就算了，還能希望他眞的剝他們的皮？

那兩個士兵唯唯而去之後，老許立刻回過頭向我抱歉地說：

「老吳，眞對不起，讓嫂子受了一場虛驚。」

我不知道她是受了一場虛驚？還是遭了不幸？此刻無暇追問，反而指着老許對她說：

「這是許連長，我的軍校同學，謝謝他這位救星。」

「謝謝許連長。」她向他微微一鞠躬。

老許臉微微一紅，自責地說：

「嫂子，眞對不起，這只怪我管教無方。」

他隨卽吩咐勤務兵替我們騰出一個房間，讓她先進去休息一下。同時要伙伕準備飯菜。

我不便和她進房，只好留在老許房內和他話舊。

老許和我是同隊同學，我們兩人一道分發到四川部隊當見習官，他是四川人，本來就是四川部隊保送的，不但不受排斥，還很受歡迎，而且他像一般四川人一樣，有很大的適應性。他雖然和我一樣發現部隊裏有很多毛病，可是他不作聲。我因爲不是四川人，在先天上就受排斥，加之對那些敗壞軍紀的事我一定要講，而且處罰過士兵，所以幹到中尉排長我就幹不下去，一張長假條子就脫下了二尺五，軍校那段苦完全白吃。想不到他很快就幹上連長了，不過不是原先我們那一團。

「老吳，你哥子結婚時怎麼也不給我一張喜帖？怕我送不起禮是不是？」

我沒想到他會問這樣的問題，感到有點窘，但一想部隊流動性大，便支吾地說：

「你們今天東，明天西，誰知道帖子往那裏寄？」

「那我今天補個禮好了。」他說。

「不必，不必。」我連忙搖頭。「今天得你搭救，我們就感激不盡了！」

「你哥子再說這種話，格老子要鑽地洞了！」他向我一笑。

本來想好好地罵他一頓，把那幾個混帳士兵抓來捶頓屁股，但一想到這還是無法無天的地方，也就點到爲止了。

吃飯時他把自己吃的鷄也熱好端了出來，他原先是一個人喝酒，沒有吃飯，現在他和我一道再吃。本來他要我喝點酒，但我太餓，不想喝空肚子酒，婉謝了。

他對姚小姐左一句嫂子，右一句嫂子，起先她還有點臉紅，不時看我一眼，後來也漸漸坦然了。她的頭髮梳了一下，不像剛才那樣蓬亂，心情好像也平靜了一些。我們都是早晨在南豐吃的早點。現在都很餓，我吃了四五盌，她也吃了三盌。菜很好，有鷄有魚，我知道這都是不花錢的。

飯後，他對我們兩人說：

「這兩天你們太辛苦了，你和嫂子早點進房休息，龍門陣我們二天再擺。」

本來我想和他聯床夜話，渡過這道難關，但他先提了出來，使我猝不及防，眞不知道如何是好？姚小姐生怕我露出破綻，連忙向我把頭一點，而且立刻起身走進房去，我只好跟在她的背後。走到房門口我又遲疑了一下，她回過頭來向我使個眼色，我一脚跨進去，她隨手把門關上，把背往門上一靠，眼淚便像斷線的珍珠簌簌地掉下來。

桌上的桐油燈閃着暗淡的光，照在她曬得發紅的臉上，現出兩行清淚，像兩條蚯蚓爬在赭紅的地上。

「妳沒有受什麼委屈吧？」我輕輕地問她。

「要是再遲一步，我就沒有臉見你了！」她抹抹眼淚說。

我輕輕地吐了一口氣。

我掃了房裏一眼，房間不大，窗很小，上方有一張古老的大木床，床上有一張舊得發紅的篾蓆，一床被單，一對長枕頭。床前有一張方桌，一把竹椅，一隻陳舊的衣櫃。

「我沒有想到事情會弄到這種地步，現在眞使我進退兩難。」我望望她說。

「如果不是遇着你，我已經落入了老虎口！」她望了我一眼，又低下頭去絞弄衣角：「這兩天我們同生死，共患難，現在又何必顧那些禮數？」

「如果不是遇着老同學，我八成見見閻王了！」我也感慨地說：「怎麼能進這個房？」

她抬頭望了我一眼，又滾出兩顆眼淚。

「她們先前打了你什麼地方？」她忽然關心地問我，同時走了過來。

「胸口。」我指着胸口說。

她望着我，眼淚汨汨地流。我看她剛才一步一跛，指指木床對她說：

「妳上床休息一下，站着吃力。」

我自己也感到兩腿好像不是自己的，先往竹椅上一坐。她看我坐下了，也一跛一跛走到床邊，在床沿上坐了下來。

「我的脚好痛，起了好幾個大泡。」她脫掉一隻鞋，皺着眉揑揑脚。

「把它挑破，就會好些。」我說。

她聽我的話，從頭上抽出一個髮夾，把襪子褪了一半，又突然停了下來，含羞地望着我說：

「你不介意吧？」

「不。」我搖搖頭。

她迅速地把襪子脫下。她的脚小巧而白嫩，脚趾與脚板之間起了三個紫色的大血泡。她咬着牙一一挑破，流出紫色的血水。

她把兩隻脚的血泡挑完之後，我對她說：

「夾子借給我，我的脚也起了泡。」

她連忙把襪子鞋子穿好，走了過來揚着夾子向我一笑：

「我替你挑。」

「不，不！」我連忙搖手：「我的脚又髒又臭。」

「沒有關係，我不在乎。」她笑着回答。我第一次看見她笑，笑得像剛開的百合花。

「不，我不慣受人服侍，」我搖搖頭，伸出手：「請你把夾子給我？」

她笑容一斂，滿臉懊喪，無可奈何地把夾子遞給我，嘆口氣：

「你老虎口裏拖猪，照理我一切都屬於你，替你挑幾個血泡又算什麼？」

「不，我沒有這樣想過。」我用力搖頭。「妳快點上床睡覺，明天我們還要趕路。」

「你呢？」她兩眼凝視着我。

「我就在椅子上靠一靠。」

「椅子讓給我，你上床去睡。」

「我當過軍人，隨遇而安，一兩夜不睡也熬得過去。」我說：「妳可不同，我相信妳沒有吃過這樣的苦。」

她突然眼圈一紅，雙手蒙着臉哭了起來，我把她扶上床去，她伏在枕頭上啜泣。我眞後悔我不該說這樣的話。

我讓她哭，以減輕她心頭的負擔，我回到椅上，迅速地挑破了幾個血泡。

脚上的痛苦減輕了，肚子也很飽，過度的疲倦使我睜不開眼睛，我在她輕微的啜泣中靠着椅子朦朦朧朧地睡着了。

一覺醒來，我發現我身上蓋了一床被單，她靠着桌子站在我的面前，脈脈地看着我。

「怎麼？妳沒有睡？」我驚奇地問。

「睡了一會，」她點頭微笑，素淨的臉如雨後的天空，明朗，清新。「不過沒有你睡得好。」

我看看太陽已經穿過那個狗洞般的窗口，射了進來，連忙一躍而起。她從我手上接過被單，抱上床去，疊好。

我打開房門，走到許鐵吾的房間去，劈頭就問：

「老許，前方的情況怎樣？」

「南豐還沒有丟，聽說敵人正在南城姦淫擄掠。」

「你們走不走？」

「不。」他搖搖頭：「我們在這裏待命」。

「那我先走了。」我說。

「飯菜已經預備好了，你們快點洗臉吧。」他說。

於是，我們匆匆地洗過臉，吃過飯，我揹起背包，她提着包袱，一道上路。

老許送了我們一段路，分別時他開玩笑地對她說：

「嫂子，你們結婚時沒有請我吃喜酒，二天生了娃娃，可別忘記請我吃紅蛋囉！」

我被老許這兩句話說得非常尷尬，她却笑着點頭。

中午時我們走到了廣昌，廣昌擠滿了難民，這個小山城也顯得有點驚慌。在車站我碰到了一個熟人，他幫忙我買了兩張到寧都的黃魚票，我們眞像兩條黃魚樣地關進一輛木炭貨車的車廂，而且不敢吭氣，像賊一樣。

到寧都已經天黑了。寧都却呈現着空前的繁榮，街上燈光閃耀，萬頭鑽動，地攤如雨後春筍，旅館，客棧，住滿了有錢的難民。我們費了九牛二虎之力，才找到一個小客棧容身。

因爲聽說寧都和雩都之間的賴村是土匪窩，徒步旅客難民常遭打刼，我便不敢冒險步行，但也沒有錢再買黃魚票，我決心在街上車站轉轉，看看是否能搭上去贛州的便車？

我爲了讓她多休息一下，便單獨走出去。在街上就碰到幾個熟人，而最難得的是碰到一位同鄉，他在寧都唯一的一家四開小報當採訪主任，他說報社正需要一個編輯，便不由分說地拖我去見總編輯。我因爲到贛州去工作並無把握，在南城教書時也兼了當地一家四開報的編輯，所以和他一道去了。想不到見了總編輯，談了幾句話，就當面把工作決定了。

「但是我還有一個問題。」出來後我對我的同鄉說。

「什麼問題？」他說。

我便把姚小姐的事源源本本地告訴他。他聽完以後笑着一拍大腿：

「傻瓜！你和她結婚不就得了？何必送她去贛州？」

「我不能乘人之危。」我堅決反對：「何況她已經訂婚。」

「你真的決心送她去贛州？」他問我。

「最少我也要替她找部去贛州的便車。」我說。

「這倒容易。」他點點頭，帶我到車站去。

他的熟人多，吃得開，真的找到了一部便車，不要一個錢，而且，老板和司機還很客氣，明天上午八點開。

回到小客棧，我將我找到了工作的事告訴她，她聽了非常高興。可是當我把替她找好去贛州的便車的事告訴她時，她却低頭不語。

「車子明天上午八點開，我送妳到車站。」我補充說。

「我不去贛州了，我也留在寧都。」她忽然抬起頭來望着我說。

「那怎麼行？」我望着她說：「我在寧都有工作，去不去贛州無所謂，妳和我不同。」

「我也在寧都找工作好了，你看看報館要不要校對？」她兩眼盯着我。

「妳婆家在贛州，妳怎麼可以中途停下來？」

「我不去贛州，永遠不去贛州了！」她紅着臉說。

「那怎麼行？將來的閒言閒語難聽！」

「我又沒做什麼壞事，問心無愧。」她勇敢地說。

「妳有約在先，我們相見太晚。」我說。

「那是我父母主持的婚約。」她把身子一扭。

「所以現在妳更應該去贛州。」我加重語氣。

她聽我這樣說，馬上軟弱地倒在床上，傷心地哭了起來。

第二天清早，我送她到車站，她的眼淚一直不停地流，我心裏也非常難過，但我不敢在她面前流淚，我還強作歡笑地講些不着邊際的話。

當我把她扶上車廂時，她攀着木板哭着對我說：

「早知如此，我情願被日本人亂槍打死！」

車子開動時，她已經哭得像個淚人，白底黑點的花短褂上洒滿了密密麻麻的淚痕；我也淚眼模糊，不敢再多看她一眼。

下午三點多鐘，從賴村傳來一個消息，說是一輛開往贛州的車子被刼，司機遇難，車上唯一的女客被土匪拖上山去做壓寨夫人。這消息真如晴天霹靂，使我楞了好半天，後來我去找那位同鄉，請他想個法子搭救，他兩手一攤，衝着我說：

「誰叫你把她送進虎口？老虎嘴裡拖猪，有個屁的法子！」

我被他駡得啞口無言，眼淚往肚裡流。

婦人心

劉明誠和他太太坐在沙發上一面吃飯一面看電視。他們的孩子都大了，結婚的結婚，做事的做事，連小女兒也在大學夜間部唸書，都不在家。他們夫妻兩人晚上多半看電視消遣，劉太太更是電視迷，尤其是歌唱節目，和電視劇更不會錯過。

放映廣告時劉明誠便低下頭來吃飯。茶几權當飯桌，自然低了一點，豆芽排骨湯又不在他面前，他必須把手伸遠一點才能挾到排骨。他正吃得津津有味時，他太太突然驚奇地說

「怎麼朱丹在這裏主持節目？」

他抬頭一看，也不免一怔。風致嫣然地站在那裏講話的不正是朱丹？他已經兩年多沒有看見她了，她還是那麼年輕那麼漂亮，口齒又那麼清楚，道道地地的京片子，聽起來格外悅耳，比原來的那位節目主持人不知道高明多少？她看來只有二十四五，比她的實際年齡小多了。她是屬於「春不老」這一型的女人，今天這身新穎的花旗袍裹在她的身上使她顯得更加窈窕，那麼盈盈一握的細腰，你怎麼也不會相信她是生過三個孩子的女人。那張秀氣的瓜子臉，總是那麼白，那麼嫩，不需要一點脂粉。

「朱丹眞有辦法，她怎麼又跑到電視公司來了？」劉太太自言自語地說。她知道朱丹當過打字員，播音員，秘書，作過不少的事，在人浮於事的今天，她又幹起熱門工作——電視節目主持人，這的確不簡單。

「人往高處走，水向低處流，這有什麼奇怪的？」劉明誠說。

「不過女人老是在外面作事，總不大保險。」劉太太說。「何況朱丹又像一朵牡丹花兒，人又能幹。」

「妳又聽到那個長舌婦的流言流語？」劉明誠望着她說。

「她半年前就離婚了，這條巷子裏誰不知道？」她沒有好氣地回答。

「怎麼我不知道。」他不免暗暗吃驚，想不到她眞的離婚了。

「誰像你這個木頭人？」

他沒有作聲，他聽了她的話心裏又好笑又好氣，他心裏有個秘密，雖然現在朱丹已經離婚，他也懶得向她吐露。

朱丹和他們是住在一條長巷子裏的不太近也不太遠的鄰居。他第一次發現她時，是她和她丈夫一道帶着三個孩子在巷口的公共汽車站等車。她的丈夫身體很好，只是臉上飽經風霜，像個黑炭頭，和她的白嫩恰成強烈的對比；人也是頂老實本份的樣子，眉尾眼角都向下彎，嘴角也向下彎成個弧形，和她站在一塊兒顯得很不調和，如果不是孩子叫她們爸爸媽媽，你就想不到他們會是一對夫妻。奇怪的是，三個孩子都像她丈夫，連那個女孩子也和她丈夫一模一樣，竟沒有一個像她！

等車時無事，熟識的人就不免閒聊起來，因此他知道她先生姓姜。可不知道她自己姓什麼。他是在這條巷子裏住得最久的居民，很多人都認識他，有些熟人還開玩笑地叫他「大畫家」而不稱名道姓。他是個很篤實的人，沒有一點大畫家的架子，儀容整潔，服裝乾淨而單純，顏色總是黑的、灰的、咖啡色的，連領帶襪子也配着同樣的顏色，決不會兩樣。所以在表面上絕對看不出他是個藝術家。他的詩文也寫得很好，可是被畫名所掩，因此人家都叫他畫家，而不稱他詩人作家。熟人叫他「大畫家」

，他不以為忤，也不以為榮，總是微笑點頭招呼。可是朱丹第一次聽人家叫他「大畫家」時，不免好奇地看了他一眼，從頭到脚打量一番。他在和別人談話，一點沒有注意。

第二次他們在巷子裏相遇時，已經事隔一個多月。

這是下午六點多鐘光景，他正從外面回來，她却從家裏出去。她向他點頭微笑，他也笑着點頭還禮，可是彼此都沒有講話。他是回家吃飯，她怎麼在吃飯時出去？上次碰見她時，她是和丈夫一道，又帶着三個孩子，怎麼現在她單獨出去？他第一次看見她和丈夫站在一塊時，就覺得有點兒不調和，像他繪畫時偶爾調錯了顏色一樣不是味兒，他好奇地回過頭來望她一眼，想不到她也正回過頭來看他。四目相遇，他覺得有點兒不好意思，她的臉也微微一紅，如初綻的玫瑰，格外嬌艷，使他的心神一怔。他很多年來沒有這種感覺。

回到家裏還是心神不定，想起她低頭碎步跑着去趕車子的窈窕背影，她包頭的藍紗巾在腦後一飄一飄，百褶藍裙像起伏的藍色的波浪，使他覺得格外美，他想畫張畫，又想寫首詩，可是他心緒不寧，沒有繪畫，也沒有寫詩。

第二天上午八點多鐘，他從家裏出來，準備去參加一位畫友的書畫展覽揭幕儀式，恰巧碰見她也從弄堂裏走出來，他不知道如何是好？招呼不是，不招呼也不是，他正感到左右爲難時，她却大方地說了一聲：

「劉先生，您早。」

「姜太太，您也早。」隨後又笑着問她一句：「姜太太，您怎麼知道我姓劉？」

「那您怎麼知道我姓姜？」她笑着反問一句。

「是那天在車站聽別人講的。」他說。

「我也是一樣，」她輕盈地一笑：「要不是那天聽到別人談話，我眞不知道大畫家劉明誠就是您！」

「雕蟲小技，不足掛齒。」他謙虛地說。

「劉先生，我可久仰得很呢！」她笑盈盈地說：「十年前我做學生時就看過您的畫展。」

「那時還嫩得很。」劉明誠說。

「劉先生，我倒認爲十分高明。」

「見笑，見笑。」劉明誠一疊連聲地說。又打量她一眼問：「姜太太，十年前您大概還是小學生？」

「不！」她搖頭一笑：「我已經上大學了。」

他哦了一聲，又打量她一眼，現在她還像個大學生，怎麼十年前就上了大學？那她現在不有三十上下了？

「眞抱歉，那我看走了眼。」他說。

「其實那時我眞像小學生一樣，十分好奇。」她說。「想不到一看了您的畫我就歡喜。」

「謝謝您。」

「劉先生，什麼時候您再開畫展？」

「還說不定？」他遲疑地回答。開畫展不是一件簡單的事。

「是不是寫文章作詩的興趣更高？」她望着他問，三分含羞，七分好奇。

「不，」他連忙搖頭。「那只是遊戲筆墨。」

「劉先生，我倒覺得您的詩文比畫更見性情。」

他微微一怔，他寫作了二十多年，還沒有聽見別人講過這樣的話，他太太更是隻字一提。因此他一半感激一半謙虛地說：

「謝謝您的金言，姜太太，您倒眞是個行家。」

「恕我亂講。」她開心地一笑，隨後又問：「劉先生，您在這兒住了多久？」

「啊，十年了？」他說。「您呢？」

「我搬來才三四個月。」她說。「奇怪，您怎麼會在這兒一住十年？」

「這地方雖不怎麼好，可是習慣了就捨不得搬。」

「劉先生，您是老鄰里了，我新來乍到，以後還要請您多多關照呀？」她望着他說。

「鄰居本來應該守望相助的，這點您不必躭心。」他說。「我們這兒的治安好得很，沒有小偷。」

一部車子疾駛到站，她笑着對他說：

「我要搭這部車子上班，對不起，我先走一步，回頭見。」

她碎步跑過去。他不是搭這一路車子，望着她跑開，她的步子輕盈得很，不像一般結過婚生過孩子的女人那麼蹣跚。

他的心情十分愉快，想不到她會先和他打招呼，而她又居然是一位知音。他雖然能寫能畫，並且享有盛名，可是內心裏總有一種落寞之感，認爲現在的人都是一窩蜂，瞎起鬨，眞正瞭解他的作品的人不多。他偶然畫過幾幅抽象畫，批評家就說他的畫風轉變了，邁入了一個新的境界，又向前跨一大步，其實那幾幅抽象畫都是倒掛着的，竟沒有一個人看出來，他心裏不禁好笑，也更增加了幾分落寞之感。想不到這個女人的眼力倒比那些批評家高。

他到朋友的展覽會場時，又碰到不少畫家、作家、批評家，大家寒暄了一陣，有一位朋友悄悄地問主人：

「賣畫的事兒你安排好了沒有？」

主人笑着點點頭，大有心照不宣的樣子。

他在展覽會場就擱了半個鐘頭，又去了幾個地方，中午回家時沒有碰見她，以後一連十多天都沒有碰見。他心裏有點兒悵然若失。

一個毛毛雨的天氣，他忽然在大街上碰見她，她顯得非常的高興。笑盈盈地問：

「劉先生，怎麼這麼久沒有碰見你？有什麼貴幹去了？」

「這一向沒有什麼事兒，不大出來。」他也笑着回答。

「是在家裏作詩還是畫畫？」

「只畫了兩幅畫，大部份時間是讀書。」

「你的生活倒也頂愜意，」她羨慕地說：「現在最難得的就是你這份閒情逸緻。」

「有時也閒得發慌。」

「不妨出來找點兒靈感。」

「街上車水馬龍，鬧鬨鬨的，有什麼靈感？」

「劉先生，你這話一點兒不錯，我也是越在熱鬧場合越覺得空空洞洞。」

「哦，對了，姜太太，怎麼好久沒有看見你先生？」

「他上船去了。」

「他是——」

「不瞞你說，他是個海員，終年飄洋過海的，很少在家。」

他又哦了一聲。過了一會才說：

「因此你才出來作事？」

「可不是？」她黯然一笑。「一個人在家裏更無聊。」

「你出來作事，小寶寶誰照顧？」

「請了下女。」她把雨衣的領子往上一翻，把領口扣住，彷彿是不讓毛毛雨打濕頸子。

他撐着傘，本能地把傘遮住她的頭，她笑着說了聲謝謝，聲音又輕又柔。

他們並肩行走，有一會兒沒有講話，忽然她打破沉默：

「這種雨倒很有意思。」

「要是江南的杏花春雨更有意思。」他接嘴。

「這兒不是江南，除了你這位大詩人畫家之外，大概也沒有幾個人能欣賞這種細雨！」

「人同此心，心同此理，你別把我抬得太高了。」

「不是我把你抬得太高，實在是滔滔者盡是傖夫俗子。」

他微微一怔，不禁看她一眼，故意笑問：

「姜先生該不是個俗人？」

「更是俗不可耐。」她坦然一笑。

他想起姜先生那個粗黑樣子，不知道怎麼說好？又覺得這樣和她在街上並肩行走不大合適，因此改口問她：

「姜太太，妳到什麼地方去？」

「我隨便走走。」她說。「劉先生，別老叫我姜太太，我也有我自己的姓。」

他哦了一聲，說聲對不起，又隨口問她貴姓。

「我姓朱，單名一個丹字。」她高興地回答。又問他到什麼地方去？

「我去參加一個朋友的婚禮。」

「好，我不躭擱你的正事，回頭見。」她知情識趣地站住，然後轉身離開。

他望着她的背影，望着迷濛的細雨，心裏也一陣迷濛。

「可惜她嫁錯了丈夫，又是個海員。」他輕輕自言自語。

他悵惘地走進中山堂，走進光復廳。婚禮很熱鬧，他在一個角落裏悄悄坐下，不想和任何人打招呼。他覺得站在證婚人面前的新娘彷彿是朱丹，新郎彷彿就是姜先生，當年他們結婚時難道不是一樣走進禮堂？一樣歡樂？人生眞是一個謎，男女之間眞是一個謎。他不是先知，怎樣也不能揭開這個謎底。

他不大喝酒，這次却獨自喝了幾杯。

席散後他隨着人羣離開禮堂，脚步有點踉蹌。

他迷迷糊糊地上了車，一坐下就閉着眼睛打盹。客人上上下下他完全不聞不問。中途他覺得有個人坐在他身邊，靠得很緊，他覺得那貼着他臂膀的皮肉很細膩滑嫩，鼻子裏又聞到陣陣脂粉香味。他微微睜開眼睛，發覺對面還有兩個空位，他側過頭來望望右邊，朱丹却含情脈脈向他微笑，他揉揉眼睛，正想表示歉意，朱丹却先開口：

「我看你在養神，不敢驚動你。」

「抱歉，今天我多喝了兩杯。失禮，失禮。」

她淡然一笑。看他紅光滿面，好奇地盯着他。隨後又輕輕地說：

「其實你喝了酒氣色更好。」

他用雙手摸摸臉，覺得兩邊臉都有點發燒。

下車時他的脚步還有點兒踉蹌，路面濕漉漉地有點兒滑。她怕他滑倒，攙着他的臂膀靠着他走。

「謝謝你，我還沒有喝醉。」他對她說。

「你說了鄰居應該守望相助，何況現在正是天雨路滑的時候？」她含情脈脈地笑着回答。

他覺得有股電流突然通過他的全身，他不禁一震。又自然地靠着她。

走到她的弄堂口時，她自動把手臂抽出來，望着他說：

「要不要我送你回家？」

「謝謝，我還沒有醉。」

「是不是怕太太多心？」她調侃地說。

「不，不，我實在沒有醉。」他搖晃着腦袋。

「其實，你喝點兒酒才更像個詩人藝術家。」她歪着頭欣賞他的五分醉態，又迅速地跑開，再回過頭來向他擺擺手。

他怔怔地站了半天，才踉蹌地回到家裏。太太看他有三分醉態，衝着他說：

「你從來不喝酒，今天怎麼喝醉了？要是撞了車，怪誰？」

他太太一點不欣賞他的三分醉態，嘮叨了半天。他充耳不聞，心想「這眞是個俗人！」上床便睡。

第二天醒來，他忽然想起昨天的事，彷彿做了一場春夢。

「是眞的嗎？眞有這回事兒嗎？」他這樣反覆詢問自己。他下意識地側過頭來聞聞自己左邊的肩膀，彷彿還遺留着朱丹的髮香和脂粉香。

他有點飄飄然，躺在床上彷彿躺在半天雲裏，他爲了想證實這件事，匆匆起床漱洗，離開家慢慢向車站走去，希望能夠碰見朱丹，可是始終不見朱丹的影子。

回來時他在巷子裏邊走邊想昨夜的情景，還在朱丹的弄口停了一下，右手忽然在大腿上一拍：

「不錯，昨天晚上她扶着我走到這裏。」

他很想再見到她，可是偏偏不巧，又有好幾個禮拜沒有碰見她。

一天下午，他在新公園裏意外地碰着她帶着三個孩子散步，兩人一見都喜出望外。她教孩子們叫他「劉伯伯」，他歪着頭端詳三個孩子，橫看豎看，都不像她。

「奇怪，怎麼他們都像爸爸？」他輕輕地說。

「要是有一個像我，多少也有點兒安慰。」她也輕輕回答。

「你先生還沒有回家？」

她冷淡地搖搖頭，回不回來彷彿無所謂。

「怎麼好久沒有看見妳？」

「我換了一個工作，是晚上六至十二。下午五點半你準可以在車站碰見我。」

他哦了一聲。她又接着說：

「我眞希望多和你聊聊。」

「我也這樣想。」

「那我們找個地方坐坐好不好？」

他看池邊樹下有一張石凳空着，用手一指，她就牽着孩子們走過去。孩子們好動，沒有一個肯坐，他們跑跑跳跳，你追我，我追你，她囑咐他們不要走遠，便在石凳的一端坐下，同時用手拍拍另一端，要他也坐下。

池裏的水蓮正在開放，秋風吹在身上有些涼意，她肩上披着一件黃毛線短外套，只扣着頸上一粒鈕扣，顯得洒脫而優雅。

「那天晚上回家以後你有沒有生病？」她首先發問。

「沒有。」他搖搖頭。

「你的身體不壞。」她望着他讚賞地說。

「生活正常，不糟塌自己。」他欣慰地說：「那次喝酒，算是例外。」

「那次爲什麼破例喝酒？」她偏着頭問。

「我也說不出是什麼原因，只是心裏有點兒納悶。」他望望她，沒有直說。

他記得那天他們在雨中的談話，記得她說過她先生「俗不可耐」。他再看看她這樣粉粧玉琢，瀟洒脫俗，心裡的困惑愈來愈大，因此他鼓起勇氣問她：

「恕我冒昧地問你，你和姜先生是怎麼結婚的？」
「父母之命，媒妁之言。」她輕鬆地回答。
「奇怪？你怎麼會同意？」
「一半兒孝順，一半兒好奇。」
「難道一點兒也不愛他？」
「那時我根本不懂得什麼是愛。」
「現在呢？」
「現在我懂了！」她粲然一笑。
「懂又怎樣？」他也笑問。
「我不愛他。」
「是不是因為他常年在外？」
「不，」她用力搖頭。「要是他天天在家，我們早就分開。」
「分開？」
「這有什麼稀奇？」她淡然一笑。「現在多的是。」
「你還有這種想法？」
「我在等待機會。」她點點頭。
「你不覺得太遲？」
「遲？」她自負地一笑：「今年我才二十九歲，現在的人活七八十歲稀鬆平常，何況我們女人的壽命更長？我還有一大段日子好過，怎麼會遲？」

「但願你能長命百歲。」

「那也不足爲奇。」她頭一昂，微微一笑。

「照你這樣說，我也還有幾十年好活的？」他也高興地一笑。

「可不是？你看來不過四十來歲。」她打量他說：「以後的日子自然還長。」

「可是我快五十了。」

「五十還沒有開始呢！」她粲然一笑。「何必賣老？」

她這兩句話突然使他年輕二十歲，使他雄心勃勃，使他也想反叛。他覺得他太太越來越像老太婆，越來越俗氣，越來越討厭。卽使倒退二十年，也無法和她相比。

「本來我心如古井，準備作老太爺，照你這樣說來，我還有點兒作爲？」他望着她說。

「畢卡索八十多了，生活還是多姿多彩，他何曾服老？」她說。「我們中國人就是這點兒差勁。」

「因爲我們的身上背着五千年的歷史文化。」

「一個藝術家何必也這樣婆婆媽媽？」她掀起嘴角一笑，露出一個淺淺的酒窩。

他一時語塞，覺得她的話也有道理。畢卡索八十六了，還是生龍活虎，他一生的豔史眞多，現在還是和一位過去是他的模特兒的年輕太太住在別墅。

她看他不作聲，便問：

「現在很多畫家都開班收徒，你收了學生沒有？」

「沒有。」他搖搖頭。

「爲什麼不收？」

「我怕誤人子弟。」

「我很想學畫，破例收我這個學生如何？」

他笑而不答。他很想有她這麼一位「高足」，可是自己的畫室太小，太太又不懂風趣，更無雅量，怕她惹些閒氣，受了委屈。因此不語。

「是不是怕太太呷醋？」她調侃他。

「不，是我的畫室太小。」他言不由衷地說。

「我的房子倒不小，你能不能到舍下賜教？」她望着他說。

他覺得不能一口回絕，只好說：

「讓我考慮考慮。」

「是不是要請示太座？」她望着他刁鑽地微笑。

「不，她只要鈔票，不大管我的事。」他搖搖頭。

「那你就沒有理由不答應教我了？」

理由還多，但他不便明講。只說還有很多事需要料理，改天再答覆她。

她知情識趣，適可而止。

這天晚上他却通宵失眠。他很想答應她，但瓜田不納履，李下不整冠；好事不出門，惡事傳千里。現在的人，尤其是女人，個個都是廣播電台，又愛捕風捉影，他不能不謹愼。

可是一見了她的面，他又不能鐵石心腸地說個「不」字。經不起她再三催問，他終於答應了她。

第一次去她家裏，他像做賊一樣，既怕太太知道，又怕鄰居知道，在人不知鬼不覺的情形下，走進她的家。

她住的是一棟新蓋的公寓的二樓，有三十坪大小，三房一廳，有一個房間很大。

她看見他來非常高興，把事先買好的日本蘋菓梨子招待他。他不願意她這麼破費，亦莊亦諧地說：

「你是要我來教畫？還是要我來吃東西？」

「不成敬意，吃了再教。」她笑着回答。

「下次再這樣破費我就不來了。」他笑着說。

「好，下次我用白開水奉敬。」

她替他把蘋菓梨子皮削好，她的手法靈巧，皮一圈圈削掉，厚薄勻稱，而又不斷。

「妳這雙手很巧，可以畫畫。」她望着她纖纖的十指，讚賞地說。

「但願它有點兒靈性，不把老虎畫成狗就行。」她笑着回答。

他一面吃蘋菓一面和她閒談學畫的步驟和一般原則，而且提供他個人的看法：

「現在一般人學畫就止於學畫，其實同時應該學詩、學詞、練字。這樣才能提高畫的意境。」

「還應該多多遊歷名山大川是不是？」她馬上插嘴。

「對，完全對！」他笑着點頭：「你能舉一反三，進步一定很快。」

「全靠你大力栽培。」她亦莊亦諧地說。

「我決不藏私。」

隨後他們就走進那間佈置得很雅緻的大房間，他先教她用筆用墨的方法，一面說一面示範。她很聰明，一學就會，因此他打趣地說：

「這樣下去你三個月就可以開畫展了。」

「禿子跟着月亮走，但願有一天我們能來一次師生合展！」她笑着說。

第一次兩小時很快就溜走了，兩人的心情格外愉快。

他們約定兩天教學一次，每次兩小時。到第三個月最後一次時，她忽然問他：

「你去過橫貫公路沒有？」

「沒有。」他搖搖頭。

「聽說天祥那邊的風景很好，那天你帶我去橫貫公路寫生好不好？」

「遊歷名山大川需要多多盤桓體會，不能走馬觀花。」他說。

「那我們在那邊多盤桓幾天不是更好？」她說。

「你能丟下工作？」

「請幾天假沒有關係。」

「我怕我抽不出空來。」他遲疑地說。

「這倒巧了！」她偏着頭笑。「我在外面作事，倒能請假；你又不上班，難道還抽不出空來？」

「各人的情形不同，雖然是幾天時間，也得事先有番安排。」

「就是有天大的事也希望你能放下來，帶我去橫貫公路走一遭。」

他勉強點頭，先過第一關。可是事後考慮，他覺得不能再前進一步，他們已經走到懸崖的邊緣，再進一步就要掉下去了。他想到她的丈夫，自己的太太，兒女和名譽。而他最不願意的是破壞別人的家庭，雖然他知道她遲早會飛，但他不願因他而起。他心裏十分愛她，但格於形勢，不能繼續發展下去。他掙扎了好幾天，失眠了好幾夜，終於慢慢冷靜下來，慢慢下定決心。他沒有勇氣當面對她說不去，乘她不在家時，他寫了一張條子放在她的畫桌上：

「你的天份很高，進步很快，我已經沒有什麼可以教你的了。橫貫公路我沒有時間去，你一個人去仔細揣摩也是一樣，知我者諒不罪我。」

從此他不再去她家裏教畫，也儘量避免碰見她。

幾天後他偏巧又在街上碰見她。她艾怨地說：

「你什麼都好，可惜缺少一點兒披頭精神。」

朱丹的節目還沒有完。他望着電視機出神，他想爲她畫一幅全身像，也許這是第二張蒙娜麗莎？想不到他太太突然用手肘猛撞他一下：

「你看！朱丹眞聰明，剛才這幾句應急話兒說得多好？」

「她本來就不像你這麼蠢！」他沒好氣地回答。

「我蠢？」她杏眼圓睜地說：「老鬼，你才是個木頭人！」

淑　女

許麗君換了一件淺湖色旗袍上班，顯得格外出衆，大家都驚奇地看她幾眼。她向來不修邊幅，頭髮「淸湯掛麵」，衣服多半是上下兩件頭，不拘質料，不講究顏色和欵式，不中不西，不過是兩件衣服而已。加之身高一百七十公分，比很多男同事都高，人又瘦，不敢再穿高跟鞋，走路懶懶散散，沒有精神，實在辜負了她的又白又嫩的漂亮的瓜子臉。和比她大二十歲，矮一個頭，嬌小玲瓏，終日都穿旗袍，而且質料、欵式、顏色，都最考究，走起路來身子挺直，高跟鞋不徐不急地在磁磚地上篤、篤、篤地很有韻律，充分顯出中國女性高尚優雅的風度的梁月軒剛好是個強烈的對比。可是今天許麗君忽然換了一身淺湖色旗袍，長短適度，欵式又好，突然使大家的眼睛一亮，觀感一新。漂亮的瓜子臉又紅又白，顯得更加漂亮。風度自然優雅高貴起來。

「許麗君，眞的人要衣粧，佛要金粧。」李醉白看了她一眼說：「今天一穿旗袍，果然不同凡響，足見妳從善如流，聽得進好話。」

「誰聽你的？你有什麼好話？」她笑着白了李醉白一眼。

李醉白的大女兒和她同年，彼此雖係同事，他却把許麗君當作晚輩，因此時常開玩笑地訓她。前幾天他笑着對她說：

「許麗君，妳什麼都好，人也長得漂亮，就是不會穿衣服！妳應該向梁大姐學學。」

「我就愛這個樣子，」她把頭一扭，嘴微微一嘟，似笑非笑地說：「不會穿衣服關你什麼事？」

「當然不關我的事。」李醉白笑着說：「我只担心妳先生泡在東京不想回來。日本女人千嬌百媚，又會籠絡男人，那像妳這樣大而化之？」

大家都笑了起來。許麗君結婚不到一個月，丈夫就去日本唸書。現在兒子都快週歲了，丈夫還無歸期，大家都知道許麗君心裡有煩惱，李醉白此話一出，都同聲笑了起來，許麗君自己又好氣又好笑，故意大方地回答：

「用你操個什麼心？讓他討個日本女人好了。」

「妳現在嘴硬，到時候可別哭腫了眼睛。」

「我才不哭呢！」

「許麗君眞可憐，最近已經哭過兩次了。」楊文元插嘴。

許麗君的同事都是四五十歲的人，只有她最小，因此大家都把她當晚輩和小妹妹看待。她高中畢業時來攷打字員，當時就是楊文元主攷的。她白天上班，晚上唸夜間部。高中畢業那年沒有攷取大學，就誤了一年，夜間部又要讀五年，還差半學期畢業。她唸的是法文，又無用武之地。在三年級時就由父親作主結了婚。

「要不是你們欺侮我，我才不哭呢！」

「誰欺侮妳？」楊文元說：「我要是不關照妳，妳怎麼攷得取？分明是妳想先生想哭了。」

大家又笑了起來。許麗君也紅着臉一笑。

「許麗君，妳還記得不記得妳先生是什麼樣子？」李醉白問她。

「怎麼不記得？」她嘴巴微微一撇說。

「你記得什麼？」楊文元說：「你們不是自由戀愛，事先又不認識，結婚不到一個月他就走了，現在事隔兩年，妳記得他是什麼樣子？」

大家都好笑，她自己也好笑。故意強嘴說：

「我兒子像他。」

「你兒子還小得很，妳怎麼能斷定像他？也許妳記錯了？」楊文元說。

「不和你們說，你們沒有一個好人。」

「許小姐，妳不能一竹篙打倒一船人，我可不壞。」半天沒有說話的勒惠平說。

「好，就算你是例外。」許麗君笑着對勒惠平說。

「許麗君，妳眞是寃枉好人，我們誰都不壞。」李醉白說。

「你們姓李的最壞！」她兩眉一揚說：「仗着人多勢衆，欺侮我們弱小民族。」

這機構不到一百人，姓李的就佔了十一個，而且課長，股長，主任又佔了好幾個，她的頂頭課長就是姓李的，他們兩人不大對勁，李課長不在，因此她借題發揮。

「我這個姓李的可不是壞人，也和妳一樣是小職員。」

「你才不和我一樣！」許麗君笑着白他一眼：「你的心眼兒最壞，專門找題材捉弄人。」

「這樣說來，我倒想問妳：妳奉父母之命結婚，知不知道什麼叫做愛情？」李醉白說。

她笑而不答，眼睛裡有點迷惘。她覺得她和丈夫還有點陌生，決不像和他們這些同事這麼熟，彼此這麼了解。楊文元看她那樣子又打趣說：

「她怎麼不知道什麼叫做愛情？她愛過表哥。」

「瞎扯！」她白了楊文元一眼。

「那就是表哥追妳？」

「沒有這回事，我表哥追的是徐主任的小姐。」

「這樣說來，妳根本沒有談過戀愛了？」李醉白說。

「沒有談過戀愛又怎樣？」她白了李醉白一眼。

「那算是白活了。」李醉白笑着說。

「白活就白活，關你什麼事？」

「這樣我的小說就寫不成了。」李醉白笑着回答。

「寫不成活該，關我什麼事？」她也好笑。

梁月軒聽了吃吃地笑。她是個畫家，不愛和男同事講話，論年齡可以做許麗君的母親，可是外表上怎麼也看不出來，而且羞澀沉靜一如少女。許麗君聽見她笑，連忙對她說：

「大姐，他們都欺侮我，妳也不帮腔？」

「我不會講話，怎麼個帮法？」梁月軒笑着說。

「許小姐，妳一張嘴抵十張嘴，還要別人帮腔？」勒惠平說。

「你們的嘴才眞厲害，我不和你們講了。」她拿開打字機上的尼龍套子說。

「許麗君現在也知道愛漂亮了，」楊文元突然這樣說：「今天居然換了兩件衣服，上午一件，下午一件，眞的難得。」

她噗哧一笑，拉着梁月軒跑到前面劉美雲的小房間去。

「陰天打孩子，閒着也是閒着，逗逗許麗君這小丫頭也怪有意思。」楊文元說。

許麗君和梁月軒來到劉美雲的小房間，劉美雲一看見她就大聲說：

「唷，許麗君，妳怎麼穿得這麼漂亮？」

「妳又來了？」許麗君說：「剛才他們尋我開心，我才跑到妳這裡來避難，怎麼妳也尋我開心？」

「不是我尋妳開心，」劉美雲上下打量她說：「妳這件旗袍一穿，人眞漂亮了一倍。月軒，妳說是不是？」

梁月軒笑着點頭。許麗君對她說：

「大姐，這都是學你的。」許麗君指指身上的旗袍說：「說眞的，穿旗袍我還有點不好意思呢。」

「旗袍大方脫俗，怎麼不好意思？」梁月軒望着她說：「妳不是穿得很好嗎？」

「我還在上學嘛，我們女同學沒有穿旗袍的。」

「妳白天上班，穿旗袍不是很好？」劉美雲說：「我們兩人不都是穿的旗袍？」

許麗君看看劉美雲的身材，有梁月軒和她兩個人粗，她心裡想笑。如果劉美雲和梁月軒肥瘦平均一下，那她們兩人都好。

「要不是李先生多嘴，我才不穿呢。」許麗君說。

「李先生倒很有藝術眼光，」梁月軒說：「他自己穿衣服就很注重欵式色調。」

「當然哪，你們一個畫家，一個作家，自然比我這個俗人強。」許麗君說。

「妳是個女名士，不修邊幅。」梁月軒說。

「我隨便慣了，穿得整整齊齊，好像受很大的拘束。」許麗君說。

「李先生的話雖然是玩笑話，可倒眞有點兒道理。」梁月軒說。

「什麼鬼的道理？」許麗君一笑：「他不過是倚老賣老，尋我開心。」

「他過的橋比妳走的路多，他的話代表一般男人的心理。」梁月軒說。

「難道男人都是怪物？心理特別？」許麗君想想好笑。

「沒有一個男人不歡喜自己的太太穿得乾乾淨淨，整整齊齊的。」

「我先生又不在台灣，我何必穿得那麼好？」

「妳新婚時也隨隨便便，沒有注意穿着。」劉美雲說。

許麗君紅着臉一笑。除了結婚大典時她穿旗袍外，第二天她就沒有再穿。結婚時做的幾件旗袍顏色都太鮮艷，她不想穿。身上這件淺湖色的旗袍，還是那天李醉白講過她之後臨時去做的。梁月軒一向穿得素雅，沒有奇裝異服，李醉白要她學梁月軒穿衣服，所以她就做了這麼一件。想不到下午一上班，大家都刮目相看，上午那身裙裝就沒有人誇獎，男人眞怪！這樣說來，李醉白的眼光是眞不錯。他雖然常常開玩笑訓她，聽來很不服氣，想不到其中也有至理？其實李醉白的好朋友王教授是她的老師，王教授在課堂訓她，她覺得理所當然，李醉白講她，她就有點不大服氣，這大概由於是同事的關係，自己升了一級？想到這裡她又不禁好笑。可是一想到李醉白剛才講的「當然不關我的事，我只担心妳先生泡在東京不想回來。日本女人千嬌百媚，又會籠絡男人，那像妳這樣大而化之？」這些話時，心裡不禁七上八下。劉美雲也說她新婚時隨隨便便，沒有注意穿着，怎麼他們都有同樣的看法？

劉美雲看她半天不作聲，又嘩啦嘩啦地說：

「男人沒有一個好東西，都喜歡穿得漂亮的女人。妳先生雖然是個老實人，一定人同此心，心同此理。要是回來了，以後妳可不能大意。」

梁月軒會心地一笑。許麗君也笑着說：

「奇怪，妳們怎麼不早告訴我這些道理？也免得李先生訓我。」

「一來妳隨便慣了，二來我們也不知道妳穿這件旗袍會這麼漂亮嘛！」劉美雲說。

「我本是來找妳訴苦，妳反而尋我開心。」許麗君半嗔半嬌地說。

「說正經話，」劉美雲拍拍許麗君說：「不怪男人爛心，愛美之心人人有之，妳穿得這麼整整齊齊，我看了心裡也怪舒服的。月軒，妳說是不是？」

梁月軒笑着點頭。又以大姐的口吻問她：

「妳先生最近有信來沒有？」

她有兩個禮拜沒有接到他的信，心裡正忐忑不定，不知道是什麼原因？但她不願直說，隨口編了一個理由回答：

「他最近功課太忙，上次來信說暑假會回來看看兒子。」

「妳兒子快會走路了吧？」梁月軒問。

她笑着點頭，顯得十分得意。劉美雲說：

「他這個作爸爸的倒眞愜意，結了婚就遠走高飛，回來看現成的兒子。」

「許麗君眞好，」梁月軒說：「完全聽父母的話，要妳和誰結婚就和誰結婚；結婚以後先生要走就讓他走，自己一點也不留難。」

「他要去讀書我怎麼能躭誤他的前程？」許麗君說。

「他們說妳以前有個男朋友，倒底是眞是假？」劉美雲問她。劉美雲比許麗君梁月軒來得遲，有些事情她還不大淸楚。

「妳聽他們胡說，」許麗君笑着說：「我那有什麼男朋友。」

「無風不起浪，他們總不會造謠。」劉美雲說：「現在事過境遷，告訴我們又何妨？」

「不過是個普通朋友，沒有什麼特別感情。」

「那妳和妳先生結婚之前也沒有感情？」

她搖搖頭。她們兩人都好笑。梁月軒說：

「許麗君眞乖！」

「現在呢？」劉美雲問。

「他是我先生嘛。」許麗君笑着回答。

她們兩人又笑了起來。梁月軒笑着說：

「難怪李先生說妳不知道什麼叫做愛情。」

「我看他自己也未必懂。」許麗君說。

「他那麼大的年紀怎麼不懂？」梁月軒說。

「年紀大的也未必就懂。」

「不懂他怎麼能寫小說？」劉美雲說。「怎麼能談情說愛？」

「那還不是他亂編的。」許麗君笑了起來。

「妳怎麼不編？」劉美雲問她。

許麗君只是笑，沒有作聲。她白天上班，晚上上課，沒有時間看課外書籍。法文老師雖然指定她看過幾篇莫泊桑的小說和福樓貝爾的包法利夫人，但她領略不到其中感情的味道。她想大概是由於她的法文程度不夠？和自己不是法國人的關係，不了解他們的民情風俗，在她看來那只是偷情。中國人可不是那樣。前些時她偶爾看過李醉白一篇小說，味道完全不一樣，但她能完全領會，那大概就是中國人的愛情？她曾經當面問李醉白：

「那是不是你自己的事？」

「我這麼大的年紀了，還談什麼戀愛？」李醉白倚老賣老地說：「只有你們年輕人才會彈那個調調。」

「不是你自己的事，你怎麼我呀我的？」她又問。

「虧妳還唸法國文學？妳連這一點都不懂，眞該打個零分。」

李醉白說得她啼笑皆非。她不服氣，故意和他胡扯：

「不是你自己的事你怎麼能寫？」

「編嘛！」他也故意逗她。「看見別人流眼淚，我就知道是怎麼回事，因此以後妳最好不要哭。」

她反而被他奚落一頓，無話可說。以後她逢人就說他寫小說是亂編，有錢用就不動筆，沒有錢用就像猴子樣爬在桌上，頭也不抬一下，別人罵他也不理會。想到這裡她就好笑。遺憾的是，她和他先生事先沒有戀愛，婚後兩人在一起的時間又太短，沒有他寫的那種深情。倒是對兒子的情感比對先生的情感深。她也不知道那是什麼原因。

李課長來了。「許麗君，許麗君」地叫個不停。別人連名帶姓地叫她，她決不生氣，他一叫，她心裡就無名火起。她兩眉一皺，衝着他說：

「我在這裡，有什麼好鷄貓子喊叫的？」

李課長倒退兩步，看她穿了這一身淺湖色旗袍，痴呆了一會，又把鼻樑上的老花眼鏡向下一拉，低着頭翻着白眼向上瞧她。她白了他一眼，身子一扭，走了。李課長望着她比自己還高的背影，呆在那裡像一截大木頭。

她回到自己的位子上，看見桌上有一份英文文件，看了一遍，便的的答答地打了起來，打得又重又快，打完以後，送到李課長桌上，雙手抱頭地坐在自己的位子上發呆。

「許麗君，妳生誰的氣？」楊文元打趣地問她。

「生你的氣。」她放下手回答。

「好惡，」楊文元說：「我眞担心打字機被妳三下兩下打個稀爛。」

「活該！打爛了自然有人買。」她說。

「打爛了打字機倒不要緊，可要小心別打破了飯碗。」李醉白說。

「打破了飯碗我回家帶兒子，有什麼了不起？」許麗君說。

「回家帶兒子？那多可惜，你爸爸送妳讀了十幾年書那不是白讀了？」李醉白說。

「你小姐大學畢了業，現在還不是在家裡帶孩子？」

「所以我常常罵她沒有出息。」

「女人就是這個樣子，那像你們男人那麼有出息？」

「許小姐，妳這眞是諷刺我們這些小職員。」勒惠平笑嘻嘻地說。

「我還敢諷刺你們？」許麗君展顏一笑。「你們個個不是股長，就是課長，最小也是個課員。我熬了五六年，連一個課員也沒有熬到。」

「妳熬了五六年？」楊文元故意氣她。「我們熬了三十年，頭髮都熬白了，才熬到這麼個小職員，妳還差得遠呢。」

「分明是你們歧視我們女人。」

「難道梁小姐不是女人，她還不是課員？誰叫妳這麼年輕？不早點出世？」

「許麗君，我要是妳，我眞情願年年十八歲，才不想當什麼課員。」李醉白說。「像我們這麼一大把年紀，到那裡都不受歡迎，妳也恨不得早點把我們塞進棺材裡去。」

「誰叫你老不死？」她一面對李醉白說，一面暗地用手指指李課長。

大家都笑了起來。她自己也好笑。李課長拉低老花眼鏡，掛在鼻尖上，翻着白眼望着許麗君這邊，不知道他們爲什麼發笑？

「我們年紀大了雖然不受歡迎，可是離死還早得很。」李醉白說：「人生七十才開始，像妳的課長還沒有開始呢。我更準備活一百歲，還夠妳等呢。」

「活那麼久有什麼意思？」許麗君說。

「意思多得很，妳小孩子怎麼知道？」李醉白說。

「我要是到了你們這種年紀，」她指指李醉白、楊文元、勒惠平他們說：「不死我也跳淡水河。」

「只有你們年輕失戀的人才會做那種傻事。」李醉白說。「上了我們這種年紀，推也推我們不下去。」

「要是許麗君的先生在東京討了一個日本婆子，那她眞會跳淡水河。」楊文元說。

「你放心，他討十個我也不會跳河。」許麗君說。

「妳現在說得大方，要是眞有點風吹草動，妳不哭才怪。」李醉白說。

李課長又叫許麗君，要她拿文件來打。她只好過去，拿了三件過來。李課長又叮囑她：

「今天下午就要。」

她輕輕罵了一聲「老不死！」梁月軒聽了又吃吃地笑。

打好三份文件，已經到了下班的時候。她往李課長桌上一放，就拎起手提袋和梁月軒一道下班。

她和梁月軒同搭一輛公共汽車。梁月軒回家，她上學。

「妳白天上班，晚上上學，眞夠辛苦。」梁月軒說。

「有什麼辦法？沒有那張文憑將來在社會上怎麼混？」許麗君說。

「法文很難唸，在台灣的用處又少。」

「我純粹是爲了混個資格，上了六十分就行，那裡是眞有興趣學法國文學？」

「文學藝術都很難學。」梁月軒說。

「可不是？我們班上的同學沒有一個能寫能譯。也沒有一個想作文學家，那種事兒最少得七分天才。李先生就說過他不是學文學的，可是他能創作，我們的文學教授就只能講別人的著作，自己可不能寫。我們這些本來對文學就沒有什麼興趣的學生自然更不必談了。」

「那妳不是白學了？」

「那倒也不見得，文憑總是有用的。」
「這和我們當初憑興趣讀書不同。」
「妳學美術，可也並沒有用上；李先生寫小說，他作的事更是風馬牛不相及。」
「作事只是爲了吃飯，回到家裡我還不是畫我的畫兒；李先生還不是寫他的小說？」
「我看我將來回到家裡只能帶兒子。」
「現在妳不要帶？」
「都是我媽帶，我要唸書。」
「妳和妳先生的福氣眞好，生了兒子不要自己負責。」
「本來我不想這麼早結婚，完全是他們的意思。」
「女人遲早總是要嫁人的，妳結了婚還是照樣作事唸書，沒有什麼防碍。」
「可是我大着肚子上學時，眞難爲情，」許麗君輕輕地說：「當時我眞想休學。」
「那又何必？」
「女同學男同學一見了我就唧唧喳喳，尤其是男同學，那種眼光才可惡，彷彿我做了什麼虧心事。」
梁月軒輕輕地笑。車子突然停住。許麗君探頭一望，到了站，她連忙向梁月軒說了聲再見，三步兩步趕下車。
她照例到學校附近的小館子吃麵，湊巧同班女同學杜娟娟、王莉莉已先在座。她們兩人一看見她連忙跳起來：
「唷，許麗君，妳今天怎麼穿得這麼漂亮？」王莉莉說。

「別大驚小怪好吧？」許麗君笑着說：「一件普通旗袍，有什麼漂亮？」

「穿在妳身上可眞錦上添花啦！」王莉莉上下打量她說。

「別瘋瘋癲癲，」許麗君輕輕地說：「小心招蜂引蝶。」

「喲，妳結過婚還怕什麼？」王莉莉滿不在乎地說。

「是不是妳先生回來了？」杜娟娟問她。

許麗君搖搖頭。

「那妳爲什麼突然穿得這麼漂亮？」杜娟娟說。

「李醉白說我不會穿衣服，今天我穿這件衣服氣氣他。」許麗君說。

杜娟娟王莉莉老早就知道李醉白，許麗君也同她們談過。

「本來嘛！妳平時太不修邊幅，難怪李醉白訓妳。」王莉莉說：「連我都看不順眼。」

「妳這件旗袍是跟誰學來的？」杜娟娟問。

「從我的同事梁大姐學來的。」

「她最近開不開畫展？」杜娟娟問。

「正在準備。」

「妳的同事都了不起。」王莉莉說。

「有什麼了不起，四五十歲的人了，還不是當小職員。」許麗君笑着說。「不過比我這個小雇員稍微高一點點。」

「像我們無一技之長，將來恐怕還不如他們呢！」王莉莉說。

「有機會就出洋，喝了一口洋水回來就強過他們在國內熬二三十年了。」
「妳先生去了東洋，所以妳才說這種話。」王莉莉說。
「事實如此，他也是不得不去。不然他也捨不得離開。」許麗君說。
「看妳大而化之，其實妳一點也不迷糊。」杜娟娟說。
「作了幾年事，我也學了乖。」許麗君說：「不然我怎麼知道？」
「這樣說來，卽使我們自己不能留洋，也得嫁個留學生了？」王莉莉說。
「可不是？」許麗君說。「幸好妳們沒有結婚，機會還多的是。」
她們三人都在當雇員，都是白天作事。夜晚上學，不能回家吃飯，晚上這一頓都在這家小館子裡吃。三人吃的都是兩塊錢一盌的陽春麵，省得很。匆匆吃完之後，就一道去上課。
走到學校門口，就碰見許多男同學，他們的年紀都比較大，大家都不約而同地把眼光投在許麗君身上，但那是羨慕和驚奇的眼光，沒有一點輕薄味兒。
在課室裡她有點心神不定，同學們不時注視她，同事李醉白和楊文元他們的話又時常在耳邊响起。幸好今天只有兩堂課，一晃就過去了。
她回家時還不到十點，比平時早一個多小時。她一進門就問母親：
「媽，有信沒有？」
她母親笑着搖搖頭。
「奇怪！」她自言自語。
「大偉這孩子眞是——」她母親附和她一句，又安慰她說：「大概是功課太忙？」

「我看他是把我們忘到九霄雲外了。」她把手提袋往沙發上一摔。

「那怎麼會？」她母親說。

「聽說日本女人千嬌百媚，說不定他看花了心。」

「大偉是個老實人，妳可別多心。」

「媽，男人都是偷吃的貓，那有什麼老實人？」

「妳怎麼着？難道妳聽到了什麼閒言閒語？」

「媽，隔山隔海，他縱然風流浪蕩，我也聽不到什麼消息。不過男人總愛拈花惹草，他不來信，自然使人生疑。」

「妳別疑心生暗鬼。既是夫妻，就要互信才是。」

「媽，我對他實在了解得太少，不能怪我多疑。」

「我和妳爸爸了解他，放心，大偉是個老實人。」

看見兒子在車子裡咿咿呀呀講話，她又心花怒放，笑容滿面，連忙跑過去抱他，抱到母親面前笑着問：

「媽，妳看小麟到底像誰？」

「自然像他爸爸。」她母親說。

「怎麼我看不大像？」

「說不定妳看走了眼。」

「媽，說眞的，我眞記不清楚他爸爸是不是他這個樣子？」

「傻丫頭，不是這個樣子是什麼樣子？」她母親笑着說：「不過老子比兒子老，比兒子黑，嘴上長了鬍鬚罷了，此外有什麼不同？」

她仔細端詳兒子一番，想從他臉上找出丈夫的特徵。但是孩子面部的輪廓和大人的不一樣，鼻樑，顴骨都沒有長起來。她記得丈夫右眉心裡有顆黑痣，她父親說那是草裡藏珠，將來會有出息，兒子可沒有。其他部份她眞有點像霧裡看花了。

她把兒子交給母親，趕着洗了個澡，準備自修，可是心定不下來，她索性給丈夫寫信。她心裡雖然狐疑，可是信還是寫得很委婉。「小麟越大越可愛，現在在牙牙學語了。暑假時你能不能回來看看他？」最後她寫下這樣的話。

晚上她帶兒子睡覺，把他摟在懷裡，不時親親他。她聞到兒子一身奶香，可沒有一點男人的氣味。她有點迷惘，也有點失望。

第二天早晨七點起床，匆匆漱洗之後，吃了一套燒餅油條就趕着上班。劉美雲比她先來，一看見她就向她招手，把她叫到小房間裡悄悄告訴她，比她後來的男同事朱正方升了課員。她聽了心裡很不高興，兩次機會都被別人捷足先登，自己沒有托人說情，李課長就毫不攷慮她，而且說了些難聽的話。她來到自己的位子上越想越氣，終於忍不住哭了起來。

李醉白、楊文元他們看見她哭，不知道是怎麼回事。李醉白問她：

「誰欺侮妳了？怎麼哭得這麼傷心？」

「還不是你們姓李的？」她沒好氣地回答。「他也不分先來後到，一而再、再而三地欺侮我這個不講話的人。」

李醉白、楊文元他們聽出話中有因。李課長又沒有來，便安慰她說：

「何必哭呢，下次還有機會。」

「再多的機會也不會給我，不知道他安的什麼心？」

「你馬上大學畢業了，何必在乎一個小課員？」楊文元說。

「你別說風涼話，現在大學生多於牛毛，畢了業又怎樣？」許麗君說。

「當國中教員總不成問題吧？」

「國中有法文嗎？別的課他們會要我教？」

楊文元一時語塞。李醉白說：

「人家四十多了，妳才二十多歲。讓人一着，功德無量，好心自有好報。如果妳不想在家裡帶孩子，何愁日後不能出人頭地？」

「她已經比我高半個頭，早就出人頭地了。」楊文元說。

她嗤的一聲，又破涕爲笑。隨後又如怨如訴地說：

「我在這裡幹了六年，論時間也不能算短，在雇員中可算是最資深的一個。課員缺先後出了兩個，第一次不給我，我沒有作聲；這次又不給我，這不明明是欺侮人？」

「誰教妳不事先活動一下？」

「活動？」她鼻子裡嗤了一聲。「我爲什麼要活動？我才不做那種狗屁倒灶的事。」

「有志氣！」李醉白笑着說。

「你們姓李的眞不是好人！」她擦擦眼睛說。

「只有許麗君是個大大的好人……」楊文元忽然改用蘇三的唱詞唱了起來。

大家都被他惹笑了，許麗君又笑出了眼淚。

李課長來了。大家都不便再談這件事。許麗君也拿起文件的答的答地打起來。

時間過得很快，許麗君五年夜間部的生活終於結束了。她像日間部的學生一樣也戴上了方帽子。拿到學位以後她的心情輕鬆了很多，幾位要好的同事還聯合買了一件紀念品送給她。梁月軒還單獨送了她一幅「綠葉成蔭子滿枝」的國畫，枝頭還畫了一對畫眉鳥。

大學畢業是一大樂事，先生要從東京回來「看兒子」更使她喜上眉梢。楊文元他們知道這個消息又故意逗她：

「許麗君，聽說妳先生快回來了，那天妳在飛機場上可不要接錯了人。」

「胡說八道。」她笑着罵楊文元。

「我怎麼胡說八道？」楊文元說。「妳記得妳先生眼睛鼻子長在什麼地方嗎？」

她忍不住笑了，又罵了一句胡扯。她除了記得他右眉心裡有顆黑痣以外，五官部位形狀實在模模糊糊。楊文元的話使她又好氣又好笑。要是在機場認錯了人那眞笑話。

她先生回來的這天下午，她請了半天假。她父親出差去了，不能陪她到機場。母親要陪她去，她起初覺得勞動母親的大駕不好，準備自己抱着兒子單獨去接。她母親悄悄地對她說：

「說眞的，妳迷迷糊糊，我眞怕妳認錯了人，還是我陪去穩當些。」

她今天又穿了那件淺湖色旗袍，這是他沒有見過的；手上還抱了一個兒子，也是他沒有見過的。這樣一來恐怕他也不敢貿然相認，有母親在身邊那就不會鬧笑話了。

飛機到達以前一個小時，她就帶着兒子和母親一道趕到機場。看見別人買了花環接客人，她也臨時買了一個。

在機場休息室，她心情興奮而又緊張，她看看兒子又揣摩丈夫的長相，但他們父子兩人的面貌她怎樣也聯不起來，她覺得兩人沒有什麼相同之處。

兒子已經會走，不肯抱在手上，要下地來東搖西晃地走路，她只好牽着他走。

接飛機的人都跑到樓上去等，她和母親也跟着人羣上樓。這時正有一架飛機慢慢降落，但那是馬尼拉來的客機，不是東京來的。

好不容易才等到她丈夫那架飛機。它遠遠地飛來，越飛越慢，越飛越低。她的心却跳得特別快，彷彿要跳出口腔來。

飛機終於緩緩降落，停住。梯子一靠好，機門就打開。男的，女的，老的，少的客人魚貫下來。她不知道那一位是她丈夫。忽然她母親把手一指：

「那走在後面的倒數第三位，穿灰色西裝，手上提着皮箱的就是大偉。」

她這才看到目標，心跳得更快。

他抬頭向樓上觀看，似乎是想發現她，但是樓上的人太多，他看不清楚。他漸走漸近，她終於看清楚他的面貌，有種似曾相識的感覺。她又下意識地看看手上的兒子，兩人忽然變得一模一樣。她心裡高興地歡呼：

「他眞的像我兒子！」

她忽然從母親手上搶過花環，跟着樓上的人往樓下跑，往旅客出口的地方擠。終於她發現丈夫走了出來，她搶上一步舉手高呼：

「大偉，大偉！」

他怔了一下，發現是她，跑了過來，一把抱住她和孩子。她差點暈了過去，花環忘記給丈夫戴上，母親在什麼地方她也不知道了。

她像在半天雲裡飄浮，飄浮……她的旗袍共藍天一色……。

白衣清淚

一

當我從一場戰爭的噩夢中驚醒之後，我瞪大眼睛看看四週，仍然是白的墻壁，白的被單，給予我一種從未有過的單純感覺。周圍也是寂靜的，沒有鳥叫，沒有車聲，沒有人的脚步，更沒有我剛才在夢中所見的一堆堆的屍體，一灘灘的鮮血，以及戰馬尖銳的嘶叫，人的慘厲呼號和砲彈的嘯聲。我的腦袋也沒有被砲彈破片轟掉，我下意識地摸摸它，它仍然安全地連接在我的脖子上，我看不見任何戰爭的慘象。除了我自己的呼吸之外，我也聽不見任何聲音，周圍是死樣的和平、寂靜。

突然，我發現床頭邊那個放藥瓶茶杯的小茶几上多了一個花瓶，花瓶裡正插着聖誕紅和夾竹桃花，這顯然不是從花房裡買來的，而是不久以前剛從樹枝上剪下來的，因爲那上面的露珠還沒有乾哩。我伸手把花瓶拿過來，把夾竹桃花湊近鼻尖聞聞，雖然不香，却有一股清新之氣，這也許就是所謂青春的氣息吧？嗅了一會兒，我把花瓶放回原處，我側着頭靜靜地欣賞，聖誕紅紅得非常莊嚴、聖潔，夾竹桃紅得非常嬌艷，這兩種花我都非常喜愛。但是送花的人是誰呢？是那位看護我的張小姐嗎？也許是吧？看樣子她倒是一個可人兒哩！大大的眼睛、眸子黑而亮、長長的睫毛，一閃一閃地非常逗人喜愛，笑起來稍微露出一排整齊雪白的牙齒，那樣子是有點令人神魂顛倒的。假如是她送給我的，那我該怎樣道謝呢？她是一個很不容易應付的女孩子，說得太認眞她會嫌你酸氣，說得隨便她又會怪你不通人情，這幾年來我已經失掉了過去討好女孩子的那份機智了。何況我已經丟掉半邊臉和半截耳朵，半邊牙床露在外面，形像眞是奇醜無比！一想到這裡，我就冷了半截。

「不會是她送的。」我心裡這樣想。我來醫院不止一天，她看護我也不止一天，爲什麼她早不送我呢？她是最清楚我這副醜相的，難道她會忽然對我表示某種好感嗎？

「不會的，絕對不會。」我心裡又這樣想。我還沒有喪失理智，我懂得少女的心理，一個未婚的純潔少女，如果以具有財富、學識、英俊三者之一的男人讓她選擇的話，她是寧可選擇後者的。當年蘇珊之選擇我就是一個很好的證明。現在我已經喪失一切女性喜愛的條件了，何況正是綺年玉貌的她呢？雖然在戰爭中我不失軍人的本色，難道她會喜愛我這個缺了半邊臉半截耳朵的英雄嗎？我想世界上決不會有這樣奇怪的女人，不然那些殘廢的退伍軍人就不會凄凉地度過他的餘生了。

既然不是她，還會有別人嗎？我這是第一次到臺灣來，沒有出過醫院的大門，也沒有和此地的任何人通過信，臺灣對於我是一個完全陌生的地方，無故、無親。

「也許是卜大夫吧？」我心裡又這樣想。是的，卜大夫是個好外科醫生，在醫院裡除了看護我的張小姐之外就算他和我最接近了。這些天來，他細心地醫好了我的創傷，我是非常感激的。但他是一個男人，男人對於這些小事多半是粗心的，尤其外科醫生，他只負責替人醫治生理上的創傷，有時爲了某種理由，他還不惜在病人身上割掉一隻手一隻脚的，至於挖掉幾塊肉那更是毫不在乎的小事，他那會想到給病人送上鮮花呢？卜大夫雖然是個好人，但我敢於斷定這瓶花不會是他送的。那麼還有誰呢？我一時實在想不起第三個人來了。

二

上午八點鐘，張小姐按照慣例走進我的小病房，給我量體溫。量完體溫之後，我指着花瓶笑着問她：

「張小姐，請問這花是誰送來的？」

「你猜猜看？」她黑而亮的眸子挑逗地望着我笑，長長的睫毛幾乎一秒鐘就要閃動幾次。

「是卜大夫？」我下意識地用左手蒙住左臉望着她笑，我生怕她看見我笑時更形露出的牙床。

「不是。」她像搖博浪鼓兒似的搖着她的頭。

「那麼是……？」我驚喜地望着她，不敢說出妳字。

「你猜是誰？」她向我嫵媚地一笑。

「妳……」我鼓足勇氣說出這個字。

「對。」她又向我一笑。

「啊！」我顯得有點驚喜過度，連忙說：「謝謝妳。」

「不要謝我。」她輕輕地搖頭。

「謝誰？」我茫然不解，我覺得非常奇怪。

「謝卜太太。」她清脆地說。

「謝卜太太？」我睜大眼睛張着嘴望着她，她這句話更使我墜入五里霧中了。

「嗯。」她向我點點頭。

「是卜大夫的太太嗎？」我惶恐地問。

「對！」她又點點頭

「我並不認識她。」我搖搖頭。我很不瞭解，卜大夫不送花，怎麼他太太會送花呢？我和她並無一面之緣哪！

「她是我們的護士長。」她提示我。

「啊！」我茫然地啊了一聲，我不知道這是一種什麼情感的反應？我只覺得護士長並沒有和我接觸過，倒是張小姐和我時常接近，她既不送花，護士長為什麼送花呢？這就很難理解了。

「王連長，」她忽然提醒我，望着我說：「我想請問你一句話。」

「有什麼事嗎？」我看她的態度很鄭重，有點詫異，我稍微坐起一點，靜靜地注視她。

「也沒有什麼大不了的事。」她平淡地笑着。

「那麼請說吧。」我的心情鎮定多了，態度也較為自然。

「請問府上什麼地方？」她向我微笑，眼睛發亮，睫毛閃動，那樣子確是很甜美的。

「妳問這話有什麼意思？」我淡淡地一笑。我是來住醫院不是來加入什麼同鄉會的，她一個護士小姐何必問我這些呢？

「沒有什麼意思，」她也淡淡地一笑：「不過隨便問問。」

「湖南。」我也隨便答了一句。

「這我知道，」她指着診斷紀錄簿笑着對我說，隨後又補充一句：「聽口音也聽得出來。」

「那妳又何必多此一問呢？」我不禁失笑。但我怕我的嘴巴張得太大，露出太多的牙床，我又連忙閉緊嘴巴，同時用手蒙住它。

「湖南地方很大，」她爽然若失地說，隨後又裝出一個微笑：「大圈圈裡有小圈圈，你沒有告訴我你是那一府那一縣。」

「因爲妳是護士小姐，不是戶籍人員。」我向她微笑。

「假如我客串一下呢？」她向我俏皮地一笑，眼睛裡充滿了機智和風趣。

「假如妳到過湖南的話，我想妳用不着我再說了。」我想試試她的閱歷。

「你要我猜？」她把頭向左邊一歪，顯出少女的淘氣和天眞來。

「雨天打孩子，閒着也是閒着，你不妨動動腦筋。」我點點頭。

「衡陽？」她兩片薄薄的嘴唇輕輕一啓，兩邊嘴角同時掛上了笑意。

「不對。」我搖搖頭。

「湘潭？」她馬上接着說。

「不對。」我又搖搖頭。

「那不用說是長沙了！」她忽然驚喜地大聲說。

「嗯。」我向她點點頭：「滿意了嗎？小姐！」

「謝謝妳。」她十分高興地笑着轉身走了。

在她正要踏出房門時我大聲地叫住了她。她聽到我的聲音有點異常，不禁一怔，慢慢地走近我的床前，十分客氣地問：

「王連長，有什麼事嗎？」

「張小姐，妳剛才為什麼要查問我的籍貫？」我把身子完全坐起來，我覺得她問得有點蹊蹺。

「我說了不過隨便問問。」她嫣然一笑。

「張小姐，我希望妳講實話！」我臉色一沉。我的部下只要看見我這種陰沉的臉色，那怕我要叫他們跳火坑他們也決不敢遲疑一下的。

「王，王連長，你怎麼忽然生氣了？」她好像受了驚嚇，顯出幾分膽怯的樣子。也許是我這副怪相嚇着了她。

「啊，對不起，張小姐！」看見她那楚楚可憐的樣子，我有點不忍，故意把音調講得特別柔和：「恕我剛才冒犯。」

她的神情也跟着緩和起來，但說話的聲音還有點兒顫抖：

「王連長，我老實告訴你沒有什麼意思，不過護士長說她有個親戚和你同名同姓，你的籍貫又是湖南，她看了診斷紀錄表就有幾分相信你就是她那位親戚，但是她不知道你是那一府那一縣？因為你沒有在紀錄表上塡明，所以她還不敢確定。」

「因此她拜託妳問我？」我靜靜地注視她。

「嗯。」她點點頭，又接着說：「昨天深夜她還親自來看過你。」

「吓？」我心裡十分驚奇，不自覺地把左手放了下來，左邊的牙床自然地露出來了。

「但是她不認識你。」她遺憾地說。

「啊，」我輕輕地啊了一聲，神經鬆弛了下來，然後無所謂地說：「那我準不是她的親戚了。」

「不！」她用力地搖了一下頭：「她說她還不死心，她特別拜託我來向你探問。」

「這眞好笑，天下同名同姓的人多得很。」我不自覺地笑了。

「不！一點不好笑。」她十分莊重地說：「她說你的名字特別，她永遠記在心裡。」

「旣然是親戚，那她怎麼不認識我呢？」我直率地說。

「不，不能怪她不認識你。」她連忙搖手，期期艾艾地說：「你不知道你的改變有多大？」

她這句話使我忽然明白過來。我的眼淚隨卽如泉水般地湧出，我以前的確不是這個樣子的。

「對！我以前不是這個樣子！我以前不是這個樣子！」我用力搥着床舖。

她看見我十分痛苦，顯得有點不安，我怕她看出我心理上的弱點，我連忙擦乾眼淚。

「王連長，不要難過，我猜得出你以前是很漂亮英俊的。」她溫柔地安慰我。

「張小姐，好漢不提當年勇，過去的事別談！」我悽然地搖搖頭。想起過去我就有無限的感傷，看見她更會使我想起蘇珊，不過蘇珊比她更美麗溫柔。

「好。」她點點頭，扶着我睡下去，又隨手替我蓋好被子。

她走到房門口我又把她叫轉來，我重新坐起，指着床邊的花瓶問她：

「張小姐，這瓶花眞是卜太太送我的？」

「是的，是她託我送來的。」她鄭重地回答。

「請妳代我謝謝她。」

「好，」她迅速地點了一下頭，然後又像忽然想起了一件什麼事似的自怨自艾地說：「啊！我眞該死！我還忘記了一句話。」

「什麼話？」我馬上接着問。

「她要我問你，你胸上是否有顆朱砂痣？」她兩眼直瞪瞪地看着我。

「這我倒不記得，」我笑着回答。的確，在長久的戰爭歲月中，我很少注意自己的身邊瑣事，只好把衣襟解開給她看：「請妳看看有沒有痣？」

「有，的確有一顆紅紅的朱砂痣。」她高興地拍着手說：「那你準是她的親戚了！」

我有點高興，也有點好笑，我隨口問她：

「她叫什麼名字？」

「蘇珊！」她十分清脆地回答。

我覺得我的頭像忽然受到比砲彈破片更重的轟擊，馬上暈了過去。

三

午夜，我從過度的悲哀中哭醒過來時，我發現一個女人跪在我的床邊，她的頭埋在我的胸前，纖細如絲的黑髮披在白色的被子上面，她穿着白色的護士服裝，看背影有點像張小姐，但張小姐怎麼會深更半夜獨自留在我的房間呢？過去她總是在十一點鐘左右來替我量體溫，量過之後就走了，今天怎麼這麼晏還留在我的房間？而且伏在我的胸前呢？該不是蘇珊吧？但她是卜太太，怎麼會三更半夜離開自己丈夫的懷抱跑到我的病房裡來？雖然我也曾經是她的丈夫，但那是八年前的事了。

一想起卜大夫我心裡自然有點感激，因爲他醫好我的創傷。可是一想到他是蘇珊的現任丈夫我心裡又非常難過！蘇珊曾經是我的愛人，也是我的妻子，她愛我，我更愛她，沒有第二個女人能夠取得她在我心中所佔的位置，一想到她睡在卜大夫的懷抱裡的情景，我的血管幾乎爆裂！我妬忌卜大夫，我也恨她的變節，我們分離的前夕她不是睡在我的懷抱裡整夜哭泣嗎？她不是說永遠愛我永遠不變心嗎？現在不過八年她就睡到卜大夫的懷抱裡去了！女人啊！妳們的話盡都是謊言嗎？我悲憤！我哀傷！但我咬緊牙關不使自己哭出聲來。假如卜大夫是用卑鄙的手段佔有她，我一定要他死在我的槍彈之下，鐵拳之下，假如她是一個朝秦暮楚的蕩婦，我也要結實地教訓她一頓！我最恨背叛的人，我曾經親手槍斃過在前線背叛的士兵。假如我發現她淫邪背叛，也許我又要流血！

我的思想澄清之後，心情反而格外平靜。我慢慢地坐起來，我不管跪在我的床邊靠在我的身上的女人是誰？我決定揭開謎底。

「請問你是誰？」我用手輕輕地拍拍她的肩膊。

當我的手一接觸到她的身體時，我彷彿觸了電似的，感到一陣輕微的顫慄，我馬上把手縮回。這種感覺是和蘇珊第一次接觸時有過的，可是離開蘇珊之後一直沒有這種感覺，現在它又忽然使我重新體驗到了。

第一次拍她，她沒有反應，也許是睡熟了，也許是我拍得太輕了？我很想接着再拍幾下，但我一時鼓不起勇氣。於是我咳嗽兩聲，咳過之後又接着問：

「請問妳是誰？」

「你不必再問。」她哀傷地說。

這聲音好像我曾經聽過，是那麼輕柔，是那麼富有磁性，我的心馬上感到一陣顫慄。

「難道妳是蘇珊？」我的聲音有點顫抖。

「你沒有猜錯。」她的聲音也不自然。

「妳來了多久？」
「大約一個多鐘頭。」
「瓜田李下，妳不應該來的！」我的聲音嚴厲而妒忌。
「一夜夫妻百夜恩，你拒絕我來探望嗎？」她十分哀傷地說，仍然沒有抬起頭來。
「穿破才是衣，到老才是妻，半路裡下堂，算什麼夫妻？」我硬着心腸說，然後用力咬住嘴唇。
「斌，別鬥氣，屋漏偏遭連夜雨，破船又遇打頭風，這眞是一件傷心的事情！」她已經泣不成聲。
聽到她的悲泣，我彷彿得到一種報復的快樂。我冷酷地說：
「小孩兒穿新衣，老鼠掉進糖罐裡，妳嘴裡哭，心裡笑，戲台上掀鼻涕，妳做給誰看？」
「斌，你毛栗球兒多刺，別太使我傷心。」她幾乎是祈求地說，她終於忍不住哭了出來。
「傷心的不是妳。」我冷峻地回答。馬上用最大的力量咬痛自己的嘴唇，這纔不致哭出聲來。
「斌，假如你能原諒我……？」
「怎樣？」我聲色俱厲地問她。
「我願意回到你的身邊來。」她輕輕地說，同時握住了我的手。
我一陣冷笑，把她的手推開。
「廢話！完全是廢話！」
「斌，不是廢話，我有這種決心。」她又把手摸過來，但我早已把我的手移開。
我從鼻子裡哼了兩聲。

「斌，我知道你的誤會很深。」她失望地說。

「妳怎麼不說妳楊花水性？」我憤怒地望着她，我眞想一拳打過去。

「你不瞭解實際情形。」她用力搖頭。

「難道妳得到了我的死訊？」我眼睛裡幾乎冒出火來。

「斌，八年不見面，不通信，我也守得夠久了。」她哭了起來。

「妳是甚麼時候改嫁的？」我嚴厲地問。

「今年春天。」她輕輕地回答。

「老鴉飛上梧桐樹，妳選擇得很好！」我冷笑一聲：「我還記得今年春天是我們結婚八週年！」

「斌，不要再傷我，我求求你……」她含着淚抬起頭來，我連忙用手蒙住左臉，但她用手輕輕地把我的手移開：「假如你能原諒我，我願意回到你身邊來。」

「這是穿衣脫鞋，那麼簡單？」我望着她冷笑。我發現她的兩眼仍然像湖水一樣澄清，裡面却閃着堅決智慧的光輝；臉蛋雖然沒有以前豐腴，却有一種沉靜幽嫻的美；鼻子仍然是那麼直挺高貴；只有那兩片半月形的嘴唇顯得異得蒼白。

「卜大夫是個好人。」她自信地說。

我也知道卜大夫是個好人，但這件事對於任何好人都不是一件好事！它曾經使我暈了過去，又使我從夢中哭醒過來，這種痛苦我受不了，卜大夫受得了嗎？一想到我自己所受的苦，對於卜大夫這位新丈夫又會怎樣呢？我痛苦、我遲疑，我碰到了我一生最難解決的問題。

「斌，你能原諒我嗎？」她痛苦地懇切地望着我。

我不知道怎樣說好？愛與恨只是一線之隔，我明明知道她已經改嫁卜大夫，我怎麼能不恨她？但時局的變遷是那麼迅速，八年來我由東北轉戰到上海，又由上海撤退到舟山，由舟山撤退到大陳，由大陳撤退到馬祖，八年不通音訊，雙方生死存亡莫卜，我能怪她恨她嗎？假如我這次不是負傷空運來臺醫治，我又怎麼會知道她在台灣，我們又怎麼能見面？

「請妳不要再問我這個問題。」我閉着眼睛說。我心裡很亂，我不敢看她，但願這是一個噩夢，很快就會過去。

「那我告訴你一個好消息。」聽了她的話我重新把眼睛睜開，我看見她淒楚地一笑：「我替你生了一個孩子！」

「孩子？」我睜大眼睛詫異地望着她。我們結婚只有一個月就分離，我是從來沒有想到她會生孩子的。

「嗯。」她笑着點點頭。

「男的？女的？」我隨便問問。

「男的。」她高興地說。

但我並不因爲這句話而高興，老實說我很懷疑這個孩子不是我的骨肉。她看出我的疑慮，於是從容地從手提包裡拿出一張生產證明書，笑着遞給我看。

這是南京鼓樓醫院的生產證明書，紙的顏色已經變黃了。孩子的母親是蘇珊，孩子的姓名是王小斌，性別欄裡寫明是男，出生日期是三十七年二月十五日。我們是三十六年四月四日兒童節結婚的，我是五月上旬離開她的，按照結婚日期推算，相差倒很有限，但我還不能肯定他是我的骨肉。

「斌，你怎麼這樣多疑？不信可以驗血。」她看出我仍然有點疑惑，馬上提出了這個建議。

「這是你們學醫的人的洋迷信。」我調侃地說。

「但是非常科學。」她冷靜地說。

「屋簷水點滴不差，我倒想先看看孩子再確定。」我非常相信自己的眼力。每次射擊我都打滿分。

「可以，什麼日期？」她望着我說。

「明天。」我急於想見見孩子。

「好的。」她笑着點點頭，羞怯地問我：「現在你原諒我？」

我不知道應該怎樣回答？我只覺得有一股熱血直往我頭頂上冲。她撲到我的身上吻我，但我警覺地把臉調開，我怕她看見我的缺臉，看見我露出的牙床。但她終於把我的臉攀了過來，雙手捧着我的頭，把她的突然變得紅潤的嘴唇蓋上我的。於是我忘記了一切，我瘋狂地用盡平生的力氣把她抱緊。

「天快亮了，妳應該回去。」很久之後，我這樣提醒她。

「沒有關係，今天是我的夜班。」她輕輕地說。

四

這夜眞的快到天亮她才離去，她走了之後我一直沒睡着。片刻的繾綣補償了八年的相思，她對我的一切表現仍然和新婚時一樣溫存熱烈，我看不出有什麼差異，所不同的是在繾綣中有懊悔，她懊悔爲什麼不多等一年？她怨上天爲什麼這樣捉弄人？我對她的再婚自然不能深怪，由於她的眞情坦率使我更加愛她。她的髮香、她的細語、她的熱吻，仍然在我的嗅覺、聽覺、感覺之中。我覺得她仍然是我的妻子，她也仍然把我當作丈夫。

但是，經過深長的考慮之後，我覺得我們不能復合。我的這副醜相任何人看見了都會生厭的，剛才她對我的那種溫存熱烈可能是由於一時情感的衝動，也可能是在良心上對我的一種懺悔；日子久了，可能會對我生厭，現在的我畢竟不是過去的我，也許她愛的還是過去的我，過去的我可能擾亂了她現在的視覺，假如她一旦看清楚了現在的我，忘記了過去的我，那才眞是一個悲劇！再說，她和我結婚一個月，守了八年的活寡，假使她再回到我的身邊來可能很快就要作一個眞正的未亡人，守一輩子的寡，因爲我的部隊扼守的那個接近大陸邊緣的小島，一發生戰鬪我們是不成功便成仁的，這其間沒有第三條路可走，而現在的情勢正異常緊張，戰火一觸卽發！她已經爲我受夠了人生的痛苦，我還忍心讓她重蹈覆轍？何況卜大夫確是一個好人，醫生的生活又極安定，他才能給她幸福。爲了國家，我犧牲了個人的幸福，我沒有理由也要她跟着我犧牲一生的幸福，這是一件非常殘酷的事！活着比死更痛苦！我不怕死，我隨時都準備死，這次我雖然僥倖沒有戰死，但卻給我帶來比死更大的痛苦！今後我只求速死。

這樣決定之後，我的心情又顯得格外平靜，我再也不怕蘇珊問我那個問題了，在心理上我已經有了充份的準備。

七點鐘左右，蘇珊就帶着孩子來了，手裡還捧着新鮮的聖誕紅和夾竹桃花。看見她和孩子進來，我連忙坐起來，她高興地指着我對孩子說：

「小斌，叫爸爸，叫爸爸。」

孩子睜大眼睛望着我半天不作聲，忽然驚嚇地倒進媽媽的懷裡，哇的一聲哭了出來。

「小斌，別怕，這不是別人，這是你爸爸。」她拍着哄着孩子說。

孩子雖然沒有再哭，但他也不敢再看我一眼，他總是把眼睛望着別的地方。

蘇珊看見孩子不哭，她把昨天的聖誕紅和夾竹桃花取了出來，再把新鮮的插了進去。插完花她指着孩子笑着問我：

「怎樣，一個窰裡該沒有兩樣的貨，茄子該沒有開黃花吧？」

我的眼淚迅速地滾了出來，我點點頭，緊緊地握着她的手，我覺得我們眞是骨肉相連，不可分開

「斌，你現在能不能答覆我那個問題？」她輕輕地問我。

「珊，原諒我。」我望着她痛苦地說。

「那你允許我回到你的身邊來了？」她用力握着我的手，笑得像八年前我們新婚時一樣快樂天眞。

「不！」我咬緊牙關堅決地說。

「爲什麼？」她的臉色突然變成死灰，幾乎要哭了。

「爲了愛妳。」我用力握緊她的手。

「斌，冰山也會融化，你對我的誤會太深！」她撲在我身上哭了起來。

「珊，現在是妳誤會我了。」我含着淚輕輕地撫摸着她的秀髮：「說眞的，我確是爲了愛妳，也爲了愛孩子。」

接着我把我的意思完全告訴了她。

「斌，你的犧牲太大！」她慢慢地抬起頭來，看見我的臉她又哭了起來。

「珊，不必為我難過，還有比我犧牲更大的！」

「我眞想不通，上帝為什麼要這樣捉弄我們？」她痛苦地扭着手，望着天說。

「不怪上帝，只怪那些狂人！」

「斌，你眞的不顧自己的幸福，不願意再考慮一下？」她的手在我手上輕輕地撫摸，她的眼淚快要滴落。

「我已經考慮夠了，只希望妳好好地照顧我們的孩子。」說到這裡我已經淚眼糢糊，雖然這孩子望都不敢望我一眼，但他畢竟是我的骨肉，他那長方臉、高眉骨、方嘴巴、通天鼻子、深得像兩口潭樣的眼睛，簡直是我的化身。我慶幸我還有這麼一條根。

「孩子你不必擔心，我會小心照顧。」她飲泣着，她的眼睛由於失眠流淚，已經紅腫得像兩隻胡桃了。

「好吧，妳帶孩子走吧，萬一卜大夫碰見了彼此都不好下台。」我忍着眼淚催促她早點離開，再留在這兒沒有什益處。

她沒有辦法，在我額上輕輕地一吻，然後含着淚牽着孩子走了。

「斌，你眞的不能再考慮一下？」她走到門口又回過頭來望着我。眼淚像兩條閃光的銀蛇，沿着她蒼白的兩頰滑落下來。……

五

我悄悄地提前出院了。

現在我已經回到大陸邊緣的這個小島上來。醫院醫好了我臉上的創傷，却給我心靈上一個更大的創傷，我時刻聽到我的心的碎裂的聲音，滴血的聲音。

賭徒

一

王寡婦家裡又擠滿了人，把兩張大方桌團團圍住，外圍的人輪不到座位，有的站在地上，有的站在櫈子上，像叠羅漢一樣，後面的人壓在前面的人的肩上，層層叠叠地壓上去。

大家的眼睛都望在桌上，望着漂亮的白瓷酒杯蓋着的碟子前後白晃晃的銀洋，花花綠綠的鈔票。坐在前面的人還在陸續押下去，有的把白晃晃的銀洋，一杜杜地從前面調到後面，也有的從後面調到前面，各人心目中都有自己的單雙。

站在最後一層的人押不下去，只好互相在口頭上下注了。

「你押那一頭？」後面兩個肩膀挨着肩膀的人，互相探問。

「上一寶是梅花十，這一寶我要押它個四六。」長子說。

「一連出了六個雙，難道還會出第七個？我就不信邪，這回我要押它個丁拐子。」矮子說。

「你押多少？」長子問。

「十塊。」矮子回答。

「能不能少一點？」長子又問。

「上一寶我輸了五塊，這一寶要翻本。」矮子充滿信心地說。

「你要注意，這是老寶，我是賭老不賭跳。」長子提醒矮子。

「我說了我不信邪，我就要賭它個跳。」矮子堅決地說。

「好，我們一言爲定，十塊。」長子說。

於是他們兩人更聚精會神地注視桌上，有的銀洋像根圓柱子一樣，堆起來幾寸高。

寶官吳性初和軍師劉禹斌，正在計算前後下注的數目，隨後兩人又相互研究寶路，軍師劉禹斌手上有張記錄，吳性初拿過去看了一會，然後把那張紙往軍師面前一拂。

「我就不信邪！未必儘出老寶？」

「十老九跳，老寶多，跳寶少。」軍師劉禹斌說：「你看，大家都押雙，單上吃不住。」

吳性初望望前面的賭注，又掃了大家一眼：

「前面還有沒有人下？我就不信邪，不管下多少我都揭！」

「要得！吳性初眞有種，不愧是個賭博士！」矮子讚賞地說。

「你知道他老子留給他的幾百畝好地輸光了？」長子說。

「輸歸輸，我就佩服他這股勁！」矮子說。「所以他賭出了名！」

「他這樣賭下去，恐怕老婆都要輸給別人了！」長子說。

「勝敗兵家常事，像他這股猛勁，說不定會把你們統統繳械？」矮子說。

「我又不把賭寶當飯吃，他繳不了。」長子一笑。

「揭了！揭了！」寶官吳性初，看着沒有人下注，故意虛張聲勢地說。

長子和矮子聽說要揭，便不再講話，四隻眼睛都盯在吳性初的右手上，因爲他的手指已經抓住了白瓷杯，只要輕輕一提，便立見單雙了。

「你敢揭？」坐在吳性初右手邊的一個人笑着說。

「怎麼不敢？」吳性初也向那人一笑：「單上我統賣，你敢要？」

那人看看自己面前的三柱銀洋，用手捋捋，銀洋發出清脆悅耳的聲響。過了一會才問：

「一共多少？」

「還不到兩百塊。」吳性初輕鬆地說。「如果你敢買，單上歸你，雙上歸我，我們就賭這一寶看看？」

「我看你還是留着壓壓陣脚吧？不要兩頭落空，乾賠。」那人向他一笑。

「你放心，我還可以賠幾寶，」他摸摸自己面前的銀洋，也向那人豪放地一笑：「我綽號吾信賭，我就愛賭個痛快。」

那人被他這樣一說，不禁摸摸後腦殼，有點躊躇起來。過了一會向吳性初說：

「這樣吧，雙上我押了五十塊，我把雙上的撤回，專門買單，你看好不好？」

「那我不少贏你五十塊？」吳性初向那人哈哈笑。

「我看不見得？」那人遲疑地說。

「別李三娘三上轎好不好？」吳性初不耐煩地說：「要買就爽快一點，不買我揭了！」

那人把拳頭在桌上輕輕一捶，鼓起勇氣說：

「好！買了！」

「大尾巴九！」吳性初大叫一聲，用力把酒杯揭開，碟子裡躺着的是四六，他用力在自己的腦袋上來。

那人笑着雙手把單上的錢往自己面前一拂，押雙的人也都笑了起來。

吳性初毫不含糊地把雙上的錢一柱一柱地賠清楚，然後把酒杯往骰子上一蓋，伸長着手臂搖了起來。

「下，你們儘管下，」吳性初把碟子往桌上一放說：「我是聾子不怕雷。」

於是大家又紛紛下注，雙上仍然看好。

「怎樣？這次你下那裡？」長子贏了錢，滿面春風地問矮子。

「眞怪！」矮子摸摸後腦殼：「吳性初是怎麼搖的？一連出七個雙！」

「說不定還有幾個？」長子說。

「那眞是見鬼一大堆了！」矮子不相信地說。

「我看你還是忍一下吧？我把錢下到桌上去好了。」長子好意地說。

「隨便你，」矮子說：「我捨命陪君子，跟着寶官走。」

寶官吳性初看看雙上的注子多，心裡反而高興起來，他等大家下定後，突然向掌心唾了一口，然後兩手一搓，說了一聲：「我就不信邪！」便迅速把酒杯揭開，馬上有人叫了起來：

「板櫈！板櫈！」

吳性初又在自己的腦袋上一拍，啞然失笑，回頭望着軍師說：

「這是怎麼搞的？我從來沒有搖過這麼多老寶？」

「我看見別人一連搖過十二個，你這還不算多。」軍師劉禹斌說。他是賭寶的老手，但現在自己一拍：「鬼！有鬼！」

不賭，專給寶官作軍師，自己落得吃喝玩樂。

這一寶吳性初又賠了不少，因爲單上的數目不多。

賠過錢之後，他把兩粒骰子抓起來，往自己嘴裡一抛，然後再吐出來，放在掌心搓搓，小心地放回碟子裡，把酒杯一蓋，雙手一蒙說：

「剛剛替你洗了一個澡，你再要出雙，我就挖你的祖坟！」

大家聽了好笑。他把袖子捲得高高地搖了幾搖，骰子在杯子裡叮噹叮噹，聲音淸脆響亮。

他輕輕地放下碟子，笑着對大家說：

「還有沒有人敢押雙？」

這次大家躊躇了，押雙的人顯然沒有以前多，前後的注子接近平衡。他看了一眼笑着對軍師說：

「你看這一寶是單是雙？」

「剛才你搞了一個花樣，現在就很難說了？」軍師劉禹斌也摸摸頭。

「我還是賭單不賭雙。」他悄悄地對軍師說。

「這一寶我沒有意見。」軍師笑着搖搖頭。

他計算了一下前後賭注的數目，然後指指單上面的賭注說：

「賣了！」

等了半天沒有人敢接腔，大家對這一寶都沒有多大的信心，他得意地一笑。

「再沒有人買我就揭了！」

「慢點，慢點，」原先那位贏了錢的人搖搖手說：「總共有多少？我考慮一下。」

「不多，只要幾畝河灘地。」他輕鬆地說。

「好，買了。」那人仗着贏了錢，膽子大了起來。

吳性初把手指頭放在嘴裡呵了兩口氣，抓住酒杯底用力一揭說：

「丁拐子，虎頭！」

可是酒杯揭開之後，別人都大叫起來：

「對和，和牌對！」

「怎麼？今天眞的鬼摸了頭？」他低下頭去看看骰子，眞是一對駝子。

那人又笑着把單上的銀洋往自己懷裡一拂。吳性初忙着賠後面的錢，賠完以後只剩下兩塊銀洋，他往軍師面前一拂：

「我到後面去抽口烟，等會再來。」

隨後又對大家說：

「我去抽口烟，有誰願意接手做寶官？」

「我來！」那贏錢的人高興地說。

吳性初馬上讓位，擠了出去。矮子惋惜地說：

「唉！吳性初的運氣眞壞，這幾寶就輸掉好幾百！」

二

吳性初走進王寡婦房裡，王寡婦笑着問他：

「手氣怎樣？」

「輸慘了！」他向王寡婦一笑，又對王寡婦的女兒小桃說：

「小桃，燒口烟給我吸。」

小桃已經十八九歲了，長得比她母親還標緻，也和她母親一般風騷，她母女兩人眞像三月的桃花，不知道吸引了多少狂蜂浪蝶？不論老老少少都愛往她們這裡跑，大熟之後，白天是牌，晚上是寶，頭子錢每天都要收幾十塊。

小桃聽他叫，笑着往床上一橫，烟燈是點着的，她拿起鐵籤，挑了一個黑烟泡，在燈上燒燒，又在指上滾滾揉揉，房裡馬上有一股濃厚的香味。

吳性初往她對面一躺，伸過手在她臉上捏了一下：

「小狐狸，好好地燒兩口烟給我吸了翻本，不然連妳都要輸掉了。」

「我又不是你的女人，怎麼輸到我的身上來？」小桃向他媚笑。

「妳不知道，妳媽早就把妳許給我了！」他向小桃一笑，又向王寡婦擠擠眼睛。

「你不要人心不足，」王寡婦風騷地白了他一眼。「儘佔我母女兩人的便宜。」

「嘿！妳母女兩人一聯手，我快被妳們吃光了。」他哈哈笑地說。

「你別說寃枉話，我母女兩人把你當太爺，別人還罵我們打倒貼呢！」

王寡婦笑着端了一蓋盌冰糖桂圓水給他，他得意地笑了起來：

「嘿！有妳母女兩人這樣服侍我，再輸多一點我也甘願。」

「輸了多少？」王寡婦坐在他的脚邊說。

「又去了上十畝好地。」

「活該！」小桃遞上烟槍，白了他一眼：「要是送給我還見你天大個人情。」

「只要妳媽把妳送給我，我什麼都可以送給妳。」他接過烟槍說。

「你要我給你做小？」她把腰一扭：「我才不幹哩！」

「我要是把我女人輸掉了，妳不就扶正了？」他笑着說，隨即嗞嗞地吸了起來。

她嗤的一笑，歪着眼睛說：

「那我跟你喝西北風？」

「嗨，妳媽有的是錢，她還會讓妳喝西北風？」他吸完烟後連忙喝了一口冰糖桂圓水，笑着說。

「做夢娶媳婦，你倒想得好？」她一面剔烟灰，一面白了他一眼。

他哈哈地笑了起來。

「我說你賭寶也應該精一點，不然輸垮了人家會說我們母女兩人的閒話。」王寡婦瞟了他一眼說。

「吃了羊肉自然難免一身騷，」他望着王寡婦說：「我的地不都是在妳這裡送掉的？」

「我早叫你不要來，你爲什麼不聽話？」王寡婦在他大腿上擰了一下。

他哈哈地笑了起來，又望了她母女兩人一眼說：

「我看我最後幾畝地不輸光，就斷不了這條路。」

「這是你自投羅網，可不能怪我們？」小桃向他眼睛一歪。

「就是妳這個害人精。」他在小桃的屁股上拍了一下。

這時，軍師劉禹斌興冲冲地走了進來，笑着對吳性初說：

「嘿！梁濟時一接你的手做寶官，就贏得不亦樂乎。」

「怎麼？寶路變了沒有？」

「變了！」劉禹斌說：「你一走，就跳了單，不過還是老實，梁濟時守得住，所以贏錢。」

「贏了多少？」吳性初笑着問。

「總有好幾十畝地。」

「這該不能怪我們娘兒倆吧？」王寡婦抓住機會向吳性初說：「人家還不是照樣贏錢？」

「媽，他是屁股不正怪板櫈歪，妳聽他的？」小桃接着說。

「妳不要尖嘴利舌，快點燒口烟給軍師吃，我要把萬里江山贏回來。」他向小桃說，隨卽把位子讓給劉禹斌，劉禹斌也老實不客氣地躺了下來。

「你多吸兩口好了，烟錢算我的。」吳性初大方地說，隨後又囑咐小桃：「烟泡燒大一點，不要偷巧。」

「你別黑良心好不好？」小桃白他一眼：「我燒的烟泡有蠶豆大，你還說我偷巧！」

「性初今天的運氣眞不好，我看妳還是讓讓他吧？」劉禹斌笑着揷嘴。

「軍師爺你不知道，」王寡婦向劉禹斌賣弄風情地說：「他專門欺侮我們寡婦幼女，剛才輸了錢又怪我們，說什麼他的地都是在我這裡送掉的，你看這個責任我們母女兩人怎麼負得了？」

「那我要說句公道話，」劉禹斌坐了起來，望着吳性初：「性初，你的性格只能賭跳寶，不能賭老實，輸錢就輸在這個地方。」

「你別信她胡扯，」吳性初指着王寡婦說：「我不過是一句玩笑話。」

「既然是玩笑話，那你就陪個禮吧？」劉禹斌尋開心地說。

於是吳性初兩手抱着小腹，向王寡婦拂了幾下，王寡婦噗哧一笑：

「你這個該死的短命鬼，輸了錢找老娘開心！」

王寡婦的女兒小桃，在床上笑得身子直抖，她那豐滿的胴體，像起伏的波濤。吳性初笑着在她屁股上一拍：

「小狐狸，妳笑得我糊裏糊塗，等會定會輸錢。」

小桃揚起小蹄子朝他胸口一蹬，蹬得他倒退幾步，倒在王寡婦懷裡，王寡婦罵他「死人」，小桃却拍手大笑：

「報應！報應！」

劉禹斌看了哈哈大笑。

吳性初却故意賴在王寡婦懷裡不肯起來。

小桃看了馬上對王寡婦說：

「娘，咬他一口！」

吳性初立刻跳了起來，他怕王寡婦眞的咬他。

小桃見自己的計策成功，又高興地大笑。

吳性初指着小桃說：

「小狐狸，算妳厲害，快點燒烟，軍師吸了好陪我去翻本。」
劉禹斌打了一個呵欠，眼淚都流了出來。
小桃熟練地燒好一個烟泡，塞在烟槍裡，劉禹斌接過烟槍就着烟燈慢慢地吸了起來，小桃用鐵籤替他把烟膏挑挑撥撥，直到化成一道靑烟爲止。
劉禹斌隨卽喝了一口熱茶，唉了一聲：
「這口烟眞過癮！」
「軍師爺，我該沒有偷巧吧？」小桃坐了起來，望着劉禹斌說。
「沒有，沒有，老斗老秤。」劉禹斌笑着回答。
小桃霍地跳下床，用手指在吳性初的腦袋上一戳，啐了他一口：
「你這個黑良心的！」
然後迅速地逃到厨房去。
吳性初望着她的背影哈哈大笑。
劉禹斌也翻身下床，望着吳性初說：
「要不要翻本？」
「你先走一步，我馬上來。」吳性初說。
劉禹斌會意地走了。
劉禹斌走後，吳性初悄悄地對王寡婦說：
「給我湊幾個翻翻本？」

「你不要找錯了廟門，我那裡有錢？」王寡婦給他一記回馬槍。

「窮單身，富寡婦，我就知道妳有囉！」吳性初嬉皮笑臉。

「有也只是幾個頭子錢，漂湯油，有什麼用？」

「妳跟我想想辦法看？凑幾百塊現洋，我好翻本？」

「死人，半夜三更的，空口說白話，你叫我到那裡去籌？」王寡婦斜着眼睛打量他。

「嘿！妳是觀音大士，千手千脚，神通廣大，自然有辦法。」吳性初摸摸她的臉說。

「你總要拿點憑據給我，不然我怎麼向人家開口？」王寡婦仰着臉望他。

他在內衣口袋裡掏出一張棉紙地契，在王寡婦眼前抖開，笑着對她說：

「我就知道妳要紅契？」

「又不是我要！」王寡婦故意把身子一扭。「難道人家還會把白晃晃的花邊放風箏不成？」

「好，妳拿去。」吳性初把地契在手上一拍，用嘴一吹，吹到王寡婦手裡：「這是最後二十畝地，從此它又不姓吳了。」

「你眞是個敗家子。」王寡婦故意把食指在他腦壳上一戳。

「只怪我爹替我取壞了名字，叫什麼吳信賭？」

王寡婦嗤的一笑，走到房門口把手一招，把小桃招了過來，將契紙交給小桃：

「妳去替他籌點現洋，看胡老兒手邊還有沒有印子錢？」

小桃抬頭望了吳性初一眼，立刻頂他一下：

「這是你自己要拿紅契過押的，怪不上我們了？」

「去，去，去！」吳性初笑着揮揮手：「別屎少屁多！」

小桃把身子一扭，悄悄地開開後門溜了出去。她敲開胡老兒的門，胡老兒根本沒有睡，打開門問她：

「小桃，又是誰要？」

「還不是吳性初？」小桃撇撇嘴。

「這個敗子快敗完了吧？」胡老兒笑着說。

「這是最後二十畝。」

「妳拿多少給他？」

「三百。」小桃伸出三個指頭。

「那不止值三百啊！」胡老兒說。

「連本帶利一滾，兒子不就大過老子了？」小桃輕鬆地說。「拿多了他也是輸掉，放在我手上還靠得住些。」

「小桃，妳眞比妳娘還精。」胡老兒一笑。隨即打開錢櫃，取出三柱銀洋。

小桃抱着銀洋迅速地跑了回來，往吳性初身上一拋，白眼一翻說：

「費了好大的勁，才借到這筆錢。」

「不能多一點？」吳性初捧着銀洋在手上掂掂。

「胡老兒的全部家當都給你了，你還想多？」小桃說。

「好吧！」吳性初把銀洋往棉袍口袋一塞，捏捏小桃的臉說：「妳替我在灶王爺面前上三柱香，保佑我翻本。」

吳性初一走出房門，小桃嗤的一笑：

「灶王爺才不管你這個賭博鬼的事！」

「小狐狸，我要是再輸了，就是被妳迷暈了頭。」

三

吳性初一來，梁濟時就站起來讓座，他已經贏了很多，所以大方地對吳性初說：

「還是你來好，他們都歡迎你做寶官。」

「他們不是歡迎我，是歡迎我的花邊。」吳性初說：「我代你揭一寶。」

梁濟時點點頭。他立卽伸着三個指頭抓住覆着的酒杯，熟練地揭了起來，碟子上躺着的是兩個六。押雙的人都笑了起來：

「好！弩了半天，你一來我們就贏錢。」

吳性初望着梁濟時一笑，梁濟時摸摸頭說：

「這一寶輸了我一百多，想不到它會跳，不然我要賣。」

「你快點賠，讓我來搖。」吳性初性急地點：「我就歡喜跳寶。」

梁濟時賠完之後，吳性初把袖子一捲，叮噹叮噹地搖了起來，有人搶着下注，他却揮揮手說：

「慢點，別急驚風，讓我先黃三寶，我看它怎麼跳？」

他搖了幾下，再揭開來，大聲地說：

「大尾巴九。」

隨後他又搖了幾下，揭開：

「大尾巴九轉長三對，對路。」

第三次搖過之後，揭開時是三點，他愉快地說：

「丁拐子，十老九跳！」

當他第四次搖好之後，抬起頭來掃了大家一眼說：

「快下，快下，你們願意送多少我都一禮全收。」

於是押雙的人多了起來。可是也有人愛賭老寶，偏不押雙，要追一個單，所以單上並沒有落空。

大家押定之後，吳性初毫不考慮地宣佈：

「我賭單，雙上統賣。」

半天沒有人敢買，吳性初望望粱濟時說：

「你歡喜老寶，你就買一寶試試看？」

粱濟時望望雙上的賭注，又望望自己面前的錢，笑着點頭：

「好，我買一寶試試。」

吳性初把酒杯一揭，碟子裡躺着的是四六，他愉快的一笑：

「跳得眞好！」

隨卽把單上的錢往自己面前一拂，用指頭挾起一塊銀洋，往麻將盒子一放，叮噹一聲：

「不要忘記了小狐狸。」

「你好大的手面！」坐在他旁邊的軍師劉禹斌說。

「發發利市，買買小狐狸的心。」

劉禹斌會心地一笑。

果然，這一路跳寶使他贏了不少錢，把先前輸的統統贏回來了，他非常開心。

但是天快亮時，寶路一變，先是三老一跳，在這上面他輸掉不少，後來竟一連出了十三個老實，他就輸垮了，散賭時，天已大亮，他也一文不名了。

他走到王寡婦房裡來，王寡婦問他：

「手氣怎樣？」

「輸了！」他把兩手一攤，在大腿上一拍。

「輸了多少？」王寡婦又問。

「差點連褲子都輸掉了！」

王寡婦白了他一眼，他向周圍掃了一眼，笑着說：

「小桃呢？要她燒口烟我吸。」

「天都大亮了，還不睡覺？吸什麼鬼的烟？」

他望了王寡婦一眼，摸摸她的臉，輕輕地問：

「那我在那邊睡？」

「隨便你。」王寡婦故意把身子一扭。

他在王寡婦的腰上捏了一把，王寡婦突然發出一聲蕩笑，他把王寡婦往床上一推，王寡婦順勢倒了下去，歪着眼睛向他說：

「你有家有室，爲什麼不回去？硬要死皮賴臉賴在我這裡？」

「她是個死人，沒有妳靈活。」他伏下身子在她耳邊輕輕說。

四

吳性初不僅輸掉了最後二十畝地，也輸掉了他的房屋，這都是兩個月以內的事。不過他太太一點不知道，一直蒙在鼓裡，因爲他和債主講好了，過年了再搬。

陰曆年前，街上一家大洋貨店的賬房先生黃良材下鄉來收了半個月的賬，收了不少現洋，便在王寡婦家裡賭了起來。他和吳性初認識，知道吳性初是個中老手，但不知道吳性初連房子也輸掉了。黃良材輸了錢之後爲了急於翻本，除了請劉禹斌作軍師之外，又特別請了吳性初，他自己一直是作寶官。

可是有一個大寶他們的意見沒有統一，一連出了十個單之後，很多人還在押單，黃良材和劉禹斌也認爲是單，因此單上的四百多塊錢的賭注黃良材一定要賣，吳性初反對賣，黃良材對他說：

「我已經輸了很多，這一寶很大，不能再輸。」

可是吳性初認爲這一寶穩贏，因此他急切地對黃良材說：

「這樣吧，如果你眞要賣，我買好了。」

「那不變成我們兩個人賭了？」黃良材遲疑地說。

「我們兩人就賭這一寶好了。」

「那又何必？」

「性初，我看你不必買了。」劉禹斌知道他沒有錢，勸他不要冒這個險。

「我叫吾信賭！」吳性初指着自己的鼻尖對劉禹斌說：「我從十六歲賭起，賭了十年，這是最後一寶。贏了，我繼續賭下去；輸了，我挾着包袱雨傘出門去打流。」

劉禹斌聽他這樣說不便再勸，黃良材也只好說：

「好吧，我但願你贏。」

可是酒杯一揭開，是十一點，吳性初突然站起來把拳頭在桌上一捶：

「出鬼了！怎麼會是虎頭？我還以爲是四六！」

他隨卽把骰子抓在手裡，往嘴裡一塞，用牙齒咬得咯咯響，但他沒有辦法咬碎，頸子一伸，眼睛一骨碌，吞了下去。

這時押寶的人起閧了，吵着要他賠錢，他對黃良材說：

「先借你的錢賠一下，我等會給你。」

隨卽把黃良材的錢抓過來賠給別人，黃良材因爲先有默契，也不便阻止。

當他把黃良材的錢賠完之後，只剩下十幾塊錢，他索性一把扔在放頭子錢的痲將盒裡，大聲地對大家說：

「不賭了！寶官沒有錢，我也沒有錢！」

黃良材這才着慌起來，哭喪着臉對吳性初說：

「這怎麼成，我輸了錢，你又把我的錢賠光了，叫我怎樣見東家？」

「放心，我還有個女人！」吳性初大聲地說。又掃了大家一眼：「請大家作個見證，我欠了黃掌櫃的四百多塊錢，我女人今年二十三，人也長得不壞，我想可以抵得了？」

大家不作聲，黃良材却急着說：

「唉！唉！這怎麼成？這怎麼成？」

「怎麼不成？」吳性初對黃良材說：「我寫張字據給你，又不是空口說白話，你沒有錢有人！一來你對東家可以交代，二來你也免得再打單身。」

「唉，唉！使不得，使不得！」劉禹斌連忙雙手直搖。

「怎麼？你怕缺德？」吳性初向劉禹斌揶揄地一笑。然後把自己的袖子一捲，抓起作紀錄用的紙筆說：「幸好我還能寫幾個大字。」

隨即伏在桌上寫了一張三言兩語的賣契，伸開五指在硯池裡按了一手墨，用力往契紙上一按，便遞給黃良材。

黃良材遲遲不敢接受，他向黃良材一笑：

「怎麼？你以爲手模靠不住？好！我再打個脚印上去！」

他用力把布鞋一甩，把脚翹在桌子上，隨手把布襪一捋，將脚掌踩在硯池上，染了一脚掌墨，在手模旁邊一踩，印下一個淸楚的脚印來。雙手遞給黃良材說：

「你放心，大家都是證人，這比宋江的休書還有效！如果你不要就人財兩空了。」

黃良材只好把契紙接下。天已經亮了，大家也一哄而散，有的搖頭嘆息，有的訕笑。

吳性初來到王寡婦房裡，要王寡婦檢了兩套換洗的衣服，用布包一包，往脇下一挾，在房門背後拿了一把油紙雨傘，往肩上一放，大步走了出來。

「怎麼？你這就走？」王寡婦假意挽留。

「我總不能等妳趕我走？」他向王寡婦一笑。

黃良材和劉禹斌恰巧走了過來，黃良材看他一副出門的打扮，惶急地說：

「怎麼？你這就走？我們的事怎麼辦？」

「難道你還要我辦移交？她今天就沒有米下鍋，你帶她走就是了。」

隨後他又向劉禹斌點點頭說：

「我走以後，你的軍師就當不成了！」

「算了吧！」劉禹斌用力搖頭：「從今以後，我再也不當這個狗屁軍師了！」

他揮揮手中的雨傘，搖搖擺擺地走了。

在路上，他碰見那天押寶的矮子提着糞箕在檢猪糞，矮子這幾次都沒有來賭，只聽說吳性初輸了錢，因此他滿懷好意地問：

「聽說你最近又輸了錢是不是？」

他笑着點點頭。

矮子這才發現他帶了包袱雨傘，而今天又是一個晴天，這不正是一副出遠門的打扮嗎？因此他驚奇地問：

「你到那裡去？」

「出門去搞幾個賭本。」吳性初輕鬆地回答。

五

吳性初走後，十年之內渺無音訊，大家都以爲他死了，所以笑罵聲也慢慢冷落下來。

一天，他突然衣錦還鄉了，掛着武裝帶，後面還跟了一個背盒子砲的馬弁。

他直接到王寡婦家裡，王寡婦起先沒有認出來，後來一發現是他，大感意外地叫了起來：

「唷！你當官了！」

「嗯！」他向王寡婦點點頭：「這可不是寶官！」

「這樣說來你是花子跌進金銀窖了？」王寡婦向他風騷地一笑。

「你還開不開賭？」他問王寡婦。

「現在不比從前，沒有那樣風調雨順，賭的人少了。」王寡婦不勝感慨地說。

「我特別回來過過寶官癮，今天夜裡能不能凑一場？」他笑着問。

「唷！」她拉拉他的斜皮帶說：「你已經賭贏了，何必再賭？」

「嘿！」他捏捏王寡婦的臉一笑：「這種賭博只能贏不能輸，總算我時來運轉，賭上了跳寶，不但沒有輸，反而越跳越大了！」

說完以後他哈哈大笑起來。

消息傳得很快，附近的人聽說吳性初作了大官回來，就沒有人敢說他是「敗子」，「賭鬼」了。還有不少人趕來恭維哩！連王寡婦也水漲船高了。

鬍子

一

十幾個死囚逃獄，只有武天成和我兩人逃出虎口，其他的不是當場打死，就是抓了回去。

武天成逃入青紗帳以後，彷彿龍游大海，非常高興。他不時爆發出哈哈的笑聲，朝地上唾一口，輕蔑地罵幾句：

「媽得巴子！日本人也想摘咱的腦袋瓜子？老子是關帝廟前的影壁牆，挨過多少大銃？還在乎這班兔仔子？」

「武大哥，我第一次出手就栽了一個大筋斗，你船頭上跑馬，以後可要小心。」我說。

「老弟，你初生的犢兒角嫩得很！這次要不是碰上我武天成，你準白送一條命。」他向我揶揄地一笑：「我是長白山的棒棰精，會遁！」

這次要不是他帶着我越獄，我絕對逃不出關東軍的毒手。我能和他關在一個牢房，眞是萬幸。現在雖然逃出一條命，但外面的風聲很緊，通化，桓仁，興賓，本溪，我都不能去，瀋陽，遼陽更不必談，甚至我一走出青紗帳，說不定就會落在關東軍的手裏，因爲我阻擊了他們的小島大佐，他們是不會放過我的。

我是一隻喪家之犬，東北雖大，很難找到一個安身立命的地方，我總不能長久躭在青紗帳裏？再過十天半月，高粱就可以收穫了，我躲到那兒去？

「武大哥，你雖然救了我一條命，不過紙包不住火，青紗帳一割，我也就完了。」

「老弟，放心，跟咱上長白山去。」他在我肩上一拍。

「武大哥，你要我落草當鬍子？」

「怎麼？你不願意？」他奇怪地望着我。

「我是善良的百姓，不想打家刼舍。」我搖搖頭。

「小子，鬍子也不個個都是壞人，誰不是逼上梁山，走投無路？」

「武大哥，你堂堂正正的男子漢，也想上長白山坐山立寨？」

「老弟，現在咱和你打開天窗說亮話吧，咱就是從長白山下來的。」

我聽了一怔，原來他對我說他是穿山甲，地下英雄，想不到他也是個鬍子？

「武大哥，原來你也是個鬍子？」

「怎麼？小子，你門縫裏瞧人，看扁了咱武天成？」他瞪了我一眼。

「不，不，」我連忙陪個笑臉：「武大哥，我是塘裏的黃毛鴨兒乍聽響雷，恕我楞頭楞腦。」

「小子，你井底的蝦蟆醬裏的蛆，咱恕了你；如果你是關東軍，看咱摘不摘掉你的腦袋瓜子？」

面對着他這樣一個虎背熊腰的大漢，我只好閉嘴，何況他是我的患難之交，救命的恩人。

他看我不作聲，又關切地對我說：

「老弟，長白山紅眼睛綠眉毛的人多得很，不在乎你這個洋秀才。咱是直鈎兒釣魚，願不願去隨你？」

「武大哥，你的瓢把子是誰？」我順便問問。

「白金龍。」

「白金龍？」我幾乎跳了起來。這名字最近傳的好快，關東軍頭痛，鍋莊躭心，老百姓却竊竊私語，臉上像塗了一層油彩。

「老弟，白金龍三個字能使日本人鷄飛狗跳，這塊白布招兒可沒有辱沒你。」他摸摸滿臉的鬍鬚，歪着頭打量我。

本來我對鬍子的印象不好，那是打家刼舍，殺人放火的代名詞。可是白金龍三個字意義又不相同，它代表刼富濟貧，鋤強扶弱，更難得的是他敢在太歲頭上動土，拔關東軍的虎鬚。我們青年人對這個名字非常嚮往敬佩，我自然也不例外，我鷄蛋碰石頭，單人匹馬狙擊小島大佐，可以說是受了白金龍的影響。

「武大哥，我吊頸找大樹，要眞是白金龍當瓢把子，我就情願落草。」

「好！」武天成的大手在我肩上一拍：「我代表白金龍歡迎你這個新鬍子！」

二

起初我們白天躲在青紗帳裏，夜晚出來趕路。一過通化，我們就大搖大擺，因爲沿途都有白金龍的暗樁子，我們受到安全的掩護，和很好的招待。

我們一踏進山區，過了鬼谷口，武天成就往一塊大青石上一坐，指指周圍對我說：

「老林子的樹木數不清，長白山的棒棰挖不盡。關東軍只敢在瀋陽耀武揚威，在長白山就該咱們亮家當了。」

「他們不敢上來？」

「他們沒有進過鬼谷口，一上來就卸甲丟盔。」武天成取出懷裏的手槍，槍口一揚，啪的一聲，樹林裏一隻羽毛光亮的野鷄，飄然而下，我根本沒有看淸楚牠原來落在那棵樹上？

「快去檢過來，晚上咱們哥兒倆下酒。」他把槍揷進懷裏，笑着對我說。

野鷄掉在六七丈外，我跑過去在一棵樹底下檢了起來，子彈穿胸而過，我摸摸牠，胸肉相當厚，這是一隻大雄雉，足有三斤重。

我把野鷄遞給武天成，他提起來打量了一眼，滿意地一笑：

「現在正是節骨眼兒，肉厚膘肥；天一落雪，就會餓瘦了。」

「武大哥，你的槍法眞準。」這是昨天別人給他的一枝槍，他第一次用，就不落空，這一手兒的確不賴。

「老弟，沒有三兩三，不敢上梁山。我當鬍子這麼多年，如果連一隻野鷄都打不中，我還能混這碗飯？」

「武大哥，我沒有你這一手，怎麼上得了長白山？」我知道鬍子要自己帶馬帶槍，我什麼都沒有帶，槍也打不準，白金龍會不會收我這個人？我倒有點兒躭心。

「老弟，你有七分膽，上了長白山，自然會變成個好鬍子。」

「武大哥，恐怕是黃鼠狼變貓，變死不高。」我沒有他這麼魁梧的身體，這麼好的槍法，更沒有他這種天塌下來當被臥蓋的神氣。我覺得我不是個當鬍子的料。

「英雄不是從天降，生鐵久鍊也成鋼。老弟，你跟我火裏來，水裏去，到了那種節骨眼兒再把心一橫，保險刀山你也敢上，皇上你也敢揍。」他笑着站了起來，野鷄拎在手上，一馬當先，循着小徑而上。

山上樹木又粗又密又高，山風呼呼，響起一陣陣松濤。雖然是七月天氣，已經有點兒寒兮兮的。由於樹木高大，一片林海，陽光很難照得進來，偶爾從枝葉間篩下金錢豹似的斑點，也沒有什麼熱力。天也好像黑得特別早。

「武大哥，我們要是碰見張三和黑瞎子怎麼辦？」視線漸漸模糊，我不怕關東軍，倒怕樹林裏突然竄出狼和熊來。

「老弟，咱正手癢，碰見張三黑瞎子那不更好？」他回頭向我一笑。

「武大哥，你有傢伙，我可是赤手空拳。」

「路邊的石頭多的是，隨便撿一塊就可以當狼牙棒。」他輕鬆地說：「一石頭還打不死張三？」

我啞子吃黃連，有苦說不出。看樣子他一拳頭就可以打死一條狼，我就是拿了一塊石頭，一下也打狼不死，何況狼又是那麼兇殘狡猾？但我爲了自衞，以防萬一，還是撿了一塊尺把長、棒槌形狀的青石握在手裏。

他看我撿起一塊石頭，又對我說：

「前面你不必躭心，不管是張三黑瞎子，碰上了咱武天成，牠就別想活命。後面你可要小心。」

我馬上回頭望望後面，他立刻警告我：

「老弟，千萬不可回頭，尤其是當你肩上搭着兩隻手。」

「爲什麼？」

「你一回頭，張三正好把你的喉嚨咬斷。」

他說得我汗毛一豎，使我更加膽寒。我向他虛心請教：

「武大哥，那不是死路一條？」

「老弟，你怎麼擀麵棍吹火，一竅不通？」他揶揄地說：「你反手一石頭，不打得張三腦袋瓜子開花？」

「要是打死了人怎麼辦？」

「活該！誰教他玩兒命？有一次咱就這樣一槍把張三的腦袋瓜子打了個對穿。」

突然我眼前一亮，前面出現一個寨子，背依着一片青石峭壁，三面的樹木都已砍光，作成了一丈多高的木柵，像一道小城牆，上面還有三座砲樓子，裏面有幾棟覆着茅頂的木屋。

我們一走出樹林，砲樓子上就伸出一枝槍筒，人頭一晃。武天成向上面招呼了一聲，槍筒縮了進去。不久就有一個穿着短褂倒掛着長槍的人把柵門拉開。一隻大花狗竄了出來，吠了兩聲，武天成對牠吹了一聲口哨，牠馬上搖着尾巴蹦蹦跳跳跑了過來，聞聞他的衣服，又聞聞他提着的野鷄。武天成把野鷄交給牠，牠啣着跑了進去。

我們走進寨子，有幾十個人圍了過來，大家都以驚喜的眼光望着武天成，以懷疑的眼光打量我。他指着我向大家說：

「這是咱在桓仁收的小兄弟，哥兒們不要見外。」

他們果然對我和顏悅色，隨後又笑着對武天成說：

「武二爺，咱們以爲你的腦袋瓜子給關東軍摘下去了，沒想到還長着哩！」

「咱們不能丟瓢把子的人，也不能給哥兒們灰頭灰臉。」武天成一面說一面跟着一位四十來歲顴骨上有道刀疤的人走進屋去。

我小心謹慎地跟在他的後面。廳裏正在開飯，桌上用大臉盆盛了一盆肉，沒有肥的，不知道是什麼肉，也沒有別的菜。

武天成走過去用筷子夾了一大塊往嘴裏塞，嚼了幾口，望着那刀疤說：

「梅花鹿？」

「不錯，算你狗屎運氣，今天打的。」刀疤笑着回答。

「有酒沒有？」武天成問。

「武二爺，前幾天咱們打下了一個鍋莊，高粱酒夠喝三兩個月。」一個年輕的漢子提了兩大錫壺酒出來，足有十多斤。

於是大家圍着案板似的大長方桌，大盌喝酒，大塊吃肉。我顯得有點兒拘束，武天成望望我說：

「老弟，上了長白山，就不必假斯文，當了鬍子就不要唸貓經，有肉大家吃，有酒大家喝，自己動手，這兒沒有誰侍候你。」

我怕挨餓，也只好大盌喝酒，大塊吃肉。

飯後，我和武天成一塊兒休息，我正奇怪怎麼整個寨子都是光棍，沒有一個女人？廳堂裏突然響起一陣歡呼，武天成把我一拉：

「老弟，咱們去看壓裂子。」

我不知道「壓裂子」是什麼意思？只好跟着他走。

一走進廳堂，我不禁張口結舌！幾個大漢正把一個脫得光條條的女人往吃飯的那張大長方桌上一放，像放平一條刮了毛的肉猪。大家都圍了過去，武天成也拖着我走過去，我一遲疑，他用力一帶，我雙脚不由自主，跟着他走，他調侃地說：

「你又不是大姑娘，害什麼臊？」

他挾着我站在桌邊，那女人光着身子直挺挺地躺在桌上，細皮白肉，胸口鼓起兩個大白麵似的饅頭，她用手肘遮住眼睛，無法看清她整個臉型，只露出俊俏的小嘴和圓潤的鼻尖。

「小娘兒別害臊，讓我這位小老弟見識見識。」武天成突然拉開她的手肘，馬上露出整個瓜子臉兒，她連忙把眼睛閉緊，臉上飛來兩片大紅雲。

我也閉上眼睛，不忍再看，周圍馬上爆出一陣哄笑。武天成拍拍我的肩說：

「老弟，要想上西天，先得經過十磨九難，你不是唐僧，還怕看妖精打架？」

大家又笑了起來，其中有一個人對我說：

「她是通化縣太爺的四姨太，平時只許他一個人抱，你休想碰她一根毛，今天算你開了眼界。」

接着有一個人把一隻大盌往她肚臍眼上一放，她驚得彈了一下，那人把四粒骰子往盌裏一拋，骰子在盌裏叮叮噹噹跳了幾下。

大家圍着她，在她肚皮上賭了起來。賭的結果，恰好那位臉上一道疤的傢伙赢了，該他享受一夜風流，他却慷慨地對武天成說：

「武二爺，我讓給你壓壓驚；下次你有了好肉票，可別忘了送我個順水人情。」

武天成打量了面前這個光條條的細皮白肉的女人一眼，笑着回答：

「刀疤王，你眞夠意思！今天咱領了，解解饞；來日咱要是逮到一個關東軍的俏娘兒，一定請你開開洋葷。」

大家一陣哈哈。刀疤王把那個女的拉起來，往武天成面前一推：

「武二爺，咱當面交給你，你可不能放了生？這是棵搖錢樹，榮慶還欠咱們一千擔高粱。」

「刀疤王，你放心，老虎嘴裏的猪，跑不掉。」武天成把我一推，把那女人一摟，哈哈地笑了起來。隨後又望了我一眼：「老弟，這一向咱兄弟兩同床共被，今天可不能穿一條褲子？你一個人睡，以後開金鑛都少不了你。」

三

我翻來覆去睡不着，我眞有點兒後悔上了賊船。想不到白金龍的手下也是豆芽炒韮菜，亂七八糟。我想逃走，可是沒有地方可逃，關東軍不會放過我。這幾天白金龍的椿子就揭了好幾張告示，他們拿給武天成和我看，武天成的腦袋瓜子値一百兩黃金，我的也値五十兩。誰逮住了我都是死，現在窮人多，見了金子沒有不眼紅的。

躭下去嗎？白布落在染缸裏，鴨綠江的水也洗不清。

天一亮我就起來，在寨子裏走來走去。山上的氣候不大相同，我能看出我呼出的熱氣。砲樓子上的人不時打量我一眼，怕我打什麼歪主意。

吃過早飯之後，武天成又帶我走，今天我們要趕到天池總寨，白金龍駐在那邊。

刀疤王他們把我們送到寨子外面，武天成拍拍刀疤王的肩說：

「刀疤王，你眞夠意思，那小娘兒是個大白羊，中看又中吃，咱武天成謝了。」

「武二爺，咱們親兄弟，烟酒女人不分家，你別鼻烟壺掉進醋缸裏，一股酸氣。」刀疤王說。

武天成哈哈一笑，雙手一拱，邁着大步離開寨子。

「老弟，你可是怪我昨兒晚上一個人吃獨食？」他看我像隻悶葫蘆，打趣地問我。

「武大哥，我怕打進阿鼻地獄，我不做那種事。」我說。

他哈哈大笑。望了我一眼說：

「老弟，那小娘兒是榮老頭的四姨太，榮老頭是滿洲國的縣太爺，關東軍的狗腿子，他吃裏扒外，三宮六院，咱們光棍一條，怎麼不可以借來行個方便？這才叫做天公地道，怎麼會打進阿鼻地獄？」

「怎麼說也不該那樣作踐婦道人家。」

「老弟，咱們不想上西天。不撕肉票，已經積了陰德。哥兒們長久打光棍，讓他們開開眼界，也不算作踐。」

「武大哥，你們不要壞了白金龍的名聲。」

「老弟，這些事兒又不是咱們興的，多少年的老規矩，瓢把子一個人改得掉？何況這些三山五岳的兄弟，很多人坐寨比他早，不過咱們看他的確是條好漢子，樣樣比咱們強，才舉他作瓢把子，所以這種事兒他也只能睜一隻眼，閉一隻眼。他要咱們湯裏火裏去，咱們也決不敢說個『不』字。」

我望望他，他又接着說：

「老弟，鬍子可不是御林軍，帶鬍子要帶心，王法不成。瓢把子不是渾人，四川猴子服河南人牽，你不要到印度販駱駝，不識「象」。以後你還是多吃飯，少放屁，總寨的弟兄們過的橋比你走的路還多。」

我被他奚落得啞口無言。

武天成和刀疤王眞是天生的鬍子，校場的馬，啥都不在乎。我學不來，也配不上。不知道白金龍是怎樣的人？如果他是個魔王，見了他我只好打退堂鼓。

武天成看我低着頭不作聲，覺得有點兒寂寞無聊，又打趣地對我說：

「老弟，恕咱在和尙頭上敲木魚，下次咱要是擄到一個大閨女，賞給你好了。」

「武大哥，佛頭上着糞，我不想造孽。」

「老弟，咱看你是大姑娘上轎，嘴裏哭，心裏笑。三年不見娘兒面，老母猪賽貂蟬，要是到了那個節骨眼兒，咱看你假正經？」他望着我揶揄地一笑。

「武大哥，你歪嘴吹喇叭，一團邪氣。」

他哈哈一笑，從乾糧袋裏掏出一塊鹿肉乾，往嘴裏一塞，又拋給我一塊。

他邊吃鹿肉乾，邊和我談話，嘴乾了就伏在溪澗邊喝冷水。那樣子非常自得。

我們在森林裏蜿蜒的小徑中翻上翻下，路上舖滿了落葉，除了松柏杉之外，其他的樹葉都在發黃，不時隨風飄下。落葉蓋着落葉，踩在上面軟綿綿，水漬漬。有時也能走一段比較寬坦的路，但武天成好像故意和我爲難，專走小路，他自己偏說是近路。

我們躺在一塊大青石上休息時，突然聽見一聲槍響，我有點兒緊張，武天成躺在我旁邊若無其事。我坐起來推推他，要他注意，他冷冷淡淡地回答我：

「別大驚小怪，這方圓一兩百里，全是咱們的地界，兔兒不吃窩邊草，過路神仙也不敢闖進來。」

「這槍聲有點兒蹊蹺？」

「小孩兒放鞭炮，平常得很。」他把破草帽蓋在臉上。

他雖然滿不在乎，我却提心吊膽，不時注意周圍的動靜。

忽然我發現一隻大梅花公鹿，向我們這個方向跑來，離我們還有兩三百公尺，咚的一聲，鹿倒了下去，滾了兩滾。一棵大樹後面突然閃出一個紅布包頭，短裝短打的女人，她三步兩步跳到鹿的身邊，迅速地抓住在地上亂撞的鹿角，從靴裏抽出幾寸長的白晃晃的尖刀，把鹿角割了下來。

她一抬頭，忽然發現我站在青石上看她，馬上向我走了過來。我漸漸看清了她的面貌，皮膚雖然不十分白，五官倒很端正，眉眼之間有股凜然不可侵犯的神氣。看樣子不過二十五六歲。這是個男人的世界，怎麼會突然蹦出一個年輕的女人？要是落在武天成他們手裏，那不是送肉上砧？

我正在替她躭心，她突然拔出手槍指着我，大聲喝問：

「你是什麼人？好大的狗膽！敢闖我們的寨子？」

我不知道怎樣回答？她却一步步向我逼近，我用脚蹴蹴武天成，希望他起來回答，他睡得像個死人。

「好漢不吃眼前虧，你再不回答，小心我打穿你的腦袋！」

「姑娘，我沒有吃豹子膽，不敢上長白山，是武二爺帶我來的。」我連忙回答。

她沉吟我一下，打量了睡在石上的武天成一眼，指着他問我：

「他可是武二爺？」

我未及答話，武天成迅速地揭開臉上的破草帽，一躍而起，向她拱手一笑：

「姑娘，妳好？」

她把槍往腰間一插，笑着問他：

「武二爺，你兔兒回老窩，怎麼不先捎個信兒？我差點兒得罪了這位客人。」

「姑娘，咱武天成賣猪肉，搭蹄子，新收了這位小兄弟，他剛出簍兒的豆芽菜，嫩得很，咱有意讓他閱歷閱歷，不知道姑娘和瓢把子看不看得上眼？」

她重新打量了我一眼，向武天成一笑：

「武二爺，你過的橋比我走的路還多，薑是老的辣，你收的弟兄還會錯？待會兒見了哥哥我再方圓幾句，不就得了？」

「還不謝謝韓姑娘？」武天成眼睛向我一歪。

「謝謝韓姑娘。」我向她一躬。

「剛才得罪了你，可別見怪？」她也向我欠欠身子。

「痾屎不出怪茅厠，姑娘，妳沒有讓他腦袋瓜子開花，就算他狗屎運氣。」武天成馬上接嘴。

這時有十來個大漢，趕到那隻鹿的跟前，一個人檢起鹿角，一個人提起鹿的後腿，往肩上一揹。

「武二爺，咱們走。」她手一揮，領先趕上大伴。

「武大哥，青埂峯下的大石頭，看樣子她有點兒來歷？」等她走遠一點，我輕輕地對武天成說。

「她是瓢把子的胞妹韓玉娥，自然不是無名小卒。」

「武大哥，長白山藏龍臥虎，她婦道人家怎麼也在這種地方討生活？」

「咱們弟兄人人都有一本難念的經，他們兄妹和關東軍有殺父深仇。要吃龍肉，親自下海，不當鬍子，誰給他們報仇？」

我望望她矯健的背影，突然興起幾分敬意。

走了一會，面前突然開朗起來，不遠處有一池清水，面積不小，不少壯健的馬在池邊飲水吃草，池的附近有一座矗立的山峯，峭壁嶙峋，依山面水結寨，彷彿一個堅固的城堡。

韓玉娥一夥先進寨子，我和武天成隨後進去。

寨子裏的空場比足球場還大，有幾十家房屋，一排排地像個營房。空場的一端立了一排一人高的大木樁，木樁上端畫了人頭，五官清清楚楚。

一個短打中等身材的人，背着我們站在場子中間，突然兩手一揷，在腰間拔出兩枝手槍，砰砰地朝着那排木樁打去，每顆子彈都打中人頭的鼻尖，打完那十幾個大木樁，他從容地把槍揷回腰間，一步一步地走過去檢查彈着點。

「武大哥，這人是誰？眞好槍法！」我呆呆地望望他的背影，輕輕地問武天成。

「瓢把子白金龍。神槍手，還錯得了？」武天成也輕輕回答。「老弟，你的眼福不淺，他很少打死靶，今天你剛好碰上。」

「他這一手兒可眞了得！」

「當瓢把子的人還會是酒囊飯袋？他的絕活兒還多哩！」

眞是人外有人，天外有天，原先我以爲武天成的槍法了不起，但是比起白金龍來，眞不知道他算老幾？我是一輩子也別想學會這一手的。

我正像喝了個八成兒醉，白金龍已經檢查好了每一棵木樁，回轉身來，這更使我一驚！原來他不是紅眉毛，綠眼睛，而是一個白面書生！非常英俊！不過三十來歲。

武天成連忙向他打個千兒，我也跟着把身子一躬。他笑着向我們走來，對武天成說：

「二爺，辛苦你了。」

「托你的洪福，總算沒有陰溝裏翻船。」武天成笑着回答。

白金龍打量我一眼，武天成連忙對我說：

「快見過瓢把子。」

我向白金龍九十度鞠躬，白金龍客氣地說了一聲不必多禮，武天成接着把收我上長白山的事說了一遍，問他同不同意？他又看了我一眼，審愼地對我說：

「老弟，我韓玉琦不像別的鬍子頭，決不勸人走我們這條路，一切全憑自願。如果你不想當鬍子，明天我派人送你下山去；如果你和關東軍結了樑子，願意留在山上找機會報仇，我就收留你，不過湯裏火裏都得去，不准說半個不字。我先打開天窗說亮話，你自己再忖量一下。」

我不敢貿然回答，遲疑了一下，武天成奚落地看了我一眼，白金龍和顏悅色的說：

「沒有熟的瓜兒不要摘，多忖量一下更好，你明天早晨答覆我不遲。」

我鬆了一口氣，跟他們兩人走進屋去。

韓玉娥已經換了一身素淨的藍布旗袍、布鞋、布襪、大辮子，樸素端莊，臉孔彷彿也白淨一些。

「哥哥，這位新來的小兄弟，看來不像鷄鳴狗盜之徒，武二爺既然把他帶上山來，你總得賞個面子？」

「大妹，哥哥向來不拉着何仙姑叫二姨。就因爲他的來歷不同，哥哥更不敢委屈他當鬍子。我是直鈎兒釣魚，這件事全看他自己。」

韓玉娥打量了我一眼，像個大姐打量着小弟弟。

「小兄弟，我們兄妹兩人不是天生的鬍子，也算得上書香門第。長白山都是大盌喝酒，大塊吃肉的英雄好漢，也需要個把讀書種子，你如果不怕粉壁牆上糊牛屎，我斗膽保你不空跑一趟長白山。」

我看他們兄妹兩人坦白誠懇，又不像武天成，刀疤王這班老鬍子無法無天，我恭恭敬敬向她一鞠躬：

「多謝姑娘。」

「多謝瓢把子！」武天成連忙對我說。

我又向白金龍一鞠躬，白金龍點頭還禮。

「老弟，烏鴉飛上梧桐樹，算你的造化！」武天成的大巴掌在我肩上一拍，又笑着對韓玉娥說：

「妳還請他三上轎，他一下長白山，關東軍就會摘掉他的腦袋瓜子！」

四

從此我也成了長白山的鬍子。

韓玉娥教我打槍、騎馬。她的槍法雖然趕不上她哥哥白金龍，可決不在武天成之下，她也能左右開弓，百步之內百發百中，我要鍊到她這種地步，起碼得三兩年功夫。她的騎術也好，光背脊的馬躍上躍下，馳騁自如。

一過中秋山上就很冷，爲了準備過冬，白金龍帶着大家出去打獵，挖棒棰。

這兩樣事我都沒有幹過。起初我跟着一班熟手，去挖棒棰，我看見了參苗也不認識，直到他們用紅布把參苗綑住，用竹鍬挖起時，我才知道那是名貴的棒槌。

也有些上山挖參的「窮棒子」，他們遇着我們，會自動地獻上幾枝棒槌，也有人硬向他們勒索。

武天成和白金龍兄妹，因爲槍法好，他們帶了一批好手打獵。我也想湊湊熱鬧，請求白金龍准許我和他們一道去。白金龍鄭重地對我說：

「打獵不比挖棒槌，張三黑瞎子都不好惹，老虎、豹子更不必說，船頭上跑馬，你何必冒這個險？」

「瓢把子，沒有吃上四兩煎豆腐，算得什麼齋公？閨女要浪，小子要闖，你就讓他跟咱們去吧。」武天成不等我答話，就先替我幫腔。

「好，吃一次虧，學一次乖。」白金龍隨手取下一柄長槍遞給我。

他們都是佩的短槍，只有我一個人拿這麼個長傢伙，我心裏有點兒納罕，韓玉娥笑着對我說：

「你的火候不夠，只能遠瞄遠打。近處開槍，那是穿簑衣打火，惹禍上身。」

「長槍是姥姥的龍頭拐棍，你要是走不動，可以拄拄手。」武天成揶揄我說。

韓玉娥聽了一笑，我不敢作聲。當鬍子講眞材實料，爭口氣，說大話不成，談玩槍我是誰也比不上，寨子裏任何人都比我強，更別說武天成。

我們揹着乾糧、毛毯，向人跡罕至的深山進發。除了鬍子，大概這種地方鬼都沒有來過。

打獵要圍，不能大家擠在一塊。我們一行三四十人，像扇子般散開，向一個大山峯圍過去。白金龍要我們天黑以前，在那塊青石崖下集合，他囑咐韓玉娥不要離我太遠。

起初大家拉得還不太遠，越走越零零落落。樹大林密，後來大家彷彿遺失在這原始森林裏。

本來韓玉娥距離我最近，還不時和我講一兩句話。我爲了表示自己是個男子漢，故意暗中把距離拉遠。我有一根長槍，一把尖刀，我用不着一個女人保護，我只要不弄錯方向就行。

我遇見過野鷄，遇見過小兔，但是我沒有開槍，我不願意打草驚蛇，我希望打個大獐或是一隻梅花鹿，這樣我才有面子。

偶爾我也聽見一兩聲槍響，但是好像很遠很遠。

我也發現過「棒棰王」，但是我沒有帶傢伙，打獵和挖棒棰完全是兩套，我的刀碰都不敢碰它，只好放棄。

經過一塊密林，地上的落葉更厚。脚踏在上面，像踏進棉花簍。

我忽然發現一塊大石旁邊，躺着一隻大黑瞎子，牠肥重的身體，有一半陷在落葉裏面。我又驚又喜，連忙隱在一棵大松樹後面。牠似乎也有警覺，連忙抬起頭來，坐在地上，四處張望。牠離我有一百多公尺遠，我瞄準牠打了一槍，我以爲這一下一定打得牠四脚朝天，在武天成面前我也可以揚眉吐氣。想不到牠只是輕輕地搖晃了一下，突然喉嚨裏沉濁地怒吼一聲，像打了一聲悶雷，瘋狂地向我衝來。我再扣扳機，子彈卡住了射不出來，我第一次用這桿槍，不瞭解它的性能，心一慌，手忙脚亂，槍更打不響。只好拔出尖刀，準備投擲過去，白金龍教過我飛刀，我希望這一刀能夠解決這隻黑瞎子。

牠衝到我面前兩丈遠時，我對準牠的眼睛投擲過去，可是刀却落在牠的肩子，牠又怒吼一聲，直衝過來。

我站在樹背後，倒握着槍筒，牠衝到樹下突然直立起來，我朝牠頭上直砍下去，牠前脚一揮，把我的槍震出一丈多遠。

我赤手空拳，駭出一身大汗，只好繞着樹轉。牠張嘴露齒，喉嚨嗚嗚作響，刀在牠肩上搖晃，血汩汩地流，牠站起來幾乎和我一般高，巨掌擊在樹上，蓬蓬作響，枝葉搖晃。如果打在我的身上，我的骨頭都會被牠打斷。

我正想大聲呼救，突然啪啪兩聲，黑瞎子像喝醉了酒，身子一晃，轟然一聲，倒了下去。

我驚魂方定，韓玉娥已經躍到我的身邊。我臉上一陣熱，她却指着地上的黑瞎子一笑：

「你的運氣不壞。」

「謝謝姑娘救我一命。」

「你算得一條漢子，打一棍不哼一聲。」她反自誇獎我，我心裏暗叫慚愧。

我看看黑瞎子，她兩槍都打在牠頭上。我一槍打在牠的背上，根本不是要害。我拔出尖刀，指着黑瞎子，問她怎麼辦？

「你把槍檢起來，不必船頭上跑馬，早點兒回去。」

她一面對我說，一面撮起嘴巴吹口哨，聲音尖銳嘹亮。過了十幾分鐘，有三個人從密林裏走了過來。她高聲地笑着對他們說：

「這位新來的柳兄弟，旗開得勝，打了一隻黑瞎子，麻煩你們陪他扛回去。」

我頭上直冒冷汗，她却一笑而去。

五

過多的糧食還差得很多，通化縣長榮慶的一千擔高粱還沒有送上山來，刀疤王上總寨來吵着要「

撕票。」

「瓢把子，榮慶那王八羔子到現在還沒有交貨，不知道他葫蘆裏賣的是什麼藥？依咱看，他是不見棺材不流淚，不撕票他不知道厲害。」刀疤王對白金龍說。

「刀疤王，你砸了泥菩薩他更不會上廟，那女人也是個可憐蟲，何必白白送她一條命？」韓玉娥說。

「姑娘，這就叫做殺鷄給猴子看。」

「你乾脆把榮慶的腦袋瓜子摘下來不就得了？何必殺他的四姨太？」

「姑娘，砍了搖錢樹，我們盤什麼蛇？」

「刀疤王，不要把那娘兒撕掉，咱們打一次鍋莊好了。」武天成說。

刀疤王斜着眼睛望着武天成，嗤的一笑：

「我的武二爺，你殺人不眨眼，怎麼也發了善心？」

「刀疤王，一夜夫妻百日恩，這次就讓咱作個好人。」武天成厚着臉皮一笑。

「武二爺，你作好人，咱們大小十幾個寨子怎麼過得冬呀。」

「咱說了去打一次鍋莊，弄三五個月的糧食就成。」

「瓢把子，咱們哥兒倆的意思你看怎樣？」刀疤王轉問白金龍。

「榮慶的四姨太是個婦道人家，犯不着送她的命；鍋莊雖然都是有錢的大戶，不到萬不得已，我們不要弄得他們鷄飛狗跳。」白金龍說。

「瓢把子，算不定是今天還是明天下雪，一旦大雪封山咱們無糧無草，難道學蜻蜓吃尾巴不成？

「你下道鷄毛文書給榮慶，限他三天之內交貨，否則將他碎屍萬段！」白金龍說。

「成！咱恨不得馬上宰掉那王八羔子！」

刀疤王身子一旋，衝了出去，蹤身一躍，騎上光背的黑馬，急馳而去。

三天後，榮慶果然交了貨。刀疤王送了兩百擔高粱上總寨，其他的按人口分給別的寨子。

「柳兄弟，這就是鬍子的生活，你過不過得來？」韓玉娥突然問我。

「姑娘，妳能過我也能過。」我打腫臉充胖了。

「要不是鬼子抄了家，殺了我爹，我兩兄妹怎麼會上長白山當鬍子？」她黯然一笑，顯出幾分女人的嬌弱。

六

高粱送上寨子的第二天，就開始下大雪，雪像棉花條般掉下來，不到半天工夫，完全變了一個世界，千山萬樹，一片雪白。天上看不見一隻飛鳥，地上看不見一隻走獸，只有我們這些鬍子，點綴着長白山。

武天成拉着我陪他喝酒，他的酒量很大，幾乎是把酒當茶。我沒有一盌量，只好吃兔肉乾。

「老弟，刀疤王把那小娘兒送下了山，實在可惜；要是咱有一千擔高粱，咱情願交換。這種雪天，沒有啥事好幹，摟着小娘兒上炕，眞賽過活神仙。」武天成醉眼朦朧地說。

「武大哥，君子一言，快馬一鞭，刀疤王說話算話。你縱然有一千擔高粱，也不能壞了帮規。」刀疤王說：

「嘿，好小子，你吃了三天鹽水飯，就打咱的鳥官腔。」武天成笑着喝了一大口酒。「你沒有吃過龍肉，不知道鮮味。」

「武大哥，你既然想娘兒，乾脆成個家好了。」

「當鬍子是船頭上跑馬，只能打野食，不能成家。」

總寨裏也只有韓玉娥一個女人，沒有誰拖家帶眷。武天成的話不假，他當了十幾年鬍子，還是寡人一個。

「大家都不成家，那來的小鬍子？」

「陰曹地府少不了寃魂怨鬼，東三省也少不了鬍子。長白山的棒棰挖不盡，你還怕咱們斷根絕代不成？」

「日本鬼子一滾蛋，我就不當鬍子。」

「老弟，你做夢娶媳婦，專想好事。縱然鬼子王八搬家，老毛子也不會放過東三省。」

「武大哥，你別講喪氣話。」

「老弟，咱過的橋比你走的路多，咱斗膽放這個屁，信不信由你。」他又喝了一大口酒，往炕上一躺。沒有多久就呼呼睡去。

我替他蓋上老虎皮，走了出來。

白金龍和他妹妹在下象棋，他看見我把我叫住，要我和他下兩盤，我只好遵命。

韓玉娥不等下完，連忙讓座。

「姑娘，妳下完了我再接手。」我說。

「老是我兩兄妹對車馬炮，也沒有什麼意思。」她說。

「瓢把子找不到對手？」

「弟兄們只會大盌喝酒，大塊吃肉，對這玩藝兒沒有興趣。」白金龍說。

他能邀我下棋，眞是抬擧，雖然他和大家都稱兄道弟，沒有一點兒架子，但他總是瓢把子。沒有上長白山之前，我簡直把他當作一個神出鬼沒的奇人，現在和他平吃平坐，面對面下棋，那不是像武天成說的烏鴉飛上了梧桐樹？

他的棋下的很高明，在這方面我並不是弱手，但是每一步都受他的掣肘，初看覺得他下的是一步閒棋，三兩步之後才能看出它的妙處。他奇兵一出，我就無法招架，滿盤皆輸，韓玉娥在我後面指點，還是救不了駕。

天冷，手指凍得發痛，輸了兩盤，我就不想再下，韓玉娥把我一拉：

「走，我們溜冰去。」

天池的水早就結了冰，已經有人在雪中滑來滑去。動一動身子反而暖和一些。我把皮帽向下一拉，遮住耳朵鼻子，跟着她走出寨子。

我們沒有冰鞋，短統靴子裏塞了烏拉草，鞋底雖不光滑，可是脚很暖。爲了便於滑行，我們一人找了兩根棍子撐。

她撐着棍子在冰雪上來去如飛，雪在她脚下像滑水板濺起的水花，竄起幾尺高，瀟瀟洒洒，像天女散花。天上的雪花又洒了她一頭一身，她很快地變成了一個雪人。

她的身子輕盈靈巧，比我溜得好，也比那些大塊頭溜得好。

先前下棋時，像冷水澆着背脊，現在全身暖和起來。我慢慢地溜。她溜到我的身邊突然一個急轉身，把身子剎住，眉開眼笑，彷彿年輕了幾歲，顯出少女的活潑嬌俏。

「從現在起，大雪封了山，我們和外面斷絕來往，再過兩天雪就有幾尺深，什麼也幹不成，張三，黑瞎子也受不了，不知道你挺不挺得下去？」她問我。

「姑娘，妳放心，我不會開小差。」我說。

「雪比你還深，你想跑也跑不掉，」她嫣然一笑：「你一出寨子，張三就會把你當肉包子。」

「那我們早點兒回寨子去，免得餵張三。」我想適可而止，溜出了汗，身上會格外難過。

「現在還沒有到那個節骨眼兒，張三還有幾天好日子過。」她笑着把兩根棍子往胳下一夾，同我一道回去。

這場大雪下了兩天兩夜，下了兩尺多深。雪住以後，並沒有融化多少，天氣更冷，中午偶然出點兒花花太陽，也是有氣無力。此後每隔十天半月，總得下場雪，舊雪不化，新雪繼續堆蓋上去，兩三個月下來，木柵外面的雪，已經快有木柵一般高了。木柵裏面因爲大家經常剷，雪才沒有封住門。

在這種冰天雪地，起先沒有看見任何動物，也聽不見任何動物的聲音，後來漸漸聽見野狼的哀號了，那種鬼哭的聲音，山鳴谷應，聽來令人毛骨悚然。

過小年的這天，突然來了一羣餓狼，跳在馬廐的頂上，用脚搔扒，馬在底下嘶叫，牠們扒得更兇。白金龍打開半邊門，砰的一槍，打翻了一隻灰色的大狼，從頂上摔進場子。其他的狼一怔，有的想跑，有的膽子非常大，睜着兩隻鬼火般的綠眼睛，盯着白金龍，一隻大公狼突然縱身一躍，向我們撲來，白金龍又砰的一槍，這隻狼在半空中翻了一個筋斗，摔在雪地上。其他的狼，夾着尾巴，紛紛跳下馬廄，落在木柵外面。

我爲了好奇，趕出去看看那隻死狼，發現子彈都是從牠們的眼睛打進去，血凝在上面，結成了冰。牠們雖然相當瘦，但提在手裏足有四五十斤。我正想把這兩隻死狼拖進來，突然聽見韓玉娥驚叫一聲，我抬頭一望，一隻褐色的大狼正從馬廄頂上向我撲下，我穿多了衣服，兩隻脚又陷在雪裏一尺多深，想閃避一下，却一屁股跌在雪上。在這要命的當口，我突然發現白光一閃，狼嗥叫一聲，跌在我的身上，我用力一推，牠翻了一個身，躺在地上掙扎，我這才發現牠頭上揷着一柄尖刀。我連忙騎在牠的身上，抓住刀柄用力揷進去，絞了幾下，牠這才四脚一伸。我拔出尖刀，跑了回來。

「姑娘，多謝你救我一命。」我把尖刀交給她，我以爲是她投的飛刀。

「你進香不要找錯了廟門，你應該感謝哥哥，我沒有這麼大的本事。」她笑着把刀遞給白金龍。

「多謝瓢把子。」我向白金龍一鞠躬。白金龍淡然一笑，把刀揷進皮靴。

「老弟，吃一次虧，學一次乖，鬍子可不好當。要不是瓢把子這一刀，你已經餵了張三，還打什麼關東軍？」武天成的大手在我肩上一拍。

七

熬過五六個月冰天雪地的生活，天池的冰才完全融化，山上才出現一片新綠，一片生機。大家把原有的槍擦得閃閃發亮，又從朝鮮走私來一批新槍，彈藥也補充不少。

一部份人利用天池四周平地種菜，種瓜，種豆，大部份出去打獵。韓玉娥常利用餘暇陪我打靶，在她的鼓勵指導之下，我的進步不少，雖然不能指子打子，但長槍也能勉強達到槍槍不落空，手槍還是差勁，不能拔出來就打，一定要瞄。白金龍、武天成、韓玉娥他們用手槍都不作興瞄，又快又準。

糧食快吃完了，白金龍邀集各分寨的頭子來商量，各分寨提供了幾個富戶的「秧子」，請示白金龍綁那一個來？白金龍不同意綁肉票，刀疤王粗魯地說：

「瓢把子，和尚吃居士，搗兒吃婊子，那一個鬍子帮不吃肉票？你講仁義道德，咱們金龍帮的弟兄總不能喝露水？」

「刀疤王，吊頸要找大樹，不要老是拍蒼蠅，我們應該打一次老虎，給關東軍一點顏色。」白金龍說。

「關東軍可不是紙老虎。」刀疤王說。

「我知道，但是我要捋捋虎鬚。」

「瓢把子，咱們犯不着鷄蛋碰石頭。」另一個分寨的頭子說。

「當鬍子就是天不怕，地不怕，不是英雄好漢，誰敢上長白山？我們金龍帮的弟兄皇帝老子也敢揍，可沒有縮頭的烏龜。」白金龍使用激將法。

韓玉娥看看大家不作聲，乘機對白金龍說：

「哥哥，你不要光只講打老虎，你先說說打老虎的法子，讓哥兒們壯壯膽。」

白金龍向妹妹點點頭，又掃了大家一眼，然後向大家說：

「諸位有諸位的開門計，我韓玉琦有我韓玉琦的跳牆法。據暗樁子報告，海龍現在堆了很多糧食，布疋，軍火，只有一百多個關東軍，我們大家跑一趟海龍，一年也吃喝不盡。還有一點，諸位要是碰上了俊俏的日本娘兒們，帶一兩個上山我也答應。」

「瓢把子，難得你開禁，咱先贊成！」武天成把手一舉：「漫說是海龍城，上刀山咱也去。」

「既然武二爺敢上刀山，難道咱們不敢去海龍？」大家搶着說。

「我知道金龍幫沒一個孬種！現在我再說打海龍的辦法。」白金龍從容的說：「我帶一千人硬打硬闖，以大吃小；刀疤王帶五百人堵住沙河，防備四平街和瀋陽來的救兵。」

「既然海龍城只一百多個毛人，咱們何必去這麼多人手？」刀疤王說。

「一來是搬運糧草；二來我明人不作暗事，我要下一道鷄毛文書，要他們準備好，免得臨時多費手脚，自然也不要遭他們的暗算。」白金龍說。

「刀疤王，咱看就這麼辦吧。」武天成向刀疤王一笑：「咱還欠你一件大人情債，這次一定得還。」

刀疤王打了一個哈哈，其他的人沒有話說，白金龍馬上吩咐我：

「柳弟兄，麻煩你寫道鷄毛文書，就說白金龍要到海龍過端陽節。」

我很快的寫好，遞給他，他看了一眼，點點頭，韓玉娥遞給他一根公鷄翅膀毛，他把火漆打在牛皮紙的信封上面，交給刀疤王。隨後他指定幾個分寨弟兄歸刀疤王指揮，其餘的統統跟他行動。明天天黑前統統在鬼谷口集合。

大家立刻告辭，白金龍特別囑咐刀疤王馬上把鷄毛文書傳出去。

「瓢把子，我知道。這催命符留着燙手。」刀疤王說。

八

端午節天亮以前，我們湧進了海龍。車站和街上警戒的警察和關東軍，被我們打得落花流水，大部份的警備隊官兵還沒有起床，他們聽見槍聲倉促應戰，一看我們有這麼多人，馬上慌了手脚，邊打邊逃，但都逃進了鬼門關，他們的一個大尉隊長帶着一個士兵，騎着馬沿着鐵路線向北逃走，武天成首先發現，向我把手一招，我撥轉馬頭跟着他追過去。白金龍也立刻趕了上來，他的白馬跑得快，沒有多久就趕過我們，漸漸追上那兩個敵人，他碰的一槍，把後面那個士兵打下馬。前面那個大尉反身射擊，他把身子一側，貼住馬肚皮，子彈從馬背上飛過來，差點打中我。

那個大尉看看未中，立刻貼緊馬背，拼命逃跑。白金龍迅速地從靴子裏抽出尖刀，翻身坐上馬背，用力一擲，尖刀深深插進那個上尉的背心，他啊了一聲，身子一仰，摔下馬來。

白金龍翻身下馬。抽出尖刀。在屍體上擦了兩下。插進皮靴。我和武天成先後趕到。武天成把屍體踢翻過來，朝他臉上唾了一口，駡了聲「媽得巴子。」

我檢起鐵軌邊上的手槍，交給白金龍。白金龍腰上插着兩枝槍，他要我留着用。

我們再回到車站時，韓玉娥正指揮大家在貨車上，倉庫裏搬東西。白金龍要大家趕快撤，由各分寨分批運走。搬到中午沙河那方面傳來槍聲，白金龍吩咐韓玉娥領着大夥兒撤走，留下我們幾十個有馬的破壞鐵路，車站。我們把鐵軌撬了幾十公尺，又把車站的門窗統統打碎。武天成在倉庫裏放了幾把火。白金龍用煤炭渣子在站長室牆壁上寫下「白金龍到此一遊」七個大字。然後哨子一吹，縱身上馬，領着大家得得而去。

大隊已經撤走了四五里路，我們趕上時，武天成突然想起什麼的把腦袋一拍：

「糟！我忘記了擄個俏娘兒！」

他撥轉馬頭想趕回去，車站響起了一片爆炸聲，沙河那方面的槍聲更緊，刀疤王他們正在向我這個方向邊戰邊走，韓玉娥對武天成說：

「武二爺，色字頭上一把刀，不要送掉自己的命！」

九

跑了一趟海龍，損失十幾個弟兄，收穫可眞不小。糧食足可維持一年，布疋也夠每人縫一套新衣，槍彈可擴充兩三百人。白金龍三個字更響遍了長春鐵路東北地區。

樹大招風，麻煩也跟着來了。秋天，關東軍來了一次大圍攻，雖然沒有打進長白山，我們的彈藥却消耗不少。隨後他們又封鎖了整個冬天和春天。夏天一開始，又來了一次大進攻。他們的死傷大，我們的彈藥也消耗更多。他們吃了兩次大虧，想想沒有辦法消滅我們，便透過老爺嶺的瓢把子，向我們「招安」。

關東軍不解圍，我們的彈藥和糧食便接濟不上，連朝鮮那方面也被他們堵住了，人數少倒沒有關係，一兩千人馬，可不容易維持，冬天一到非挨餓不可。白金龍爲了釜底抽薪，決定詐降。

八月初，他招集了刀疤王他們十幾個分寨的頭子來，說明他的意思。刀疤王對他說：

「瓢把子，咱們不要偷鷄不着蝕把米。」

「你放心，我決不會拿弟兄們的性命當兒戲。我準備單人匹馬下山去，和日本人對手剝皮。」白金龍說。

「哥哥，那你不是送肉上砧？」韓玉娥說。

「捨不得金弓彈，打不到巧鴛鴦。我不下地獄，誰下地獄？」白金龍望了韓玉娥一眼，又望望大家。

大家對他肅然起敬。刀疤王慚愧地說：

「瓢把子，這眞是船頭上跑馬，你怎麼能冒這個大險？」

「我怎麼能貪生怕死，叫你們去？」白金龍望着刀疤王一笑。

刀疤王不敢作聲，別人也不敢吭氣。白金龍又繼續對大家說：

「我跑這趟馬，要是成了，咱們可以調轉槍口大幹一番；要是敗了，還留得靑山在，頂多少我一個人。」

「瓢把子，蛇無頭不行，你不能去。」武天成說。

「如果大家要個瓢把子，我還有句後話。」白金龍神情嚴肅地說。

「瓢把子，你儘管說吧！」刀疤王接嘴。

「君子一言，快馬一鞭，話出了我的口，鷄毛也要當令箭。」白金龍掃了大家一眼。

大家點點頭。白金龍大聲地說：

「我決定中秋節下山，要是三天之內沒有回來，我妹妹就是新瓢把子。」

韓玉娥一怔。大家鴉雀無聲，望望白金龍，又望望韓玉娥，沒有人表示贊成，也沒有人敢反對。

白金龍又接着說：

「不是我私心，玉娥比你們細心，我也不希望金龍帮的人專門殺人放火。」

「我贊成瓢把子的決定。」我舉起手來。

大家面色沉重地點點頭。

一〇

八月中秋清早，白金龍就騎着馬下山，武天成，韓玉娥和我伴送。走了一陣路，白金龍請武天成轉去，照顧總寨。並且拜託他說：

「武二爺，萬一我肉包子打狗，有去無回，以後要請你多多帮助玉娥。留得青山在，不怕沒柴燒。大家一條心，不怕關東軍。」

「瓢把子，不要說喪氣話，但願你馬到成功，總寨的事你放心好了。」武天成拱拱手，撥轉馬頭。

武天成一走，韓玉娥就掉下兩行眼淚。白金龍悽愴地對我說：

「柳兄弟，我們都不是當鬍子的料，長白山的鬍子都是大尾巴狼，不好對付。大妹倒底是婦道人家，如果不是血海深仇，我不會讓她跟我上長白山。以後一切拜託你……」

白金龍沒有說完，韓玉娥已經泣不成聲。

我們把他送到鬼谷口，他回頭望了我們一眼，在馬屁股上用力一鞭，白馬四蹄如飛，向通化方面急馳而去。

韓玉娥往馬鞍上一伏，哇的一聲哭了出來。

「姑娘，吉人天相，我們上山吧。」我勸慰她。

「柳兄弟，鬍子五顏六色，我沒有哥哥那麼大的本事，我的擔子太重了！」

一一

過了三天，白金龍沒有回來。韓玉娥，武天成與我挑了幾十個好手，騎着幾十匹快馬，衝下山來。離鬼谷口還有兩里路，突然聽見砰的槍聲。我們快馬加鞭，急衝而下。快到谷口，我們發現十幾個鬍子模樣的人騎着快馬逃跑。谷口躺着六七個人，其中一個就是白金龍，他身上打了十幾個窟窿，其他的人自然是被他打死的。

韓玉娥一發現哥哥的屍體，翻身滾下馬來，伏在哥哥身上痛哭。我不知道究竟是怎麼回事？正望着六七具屍體發呆，除了白金龍外，其他的屍體都是腦袋開花。韓玉娥突然縱身上馬，向那滾滾的灰塵追去，我和武天成怕她出事，也跟着追去，後面還跟了二十幾匹人馬。

殺死白金龍的人已經跑了很遠，韓玉娥在一個三岔路口被一個騎着馬的人攔住，我們衝到時，發現那人是我們的暗樁子，武天成大聲地問他：

「剛才跑掉的那班王八羔子是那一帮的？」

「武二爺，那都是驢子蒙着老虎皮，他們全是日本鬼子！」那人喘着氣回答：「我怕你們上當，特來報個信兒？」

「你快說，到底是怎麼回事？」韓玉娥砂鍋爆豆子般的問。

那人說不知道日本人從那兒得了報子，識破了白金龍是來詐降，事先派兵化裝成鬍子，在鬼谷關口埋伏，故意放白金龍回來，把白金龍謀殺，好讓我們鷄窠裏起火，他們好在黃鶴樓上看翻船。

韓玉娥聽了他的話，咬着牙大叫：

「我要報仇！」

三

韓玉娥以「白娘娘」的旗號統率金龍帮。

大雪封山以前，她率領了一千人突襲通化，打死了一百多關東軍。日本人對長白山又加緊封鎖。以後一連兩三年，經過大小二十多仗，人馬損傷不少，彈藥更加缺乏，生活更苦。最糟糕的是，刀疤王他們漸漸不聽她的指揮，武天成也向我嘀咕：

「十個裙釵女，趕不上一個跛脚兒。」

而日本人又在這節骨眼兒離間分化，揚言只要趕走白娘娘，他們就解除封鎖；如果提頭來見，還有重賞。

她知道金龍帮已經七零八落，人心已經渙散，而且各懷鬼胎，非常傷心失望。

我更怕有人出賣她，暗自提心吊膽。

一天夜晚她悄悄地對我說，她準備獨自下山，另外想方法報仇，我自然不便阻止她。

第二天她約了刀疤王他們來到總寨，宣佈她的決定。她沉靜地說：

「我不忍心大家跟着我上刀山，下地獄，我決定離開長白山，不再當這個瓢把子。」

大家對於她這個突然坦白的決定，反而有點不好意思，連武天成也感到十分意外。

「姑娘，到處懸賞要妳的腦袋瓜子，妳到那兒去？」武天成問。

「騎着驢子看唱本，下山以後再說。如果諸位願意領賞，我馬上自己把腦袋瓜子割下來。」

「姑娘妳放心，鷺鷥不吃鷺鷥肉，咱們決不做那種事。」刀疤王說。

「江湖上講究的是個義字，我韓玉娥非常感謝諸位的好意，因爲我還想多殺幾個鬼子。」大家看她義正詞嚴，不覺低下頭來。

臨走的那天，武天成，刀疤王和其他兩三個分寨的頭子要護送她下山，她笑着對他們說。

「這不是走馬上京都，多謝諸位的美意，有柳兄弟一個人送我一陣就行。」

她化粧成一個鄉下老太婆，和我循着羊腸小路下山。她什麼也沒有帶，只是身上藏了兩枝槍。

「姑娘，聽說山下貼了很多告示，妳到什麼地方藏身？」我輕輕問她。

「我是喪家狗，豁子，犯人，有什麼地方好容身？」她凄然一笑，流出兩顆眼淚，過了一會又說：「不過開源鄉下有個奶娘，現在不知道是死是活？我想去看看。」

「姑娘，我眞沒有想到妳會這樣下長白山？」

「柳兄弟，古話說得不錯，打虎還要親兄弟，一床被窩不蓋兩樣的人。我又沒有哥哥那套本事，要不動這羣猴子，再不下山，難道眞讓他們提着我的腦袋瓜子去領賞金？」

「姑娘，我也是走進了死衚子，吊頸找不到樹。」

「柳兄弟，我們東北人眞是呼天不應，入地無門。」她眼圈兒一紅，淚珠兒一滾。

我們一直無話可說，分手時她突然懇求我：

「柳兄弟，以後我不會再上長白山，看在我的薄面上，哥哥的坟拜托你祭掃祭掃。」她忍不住伏在一塊大石上哭了起來。

「姑娘，你們兩位都救過我的命，我一定遵辦。」

暮色蒼茫，森林中格外顯得幽深恐怖。我勸她不要傷心，她哭得更厲害。後來她發覺天黑了下來，十分關切地對我說：

「柳兄弟，你快點兒回寨去吧，小心張三和黑瞎子！」

一三

韓玉娥下山一個月以後，暗椿子傳來一個消息，說她被奶娘出賣了，臨刑時她哼都沒有哼一聲，也沒有下跪，是站着死的。

一四

武天成和刀疤王他們又各立門戶。武天成領着總寨的人馬，我自然跟着他。他們又靠綁肉票，打鍋莊過日子。武天成還擄了一個俏娘兒受用。關東軍有點兒自顧不暇，也不再重視他們。

突然平地一聲雷，關東軍投降了，老毛子進了東北。

武天成，刀疤王他們乘機下山，搶奪少數關東軍的武器，由於老毛子的胡作非爲，他們很快地長大起來。武天成高興地拍着我的肩膀說：

「老弟，火燒船廠，越燒越旺。你幸虧幹了咱們鬍子這一行！」

「武大哥，前門拒虎，後門進狼，老毛子比東洋鬼子更壞。我不想再偸鷄摸狗，靑石板甩烏龜，我想硬碰一場。」

他聽了哈哈大笑，望着我說：

「你瘋了？咱們這一瓢兒水，潑在那個火頭上？」

「武大哥，我決心不再當鬍子，我要到瀋陽去當國軍。」

他聽了一怔，半天沒作聲。我一再向他解釋，表示我的決心。他無可奈何地說：

「老弟，本來咱不會讓你去，不過咱們兄弟一場，咱不想摘掉你的腦袋瓜子。咱先和你打開天窗說亮話，你當了官軍，可不能挖咱的牆脚？」

「武大哥，你放心，我只會把槍口對老毛子。」

「老弟，可惜白金龍白娘娘都上了西天，不然你倒有兩個好伴兒。」

「武大哥，你不想成正果？」

他哈哈大笑起來，然後望着我說：

「老弟，千年狐狸也難修成精，咱和刀疤王打慣了野食，不是吃冷猪肉的土地神。」

花子老趙

一

第二次長沙會戰前夕，師長將我和特務營第一連連長徐良對調。臨陣易將，本來是兵家大忌，雖然一個上尉連長只是一員低級幹部，但特務連長却關係師部的安全，何況徐良又是我同隊的同學，將他從連長調成參謀，他心裏一定不大痛快，說不定還要誤會我在師長面前挖他的牆脚？爲了一個主官位置得罪同學，我認爲是最沒有意義的事。基於這兩種原因，所以我不想幹那個連長，我把這意思當面報告師長，師長却訓我一頓：

「要談兵法你現在還早得很！兵法是死的，運用之妙存乎一心。我派你去接徐良不是開玩笑，我已經考慮過很久，我的性命也不是撿來的。至於你的第二個理由，那更不成爲理由，你簡直不配作革命軍人！我這個師長也是接我同學的，將來也不知道是那位同學來接我？」

他停頓了一下，我不敢接腔，他將嘴角一撇，冷哼一聲：

「我看你那兩個理由都是假的，怕死才是眞的！」

「報告師長，我並不怕死！」我受不了師長的奚落，立刻把胸脯一挺。

「不怕死就快點到差！」師長把手一揮。我不敢再停留，恭恭敬敬行了一個禮退了出來，立刻單槍匹馬去接連長的事。

徐良已經準備停當，監交人副營長已經在連部等我，徐良將移交清册遞給我，我翻開一看，移交人和監交人都已蓋章，我也毫不猶豫地掏出圖章蓋上，退還一份給徐良，呈一份給副營長，我自己留下一份，就這樣完成了一次最簡單的交接。

連部駐在離汨羅車站不到兩里的羅家，羅家的房子很大，門口還有一個大晒場。

晚飯前我告訴值星官，晚點名時我要作一次裝備檢查，除了必要崗哨及值勤人員之外，必須集合聽話；本來在前方不必天天晚點，但我剛接連長，我要瞭解連上的眞實情況，不能不這樣作。

不到九點，隊伍就在大晒場集合好了，我爲了不讓弟兄們站着久等，提前走了出來，由值星官和特務長陪我檢查裝備，每一位士兵都是全副武裝，我用手電筒照着逐一檢查他們的槍枝子彈，結果我很滿意，因爲伙伕的行軍鍋都擦得很乾淨。

當我把第三排士兵點完之後，就點勤雜兵，他們站在排尾，由連部的軍需上士率領，特務長站在我身邊隨時替我解答問題。

伙伕有兩個，一個是二等兵，一個是一等兵，當我點到二等炊事兵趙春生時，我覺得他的年紀太大，但他那對鷹眼却很有神，那對眼睛我好像在什麼地方見過，可是一時又想不起來。

第二天早晨，趙春生忙着洗菜弄飯，一個十來歲的男孩搗他的鬼，湖南人不怕當兵的，連女人孩子也不在乎。這孩子似乎更頑皮，他把趙春生弄火了，趙春生把那對鷹眼向他一瞪，一句粗話衝口而出：

「肏你姐！」

軍隊裏講粗話雖然是家常便飯，但這句話聽起來特別刺耳，我怕他惹出禍來影響「軍民合作」，因此我要勤務兵把特務長叫來。

「特務長，伙伕你也應該管教管教，不可以用粗話罵人。」

特務長怔怔地望着我，他有點摸不着頭腦，便細聲氣地問我：

「報告連長，你說的是誰？」

我把剛才的情形告訴他，他聽了一笑：

「報告連長，老趙就是這個毛病，其實人倒蠻好。」

剛才趙春生的一句粗話，和現在特務長稱他「老趙」，以及他那對鷹眼，突然勾起我一個模糊的記憶，這三樣湊在一起，使我想起一個「花子」；但他又缺少蓬頭髮，棕鬍子，長口袋，討飯棍，破棉袍，癩皮狗和兩塊竹片，自然年紀也大了十多歲。

「他到連上多久了？」我問。

「我沒有來時他已經來了。」特務長說：

「他年紀大了，能挑得起行軍鍋嗎？」我有點躭心，不但行軍鍋重，伙伕又要起早摸黑，非常辛苦，弄一百多人的飯是不簡單的。

「他和年輕人一樣，比年輕人更負責。」

「你把他叫來，我要親自問問他。」

特務長看了我一眼，有點替趙春生躭心，臨走時還補上兩句：

「連長，老趙實在很行，就是那點毛病——」

「你把他叫來好了。」我溫和地說。

沒有多久，趙春生來了，站在門外大聲地喊了一聲「報告」，我叫他進來，他才把帽子夾在左脇下，走了進來，向我恭恭敬敬地一鞠躬。

我打量了他一眼，頭剃得光光的，露出一層青色的頭皮；鬍子一根也沒有，嘴唇下巴周圍光光的；一身灰棉軍服雖然沾了不少鍋烟油跡，但腰皮帶紮得緊緊的，甚至綁腿打得也很合格，不像一般伙伕理髮兵那樣鬆鬆地纏在腿上，像猪腸子一般拖下來。我在他身上唯一可以尋回記憶的只有一點——就是那兩隻鷹眼。

他看我打量他，顯得更加拘束。

「連長，你找我有什麼吩咐？」他輕輕地問。

我看了他一眼，笑着問他：

「我想吃花子鷄，你會不會燒？」

他臉一紅，兩隻鷹眼盯在我的臉上，然後淡淡一笑：

「連長，你怎麼想吃那種鷄？」

「我小時候吃過一次，味道很好。」我笑着回答。

「連長，你是——」他想笑，眼睛却在發紅。

「我是那個吃花子鷄的孩子。」我說。

他哦了一聲，眼淚跟着掉了下來。

「你眞是花子老趙？」我站了起來。

他點點頭。

「老趙，我眞想不到會在這裏碰見你！」我走過去拉着他的手。

「連長，怎麽俺一點也認你不出來？」他抱歉地說，用手擦擦眼睛。

「那時我同那個和你搗蛋的孩子一般大，現在你怎麽認得出來？」

「連長，那你又是怎麽認出俺的？」他向我一笑，輕鬆自然多了。

「第一是你這對眼睛。」我指指他的眼睛說。

「還有呢？」

「還有就是你那句罵人的粗話。」我向他一笑，他的臉又紅了起來。

「連長，俺就是那個毛病改不了！」他紅着臉抱歉地說。

「如果你眞的改掉了那個毛病，我就認不出你是老趙了。」我笑着安慰他。

「連長，今天晚上俺就燒一隻花子鷄給你吃，」他高興地說，隨後又一遲疑，加了兩個字：「可是——」

「可是什麽？」我笑着問。

「連長，」他輕輕地說：「請你千萬別講俺當過花子，要是給別人知道，俺就混不下去啦。」

「你放心，我決不會講。」我拍拍胸脯。

他向我感激而愉快地一笑，走了。

他走後，我却想起一段兒時往事。

二

秋收後，田地一片空曠，屋子裏滿囤滿倉，這是一年中最富足的時候。

雲，像流浪漢，在遼濶而蔚藍的天空游蕩；陌上的烏桕樹紅得像個喝醉了酒在秋風中輕移蓮步的紅粉佳人。

鴻雁像一群氣宇軒昂的貴賓，翩然而至，但又過門不入，只在空中「咯啊─咯啊─」幾聲，便以整齊的空中分列式，浩浩蕩蕩地從樹梢上，屋頂上飛過。

而與鴻雁以俱來的，却是一群衣衫襤褸，揹着長口袋的異鄉人─花子，老年人稱他們爲「王花子」。

這些花子是職業的要飯人，他們要的多半是糧食，只有遇着吃飯時他們才接受飯菜，吃飽了仍然要糧食。

他們有一個頭子，這個頭子叫「老趙」。正如「紅鑾禧」裏的金松一樣，老趙是個有點權威的花子。除了他自己以外，他還帶了一個跟班─一條癩皮狗，手上也多了兩塊發紅發紫的唱「蓮花落」的竹片。他自己不常出馬，他一出馬決不打空手，隨便那一家都得給，不給他就唱個不休，或是兩眼一瞪：「肏你姐！」給少了他也會把葫蘆瓢一甩，將你給的東西甩出一兩丈遠，而且嘴裏不乾不淨，弄得女人們面紅耳赤，但是沒有人敢得罪他。

那時女人們嚇唬孩子們的兩句口頭禪是：

──摸鬍子來了！摸鬍子來了！

──王花子老趙來了！王花子老趙來了！

而老年人對於花子這種職業，簡直有點欣賞和羨慕，他們常常對青年人說：

「不搶不偷，討飯是好漢的大路。」

花子之上有時加上一個「王」字，大概就是表示合乎王法的意思？

花子老趙的生活，的確十分自由愜意。吃飽了，喝足了，便坐在柴草堆邊晒太陽，捉蝨子，或是靠在柴草堆上呼呼大睡，無憂、無慮，天塌下來好像也與他無關。

遇上紅白喜事，老趙便率領花子們成群結隊而至，喊聲「恭喜」，或是唱幾句「蓮花落」，便和客人們一樣，坐在桌上大吃大喝。他們自然地湊上一桌或兩桌，清一色的破棉襖、長口袋、討飯棍、蓬頭、垢面，十足的花子。

主人為了討個吉利，一點也不敢怠慢老趙他們，三四兩重一塊的豬肉，一海盌一海盌端上去，他們吃完了，只用筷子在盌上敲敲，打雜的便連忙跑過去服侍他們，像對待眞的客人一樣。

吃喝得高興時，老趙便率領花子們站起來唱幾句：

「嗨，洞房花燭夜，金榜題名時；今夜入洞房，明年生貴子。」

「嗨，洞房花燭夜，金榜題名時；新娘一朵花，新郎是探花！」

老趙唱一句，花子們跟着和一句。老趙手中的兩塊紅得像檀香木一般的竹片，敲得的嗒的嗒響，聽起來很夠味。

他們吃吃喝喝，猜猜拳，五魁八馬喊得像打雷，的確能增加幾分歡樂。如果主人怠慢了他們，老趙立刻把盌底朝天，罵聲「㑚你姐！」便全體退席，主人得連忙向老趙打躬作揖，添酒加菜，請他們重新入座。

老趙看上去大約四十來歲，瘦長個子，長頭髮，棕鬍子，鷹眼。初來時女人孩子都很怕他，漸漸地孩子們不怕他了，尤其是當他唱「蓮花落」，或是坐在柴草堆邊晒太陽捉蝨子時，便不禁圍了過去。

老趙會自編自唱「蓮花落」，他的「蓮花落」彷彿唱不完。

老趙身上的蝨子彷彿也只生不滅，永遠捉不完。

捉蝨時老趙把破棉袍披在身上，把又髒又破的褂子脫下來，衣縫裏盡是大蝨婆，抓住一個他就放在嘴裏一咬，嗞的一聲，然後和口水一道吐出去，再加上一句粗話：「肏你姐！」

有時他也把蝨子夾在兩個大姆指指甲中間，用力一擠，蝨子便嗞的一聲爆出一星血，他也會罵一聲：「奶奶個熊！」

如果他捉到一個特別大的蝨婆，他會和孩子們開玩笑：

「喂！拿回家餵湯喝！」

孩子們連忙搖頭倒退，他却笑着往嘴裏一塞，用力一咬，嚼幾下吞下去，向孩子們笑着說：

「牠吸俺的血，俺吃牠的肉，俺倆是寃家對頭。」

當他把褂子上的大蝨捉完之後，便站起來把衣服穿上，兩眼向四周一掃，又向孩子們使使眼色：

「兔仔子們站開些，俺要捉褲襠裏的蝨子了。」

他隨卽用破棉袍遮住身子，把褲子脫下，又坐在地上捉蝨，他褲襠裏的蝨子似乎比褂子上的更多。

褲襠裏的蝨子他不往嘴裏塞，統統用指甲擠死，邊捉邊罵，要費不少時間才能把蝨捉完，然後把褲子穿上，自言自語：

「今天夜裏俺可以睡一個好覺。」

孩子趁着他高興時要他教「蓮花落」，他故意兩眼一翻：

「你們又不討飯，學這幹啥？」

「好玩。」

「回去洗你奶奶的裹脚布玩。」

他雖然這麼說，還是拿起身邊的檀香木般的竹片，的嗒的嗒地搖打起來。

「唱一個，唱一個！」孩子們拍手歡叫。

他先瞪孩子們一眼，又用力吐口痰，便隨口唱起來：

「嗨！年成好，好年成，家家滿倉又滿囤！」

「嗨！天公道，地公道，只有人心不公道！」

「嗨！姐兒好，姐兒俏，姐兒出嫁坐花轎！」

「嗨！花子叫，家家要，五湖四海走大道！」

孩子們正聽得入神時，老趙却把兩塊竹片一合，牽着癩皮狗，揹起長口袋，輕輕地說：

「俺要去趕喜酒，不能和你們這些小子們窮耗！」

走了幾步，他又回過頭來對孩子們說：

「要是那家有紅白喜事，小子們，你們要先告訴俺一聲，不然俺不給你們唱蓮花落。」

孩子們爲了想聽他的蓮花落，自然齊聲說好。

一天下午，天氣很冷，北風呼呼叫，彷彿要下雪的樣子。我發現老趙蹲在牛欄背風的一面，起先我以爲他是在烤火，走近一看，却發現一大團泥巴煨在火爐裏面，噴出一股特別的香味。老趙看見我走近，便笑着問我：

「小子，你家裏有沒有酒？」

「你想喝酒？」

「你請俺喝酒，俺請你吃鷄，俺倆公平交易。」他指指灰中的那團泥巴說。

我看見那團汚泥，就倒胃口，我想除了花子之外，誰也不會吃那種髒兮兮的東西。

雖然我不想吃他的鷄，但我還是回去將那把盛酒的錫壺塞在棉袍裏面悄悄地裝了半壺酒拿了出來。

他笑着從我手裏接過錫壺，先用嘴抿了一口，然後把它煨在灰燼裏面，把那團泥撥了出來，用討飯棍把泥敲開，鷄毛和泥同時脫落，露出黃鬆鬆的鷄皮。他很快地就把泥和毛脫光，又大方地扯下一隻鷄腿給我，他的手很髒我不敢接。他向我一笑。

「小子，別不識好歹，錯過了今天，這種鷄你一輩子也吃不到！」

我只好接了過來，香味直往我鼻子裏鑽。

他一面喝酒，一面大口地吃鷄，酒香四溢，我也忍不住咬了一口鷄腿，眞香眞嫩！臘鷄燉鷄都比不上。

老趙的胃口很好，鷄吃完，酒也喝光，他的癩皮狗也飽吃了一頓骨頭。

鷄吃飽了，酒有三分醉了，老趙在我頭上拍了一下，牽着癩皮狗走了。走在呼呼的北風中。

我眞沒有想到我長大後會當連長？更沒有想到老趙會在我連上當伙伕？我們居然在汨羅江邊相遇？

三

晚上我睡覺以前，老趙眞的給我端來一隻花子鷄，不過弄得乾乾淨淨，看來一點也不噁心。

「老趙，這隻鷄多少錢？」我一面問他一面掏口袋。

「連長，你不必掏，」他向我一笑：「這隻鷄就算俺的見面禮。」

「那怎麽可以？」我用力搖頭。

「俺記得俺曾經估量你不敢當兵。連長，算俺賠禮。放心，決不是偷的。」

「老趙，你還記得那些陳年舊事？」我向他一笑。「說不定你那一隻鷄是偷的？」

「俺年紀雖大，記性倒很好。」老趙得意地回答。又紅着臉一笑：「不瞞你說，那隻鷄眞是偷的。」

「現在可不能再作那種事？」我警告他。

「現在俺有糧有餉，犯不着。」老趙坦然地說：「不信，你向羅家查查，看是不是買的？」

聽他這樣說我便把錢遞給他，他無論如何不肯接受。

「連長，俺落難時叨你們府上的光也不少，何必計較這點小意思？」

我想以後的日子還長，也就算了。但我想起他從前在我家鄉討飯時那種粗野態度，不禁警告他：

「老趙，你從前在我家鄉的那種態度，現在可要收斂一點！」

「連長，俺也是看人打卦，」他向我抱歉地一笑：「俺打聽了你們貴處的人怕事，所以行點蠻。」

「湖南的老百姓可不好惹？」我說。

「連長，你放心，俺知道！」他笑着回答，隨卽退了出去。

花子鷄雖然好吃，但我只吃了一半，留一半給老趙，要他端了回去。

沒有幾天，長沙二次大戰爆發，這次敵人攻勢雖猛，但結果還是被我們打了回去，造成一次空前大捷。

我們的部隊又回到原駐地，老百姓也很快地回到自己的家。

一天晚上，師部特別舉行了一次祝捷晚會，除了師政工隊擔任演出之外，各部隊也要參加一兩個節目，指導員問我參加什麼？我要老趙表演一個「蓮花落」。

「連長，你是說伙伕老趙？」指導員不大信任地望着我。

我點點頭，指導員不好意思正面反對，只是遲疑地問：

「我怕老趙不行？毋連上的臺。」

「反正不是比賽，你不妨給他一個機會。」我說。

指導員只好點點頭走了。

他走後我把老趙找來，告訴他這件事，要他好好的準備。老趙誠惶恐地向我一笑：

「連長，那是要飯的玩藝兒，怎麽可以上臺？」

「你不妨上去唱幾句，讓大家樂樂，」我說：「你好好地編幾句詞兒，準備你的竹片。」

他摸摸後亮腦，走了。

演出的那天晚上，指導員替他化了粧，打扮成一個小丑模樣，在一個更換節目的空檔裏，老趙走出前臺。

「嗨！說東洋，道東洋，東洋小鬼太猖狂！二次要把長沙犯，卸甲丟盔汨羅江！」

「嗨！軍愛民，民敬軍，軍民本是一家人，大家合力打日本，最後勝利是我們！」

他手裏的竹片搖得的嗒的嗒響，聲音淸亮，節奏分明，人在臺上走來走去，動作滑稽可笑，他沒有唱完臺下就哄笑起來，一知道他是伙伕老趙，大家更熱烈鼓掌。

他一跑到後臺，用手在臉上一抹，把假鬍子抹掉，衝着我說：

「連長，俺獻醜了！」

「不，你表演得很好。」我拍拍他的肩說。

「連長，俺這一手只有你知道，」他向我輕輕地一笑：「要飯的玩藝兒，搬上戲臺，丟人！」

指導員也連忙過來誇獎他，要他以後多參加表演，他却把頭搖得像個布郞鼓兒似的。

由於我們部隊參加第二次長沙會戰正面作戰的經驗，我瞭解老趙的工作很辛苦，他不但起早摸黑，挑着行軍鍋東跑西跑，還要上火線替兄弟們送飯，他的危險不比戰鬪兵少，辛苦却有過之，五十幾歲的人，我怕他吃不消，因此我和特務長研究改調他一個輕鬆一點的工作，而一般列兵又不願意當伙伕，連上工作最輕鬆的要算我貼身的勤務兵，他年輕、身強力壯，因此我想把他們倆人工作對調，名義不變。特務長搖搖頭說：

「連長，那不好。」

「怎麽不好？」我問。

「前方不比後方，」特務長說：「王健生不但身體好，槍法也好，放在連長身邊，對連長有很大的幫助，上次如果不是他，連長就遭了日本人的暗算。」

是的，上次在白水車站肉搏，一個日本兵從我後面偷襲過來，刺刀幾乎刺上了我的背脊，被王健生發現，連忙給他一左輪，才救了我的性命。但我還是決心把他們對調，我對特務長說：

「那次是我疏忽，以後我會小心。伙伕關係全連的性命，勤務兵只關係我一個人，老趙雖然上了年紀，但是我還年輕，我的槍法也不在王健生之下。」

特務長算是沒有作聲，可是對於王健生却費了很大口舌才說服他。

老趙調到我身邊工作之後，比做伙伕要輕鬆多了。雖然我不要他服侍，可是他對我却無微不至，除了洗臉水，洗脚水他替我按時送來之外，還替我洗襯衣襯褲。最可笑的是，他居然關心到我的婚姻問題！

一天晚上，他替我舖好床舖之後，輕輕地問我：

「連長，我看羅家姑娘人很不錯，你看怎樣？」

我們駐紮的羅家有位大小姐休學在家，二十歲了還沒有出嫁，人很大方，樣子也長得不錯，我實在沒有心思想到婚姻大事，也很少和她打交道，想不到老趙竟想到這件事？但我一口回絕他：

「我還不想成家。」

「連長，你不要像俺一樣，躭誤了下一代，」老趙誠懇地說：「如果俺媳婦不被別人霸佔，俺的兒子比你還大，你看，現在俺只剩一條光桿，這就斷了香烟啦！」

「沒有關係，」我安慰他說：「你跟我好了，我會養你。」

「連長，俺這不過是比喻，並沒有想你養俺，俺是為你着想。」老趙說。

「謝謝你的好意。」我說。

他無可奈何地退了出去，可是過了幾天，他竟向羅小姐要了一張照片給我，一看我就大發雷霆：

「老趙，你怎麼可以作這種糊塗事？人家小姐的照片也是可以隨便要的？」

「連長，你也不能完全怪俺？」他向我一笑：「如果羅家姑娘對你無情無意，你自己要她也不會給。你看，她在相片後面還簽了個花名哩！」

我翻過照片一看，眞的寫了我和她的名字，這眞使我啼笑皆非！

「老趙，你眞是米湯裏洗澡，你叫我怎樣下臺？」

「你也送她一張不就得了？」他向我一笑。

「胡說！」我臉孔一扳。

老趙碰了一鼻子灰，臉色慘白，過後又唉聲嘆氣：

「唉！眞是好心沒有好報！」

「老趙，你這件事情做得太冒失！使我進退兩難！」

老趙這一來，的確使我十分尷尬。退回去嗎？那會傷害羅小姐的自尊心；何況她叔父當師長，大哥當團長，又不是沒有身份地位的人家。不退嗎？那她又會誤會我接受了她那份感情；而我實在是不想這麼早結婚，我看過多少拖家帶眷的官長那份艱辛，我尤其不願意和我駐紮的人家發生這種事情。但是老趙給我惹上了！

「連長，你記得你當初吃花子鷄嗎？」老趙望着我說：「當初俺給你你也不敢接，後來吃出味道還想再吃。俺告訴你，不要錯過了機會。」

說完，他就悄悄地退了出去，我望着他的背影罵了一聲：

「胡鬧！」

但是這還不算尷尬，碰見羅小姐時才眞尷尬。她以爲我眞領了她那份情，那對脈脈含情的眼睛確實使我不知道怎樣應付？太冷會傷害她的自尊心，太熱會使她信以爲眞，我不會演戲，很難表現得恰如其份。

而老趙看了却很開心，我眞恨不得用扁擔打他一頓屁股。

幸好，第三次長沙會戰不久就爆發了。羅小姐全家忙着逃難，我忙着指揮作戰，戰爭把我們衝開了。

這次會戰，我們連上犧牲慘重，三個排長陣亡了兩個，弟兄們死傷了三分之二，我的大腿也被機槍打了幾個窟窿，不能行動。老趙揹着我撤退，但是敵人緊跟在屁股後面追，老趙火了，把我往一個坟堆下面一放，抽出胸前兩顆手榴彈，大罵一聲：「肏你姐！」便向敵人直奔過去。

我聽見轟轟兩聲，幾聲慘叫，以後便痛暈過去。

我不知道是怎樣被救出戰場？到長沙住院後，才聽見特務長告訴我，如果不是老趙那兩顆手榴彈阻住了追兵，我就救不出來。

「老趙呢？」我連忙問。

「老趙和敵人同歸於盡了。」特務長沉痛地說。

我心裏一陣難過，眼睛有點模糊，想不到老趙竟爲我送了性命！

風雪歸人

一

從臘月二十四過小年那天起，就開始下雪。起先是六角雪，大家都說這是瑞雪；「瑞雪兆豐年」，明年自然又是一個豐收的好年成了。

二十五起就是大雪，滿天飛舞着雪白的鵝毛，輕輕的飄落下來，這場雪直下到臘月三十還沒有停止，地上的積雪已經一尺多深了。

揚子江的水彷彿被連天的大雪壅塞住，流得很慢，很慢。

家家的年貨都已經辦好，自己的鷄鴨，年猪，前兩天就殺好了，三十這天只忙着糊窗戶，貼對聯。窗戶先用棉紙糊好，再塗上一層秀油，便顯得又薄又亮。大門，後門，廚房，甚至牛欄都貼滿了紅紙對聯，一抬頭便可以看見「抬頭見喜」、「對我生財」、「前程遠大，後地寬宏」這些紅紙對聯，大門口貼的多半是「國安家慶，人壽年豐」這類的對聯。兩扇大門上還貼了秦叔寶和尉遲恭兩位大門神，完全是一副新年氣氛。

屠戶彭多年的大門口貼的是「天增歲月人增壽，春滿乾坤福滿門」的紅紙對聯，這是他本家先生彭美玉代寫的。彭多年是連門楣上的那個大「春」字都不認識的。

他雖然一個大字不識，但他還是捧着水烟袋站在門口欣賞端詳，因爲這是他的本家「美玉先生」寫的，他覺得那些字好像龍飛鳳舞一般，並不比張家的先生們寫的差。美玉先生是他們彭家的擎天柱子，他臉上彷彿也沾了不少光彩，因此雪花飄在身上他也不覺得。

這時，江邊有隻小木船悄悄地靠了岸，一個穿着舊棉袍的三十來歲的漢子走了上來。他冒着漫天飄舞的雪花，艱難地爬上土坡，雪很深，斜坡很大，爬了幾步又滑下去，一雙破棉鞋脫了好幾次，雙手又在雪裏，連袖子都陷了進去，費了半天功夫才爬上來。

他站起身來抖抖袖子，拂拂頭上的雪花，但白的雪花又立刻落在他的黑頭髮上。他把頸子一縮，像一個縮頭的烏鴉，兩手抄在袖筒裏，弓着背向家裏走去。

「哥哥，那好像是老三？」彭多福指着來人對彭多年說。

「他回來幹什麼？這個偷牛賊！」彭多年轉過身子用那對殺猪殺紅了的大眼睛望着來人說。

「我們找他好多次都沒有找到，他自己送上門來不更好嗎？」彭多福說。

「老二，你再仔細望望看，到底是不是他？」彭多年對彭多福說。

彭多福凝神地望着來人，彭多年也仔細望了幾眼。

來人正是老三彭多壽，他滿頭白雪，抄着手弓着身子，踏着深雪，一步一步走過來，破棉鞋常常陷在雪裡，因此常常停頓下來。

「是老三，是他！」彭多福說。

「丟人！眞是丟祖宗三代的人！」彭多年把燃著的紙捻，用手揑熄：「虧他有臉回來？」

「大概是在外面混不下去，過不了年？」彭多福說。

「哼！」彭多年從鼻孔裡哼了一聲：「屋裡也不許他過，我們不能背這個賊名！」

「他回來了，那怎麼辦？」彭多福望着彭多年，輕輕地問。

「河裡有水！岸上有索！」彭多年斬釘斷鐵地說。

「不打算活埋？」彭多福的聲音輕微得只有他們兩人才能聽見。

「我要和美玉先生商量一下，看他怎麼說？」彭多年沉着臉回答。

彭多壽一步一個深深的脚印，從江邊一直印了過來。他的頭不時搖動幾下，企圖搖掉頭上的雪，他的身體冷得發抖，背脊弓成一個駝子。他走近家門時，看見門口的紅紙對聯，心裡有點喜悅，他也分享了這份過年的歡樂。

可是當他看到兩個哥哥的臉上罩着一層冰，他便不自禁地打了一個寒噤，痲臉上立刻蒙着一層羞愧。他勉強做了一個微笑，對他們兩人叫了一聲「哥哥」，但是毫無反應。

「我回家過個殘年，開正就走。」他又靦顏地補充兩句。

「你還有臉面回來？」彭多年冷冷地問。

「大哥，古話說過：『有錢無錢，回家過年。』所以我特地趕了回來。」

「你知道彭家祖宗三代的臉都被你丟光了？」彭多福問他。

「所以我平時不敢在屋門口丟人現眼，臭也臭在外邊。」彭多壽畏怯地回答。

「你回來也好，你的事遲早應該有個了斷。」彭多年把袖子一拂，走了進去。

彭多福也跟着進去。彭多壽在門口痴了一會，然後頓頓脚上的雪，摸摸頭，一聲不響地走了進來。

侄兒們帶着幾分驚奇的眼光望着他，兩個嫂嫂鄙視地看了他一眼，便不再理他，他自己的女人艾怨地望了他一眼，立刻縮進房去。

他覺得自己像個不受歡迎的瘟神，坐也不是，站也不是，便縮進自己房裡去，他幾乎有一年沒有進過自己的房了。

「我都沒有臉面做人了，你還有什麼臉面回來？」他女人抱怨地說。

「我要是知道一家人對我都是這個樣子，我也不回來。」他有點懊悔地說。

「你也不想想你自己作的好事？那個瞧得起一個偷牛賊？」她說。

他的麻臉抽搐了一下，無言地望着她。過了很久才說：

「如果不是想看看妳，我眞不會回來。」

「回來又有什麼意思？明天大年初一你還有臉見人？」

「今天我偷偷地回來，過一兩天我也偷偷地走開，大年初一我會躲在房裡，決不丟人現眼。」

「你這麼大的漢子了，褲襠再也包不住。難道你眞是天生的下流胚子？」

「沒田沒地，我幹什麼？」

「他們殺猪，你就不能殺猪？」

「我怕見白刀子進，紅刀子出。」

「你貓兒哭老鼠，裝什麼假慈悲？殺猪可不犯法，偷牛人家會打斷你的螺絲骨。」

「我不會讓人家捉到。」

「走多了夜路總會碰見鬼，捉到了你就沒有命。」

「偷牛又不犯死罪。」

「人家會吊在樹上打。」

「我會特別小心。」

「你一共偷了幾條？」

「兩條。」

「錢呢？」她突然把手一伸。

「吃了，分了。」他尷尬地說，隨手從荷包裡摸出一個紙包遞給她。

她打開一看，只是一個小髮網，馬上唾了他一口，往他臉上一拋，蹬蹬蹬地走了出來。

她看見彭多年和彭多福在後門口唧唧噥噥，便走向厨房，他們兩人看見她立卽停嘴。

她走進厨房之後，彭多年立刻附着彭多福的耳朵說：

「你注意老三，不要讓他跑了，我到美玉先生家裡去一下，看他如何發落？」

二

彭多年從後門溜出去，把圍巾包着頭和兩耳。雪，紛紛地落下，鞭炮劈劈拍拍地響着。

他匆匆地趕到美玉先生家裡，美玉先生正彎着腰，伏在方桌上寫一個大「福」字，這是中堂用的，他已經寫了好幾個，認爲不好，所以再寫。

他看見彭多年進來，抬頭望了他一眼，停筆問：

「有什麼事嗎？」

彭多年走到他的身邊，附着他的耳朵輕輕地說：

「偷牛賊回來了。」

彭美玉立刻放下大字筆，把彭多年帶進書房，隨手把房門關上，問：

「幾時回來的？」

「剛到。」

「我還以爲他飛到天邊去了？」彭美玉摸摸八字鬍子說。

「大概是沒有那麼長的翹膀。」彭多年說。

「你看他的景況怎樣？」

「好不了！」彭多年搖搖頭：「現在我們該怎麼辦？」

彭美玉捻着八字鬍子，踱着方步，沉吟不語。

「他說開正就走，」彭多年接着說：「我怕他又成了放飛了的風箏，再找就如海底撈針了。」

彭美玉猛然把頭一抬，睜着三角眼，反問彭多年一句：

「你看應該怎麼辦？」

「我只會殺猪，你是族長，自然應該聽你的。」彭多年說。

「站在族長的立場，我要整頓門風，不能收留這種敗類子弟；但你們是親兄弟，所以我也不願意獨斷獨行。」彭美玉說。

「族有族規，」彭多年說：「我們雖然是同胞兄弟，我也不願意背個賊名。」

彭美玉摸摸鬍子，沉吟了一下，然後對彭多年說：

「以前我們也商量了幾個辦法，你看那一個合適？」

「開正大家都要討個吉利，活埋恐怕不好？」

「難道你能像殺猪一樣，把他宰掉？」彭彭美玉望着彭多年說。

「這樣自然也不大好，」彭多年遲疑地說：「每年正月十五日以前我決不開刀。」

「我也想到這一層，」彭美玉翻翻三角眼說：「這件事我們最好做得神不知鬼不覺。我要執行家法，但也怕觸犯了王法，落個不乾不淨。」

「玉先生，你說吧，我和老二照着你的意思辦就是。」彭多年有點急躁起來。

「你過來，」彭美玉向他點點頭，彭多年敬佩地說。多年走了過去，彭美玉附着他的耳朵唧噥了一陣，然後背着手站開，提高一點聲音說：「你看怎樣？」

「玉先生，你想得很周到。」彭多年敬佩地說。

「你讓他好好地吃頓團年飯，到時候我會過去。」彭美玉說着隨手把書房的門拉開。然後若無其事地走到方桌那邊去繼續寫他的「福」字。

彭多年出來時天已經黑下了來，由於大雪紛飛，完全是個粉粧玉琢的世界，所以並不覺得怎麼黑暗，只是家家關門閉戶，在吃年夜飯了。

彭多年仍然從後門走進自己的家，彭多福連忙走過去悄悄地問：

「玉先生怎麼說？」

彭多年附着他的耳朵唧噥了一陣，然後關心地問：

「沒有溜吧？」

彭多福搖搖頭，又指指彭多壽的房間：

「還在裡面，沒有臉面出來。」

於是兩兄弟走到堂屋來，堂屋正中擺好了一張大方桌，圍了紅桌裙，桌上並排擺着猪頭、公鷄、鯉魚這些祭品。

彭多年放了一掛鞭炮，領先跪在桌前向祖宗神位磕頭。他雖然一臉橫肉，一對血眼，可是磕起頭來却很虔誠，彷彿歷代祖宗都在上面看着他們。

他磕完之後，彭多福接着磕頭，他們兩兄弟永遠是上下手，殺起猪來兩人更是同心合力，三四百斤重的猪，一到他們兩兄弟的手上，三五分鐘就可以解決。

彭多福磕過頭站起來拍拍長袍，平時他總是一身短打，今天過年特別穿上長袍，因此非常愛惜。

「老三，難得你回來，出來向祖先磕個頭。」彭多年對彭多壽說。

彭多壽抄着手弓着背走了出來，畏怯地望了兩個哥哥一眼，然後走到桌前往蒲團上一跪，恭恭敬敬地磕了幾個響頭，表示對祖宗的尊敬和懺悔。他磕完之後才輪到女人孩子——按長幼尊卑的次序輪下去。

大家拜過祖宗，彭多年隨即解下紅桌裙，女人們忙着上菜，先後上了十二大盌，這是一年當中最豐盛的一頓晚餐。

彭多年彭多福自然高踞首席，彭多壽乖乖地在兩位哥哥的對面坐下，女人孩子平時不准上桌，今天是吃團圓飯，所以分別在兩邊擠着坐，誰也不願意和彭多壽坐在一條長櫈上，彭多年看他們太擠，便吩咐彭多壽的女人和彭多壽坐在一塊。

他們三兄弟都愛酒，彭多年和彭多福的酒量更好。一錫壺燙熱的高粱，斟在藍花酒盅裏還冒着騰騰的熱氣。彭多年擦根火柴往酒盅裏一點，立刻燃起一團藍色的火燄，他高興地說：

「酒很道地，王老倌沒有滲水。」

「今年我沒有搭他的猪頭肉，他自然不敢滲水。」彭多福接着說，隨卽饞涎欲滴地喝了一口。

彭多年也跟着喝了一大口，彭多壽望了兩位哥哥一眼，也低着頭喝了一口。菜多，酒熱，彭多年和彭多福的眼睛喝得更紅，彭多壽沒有他們兩人喝得多，因爲他的杯子乾了，他們兩人往往裝作沒有看見，不給他斟酒，他們喝兩杯，他才能輪到一杯。他們兩人喝到心滿意足了，彭多年才提起酒壺的把手用力搖搖，覺得裏面還有不少酒，便替彭多壽斟了一杯，使彭多壽有點受寵若驚起來。

飯後，彭多年彭多福從荷包裏摸出幾張嶄新的鈔票，向孩子們散發壓歲錢。孩子們非常高興，過後又望望彭多壽，他的手塞在荷包裏半天抽不出來，痲臉顯得非常尷尬，於是孩子們失望而鄙視地看了他一眼，便悻悻地離開。他求助地望了自己的女人一眼，她却掉頭而去。

他又百無聊賴地跟着她回到自己的房裏。他女人轉過身來哀怨地指着他說：

「你背了一個偷牛賊的罵名，連孩子的壓歲錢也拿不出來，有什麼出息？還有臉蹲在家裏？」

「大年初一我就走，我還是出去打流。」他懊喪地回答。

「隨你，我認命，情願守活寡，免得背個罵名。」她說。他在房裏也躭不住，又走了出來，恰好有人敲大門，他又自卑地縮進房去。

彭多年連忙趕過去拉開門閂，彭美玉大步跨了進來。他頓頓鞋上的雪，又取下觀音兜抖抖，輕輕地問：

「那個敗類在不在？」

「在。」彭多年點點頭，用嘴向彭多壽房裏呶呶。

三

桌上重新點亮了兩枝大紅蠟燭，上好三柱大香，三牲祭品又端了出來，擺在桌子正中。一切妥當之後，彭美玉向彭多年說：

「叫他出來。」

彭多年走到房門口，對裏面說了一聲：

「老三，出來。」

彭多壽畏怯地走了出來，一看見彭美玉更不自在。他假斯文地向彭美玉拱拱手說：

「玉先生，過年好。」

彭美玉點點頭，摸摸八字鬍子問他：

「你在外面幹的事你自己應該淸楚？」

彭多壽麻臉一紅，沒有作聲，彭美玉接着說：

「我們洲上是夜不閉戶，道不拾遺，雖然沒有出過狀元，也沒有出個偷牛賊，想不到我們彭家竟出了你這個敗類？把祖宗三代的人都丟光了，你知不知道？」

「兔兒不吃窩邊草，丟人我丟在外頭，屋門口的牛毛我都沒有動過一根。」彭多壽說。

「你知道好事不出門，惡事傳千里嗎？遠遠近近，誰不知道我們彭家出了你這個偷牛賊？而且失主曾經找上了我的門，向我要牛要人，這個人我和你哥哥怎麼丟得起？」彭美玉說。

「一人做事一人當，他們找我好了。」彭多壽回答。

「要是他們找得到你，早就敲斷了你的螺絲骨，還會來找我？」

「老三，你偷了別人的牛，這件事你認了？」彭多年突然插嘴。

彭多壽望了哥哥一眼，然後點點頭。

「你應該先向祖先磕頭認罪。」彭美玉指着祖宗牌位說。

彭多壽向前走了幾步，站在桌子面前，望着祖宗牌位拜了三拜，才站起來。

彭多福手裏拿着一根牛索，走到彭多壽的面前：

「放乖一點，你自己把手伸出來。」

彭多壽望了彭多福一眼，又望望彭多年和彭美玉，他們三人的臉孔都繃得很緊，他緩緩地把兩隻手一齊伸了出來。

彭多年走過去，把他的手反剪起來，讓彭多福捆好。

女人孩子沒有想到會發生這樣的事，都睜大眼睛望着他，彭多壽的女人自然更驚駭。

他不聲不響，讓兩個哥哥把他的雙手捆住。

彭美玉看看已經捆好，便對彭多年彭多福說：

「走！」

彭多年隨手把大門拉開，搶先走了出去。彭多福推了彭多壽一下。彭多壽望了自己的女人一眼，跟着出去，他手上的長牛索牽在彭多福的手裏。

彭美玉最後走出，三個女人一齊圍着他，輕輕地問：

「玉先生，你們把他解到那裏去？」

「妳們婦道人家，不要多管閒事！」

隨卽長袖一摔，走了出去，又立卽回轉身來對她們說：

「關門，不許聲張出去。」

「玉先生，你們到底把他解到縣裏還是府裏？」彭多壽的女人衝上一步，急切地問。

「妳還有臉發問？」彭美玉厲聲地說：「還不給我滾開！」

彭多壽的女人駭得倒退兩步，她大嫂隨卽膽怯地關上大門。

外面飄着大雪，彭多壽原先回來時踩的脚印已經看不清楚，現在留下的是他們三兄弟的又大又深的脚印。

彭美玉循着他們三人的脚印追上去，他的長皮袍下擺在雪上掃動，幾乎掃平了自己的脚印。

他們二人一直向江邊走去，水位淺，斜坡大，雪滑，他們三兄弟走到江邊，幾乎同時滑倒。

彭多年和彭多福滑倒之後很快地爬了起來，彭多壽因爲兩手反剪在背後，無法用力，竟爬不起來。彭多福和彭多年互相看了一眼，對彭多壽說：

「兄弟，索性委屈你一下。」

說着便用多餘的長牛繩把彭多壽的雙脚也捆了起來，像捆着一隻猪。

「哥哥，隨便你們把我解到那裏？我都不會跑，何必連脚也捆起來？」

「馬上上船了，用不着走路，你暫時委屈一下。」彭多年說。

他們兩人把他捆好，又把他抬上他原先回來的那隻空木船，船上已經蓋了一寸多厚的白雪，他們就把他放在船頭甲板上。

彭美玉站在雪坡上不能下來，彭多年爬上來扶着他走下斜坡，扶着他走上船，又用衣袖一掃，掃掉了橫樑上的積雪，請他坐下。

彭多福用篙子把船撐開，然後盪起雙槳，沿着岸邊向下游盪去。

雪，無聲地飄落，落在船上，落在他們的身上。

彭美玉他們不時用手撣撣身上的雪，雪在他們身上停留不久；彭多壽手脚都被捆住，雪在他身上堆積起來，不多久全身盡白，白得像個雪人。

天氣很冷，江風像一把銳利的刀，凍指裂膚。

彭美玉穿着皮袍，戴着觀音兜還冷得發抖。

彭多壽躺在雪上冷得牙齒咯咯叫。

他們四人彷彿四個啞吧，沒有誰開口說話，空氣也彷彿凍結起來。

彭多壽側眼望望岸邊，覺得船行的方向不對，不像是送他到縣裏去？他忍不住問：

「玉先生，你們到底把我送到那裏去？」

彭美玉沒有回答，彭多年彭多福也不作聲。只有雙槳盪在江面的「唰——唰——」的聲音，單調而凄清。

「哥哥，我的手脚都冷僵了，我說了我不會跑掉，請你們解開好不好？」彭多壽說。

「等一會就到了。」彭多年說。

「好像離縣裏越來越遠，你們到底把我解到什麼地方去？」

彭多年沒有回答，彭多壽又接着說：

「其實我沒有死罪，被別人捉住了也只敲螺絲骨，這樣捆着手脚實在難受。」

「就是王法饒你，家法也不饒你，」彭美玉插嘴說：「早知今日，何必當初？」

「玉先生，你不知道，殺猪我就手軟……」彭多壽牙齒咯咯地說。「不偷牛我又有什麼辦法？」

「你簡直是生成的賊骨頭！」彭美玉說。「彭家的人都被你丟盡了！」

「玉先生，如果我也讀了書，我就用不着做那樣丟人的事。」彭多壽說：「我承認我犯了錯，我想知道你怎樣發落？」

「不必問，等會你就知道。」彭美玉冷冷地說。

彭多壽望望冰凍般的江水，直從心頭冷起，冷得一陣哆嗦。

「玉先生，偷牛眞的沒有死罪，你不會把我沉到江裏去吧？」彭多壽又冷又怕，哆哆嗦嗦地說。

雪，漫天蓋下來，船上的積雪越來越厚，彭多壽身上的積雪也越來越厚。雪，幾乎把他埋葬了。

半夜，天氣越來越冷，彭多年和彭美玉都冷得牙齒咯咯響，彭多壽冷得不能講話了。

彭多福因爲用力盪槳的關係，除了手脚凍得難受之外，身上反而暖和起來。他費了很大的功夫，才把船盪到兩股江水重新會合的激流處，江水遇着南岸山石的阻擋，又打着一個個漩渦，他把船向漩渦附近盪去。

他們四個人都緊張起來，彭美玉和彭多年同時站起，彭多年爬上船頭，向彭多壽爬去。

彭多壽心裏明白，他聽着嘶嘶的水聲，心裏更加害怕，但他的嘴舌不聽指揮，不能講話。

彭多年爲了本身的安全，跪在船頭上，跪在彭多壽的身邊，對彭多壽說：

「兄弟，你不能怨我，是你自己做錯了事，敗壞了門風，對不起祖先。我和玉先生不過是執行家法，你還是早死早投胎吧！……」

說着他雙手用力一推，彭多壽便撲通一聲，掉進江裏，想叫却沒有叫出來，最後的一聲嘶喊恰好被冰冷的江水封住了嘴巴，只聽見咕咕的聲音。

也許是一身棉衣的關係，彭多壽沉下去又浮了起來，剛好在彭多福的身邊冲起，彭多福却用槳葉把他往水裏一按：

「兄弟，早死早投胎吧！」

這句話聽起來和他與彭多年殺猪時所說的「早死早投人胎吧」那句話差不了多少。

江水打着漩渦向下流去，彭多壽再也沒有冲出來，他被漩渦轉進江底，從水面下向下游流去。

「唉！要不是爲了彭家的門風，我也下不了這樣的毒手。」彭美玉先生輕輕地嘆了一口氣，好像心安了一些。

雪，無聲地落着。地上一片白，船上一片白，他們三人的身上也一片白。